학부생을 위한

사회과학통계분석

-SPSS 적용 및 활용-

유지영 저

STATISTICAL ANALYSIS FOR SOCIAL SCIENCE

학지사

저자 서문

교수로서 대학생들에게 사회복지자료분석론을 강의한 경력이 꽤 오래 되어 간다. 유학 시절에도 사회복지학과 석사 과정생들을 대상으로 통계분석을 가르쳤던 경험까지 합하면 통계분석을 가르친 경력이 얼추 20년이 넘었다. 양적연구와 질적연구를 모두 수행했던 경험을 바탕으로, 교수로서 사회조사방법론이나 자료분석론은 나의 교육 경력의 핵심 교과목이었다. 그래서 사회과학통계 분야 단독 저서 집필에 대한 결심과 마음은 항상 준비되어 있었으나, 현실의 벽 때문에 계속 미루어 왔었다. 2008년에 교수로 임용된 후 매년 학술논문, 학교행정, 학생 지도, 학회 참석, 정부와 민간 과제 등을 수행하느라 항상 바쁘게 쫓기며 살아왔다. 그 와중에 교재 집필을 항상 다음 해로 미루는 것이 관성처럼 되어 버렸다. 매년 미룬 것이 반성이 되었고, 졸작이라도 꼭 펴내야겠다는 결심을 하게 되었다. 결심은 결실을 낳을 것이라는 믿음으로.

나는 내가 재직하고 있는 대학에서 사회복지학과 학부생들에게 자료분석론을 가르치면서, 기존 교재에서 몇 가지 문제점과 한계점을 항상 느끼고 있었다. 첫째, 학부생에게 맞는 통계분석 책이 부족하다고 보았다. 나는 학부생의 통계관심도와 이해도에 걸맞은 교재가 더 다양하게 출판되었으면 좋겠다고 생각했다. 사회복지를 포함하여 사회과학 분야에서 출간된 많은 통계분석 책은 분량이 매우 많고 통계적 원리를 자세하게 설명한 것이 대부분이다. 나도 박사과정 진학 직전 그 다수의 통계분석 책 중에서 하나를 선택하여 다른 예비 박사과정생들과 함께 통계분석 스터디 그룹을 만들어서 집중적으로 공부했었다. 그 책은 분량이 방대했지만, 박사과정 진학을 위해서는 매우 적합한 분량과 난이도를 가지고 있었다. 그렇게 통계분석 기초를 쌓고 미국 유학길에 올랐기 때문에 지도교수의 프로젝트에 연구조교로 참여하면서, SAS 프로그램을 활용해서 미국 인구 데이터를 분석하는 등 연구조교로서의 능력을 발휘할 수 있었다. 그리고 그 당시 쌓았던 통계분석 기술과 지식은 지금까지도 내 연구의 기저와 기초가 되고 있다.

그래서 나는 대학에 임용된 첫해부터 학부생들에게 사회복지자료분석론이라는 전공선택 교과목을 가르칠 때 내가 박사과정 시작 직전 공부했던 교재를 수업의 주교재로 선정하고 1년 이상 가르쳤다. 약 2~3년 정도 그 교재를 사용했던 것으로 기억한다. 통계분석 쪽으로 재능 있고 우수한 학부생들이 눈에 들어오기도 했고, 그렇지 못한 학생이라도 일정 수준으로 끌어올리려고 노력했으며, 학생들의 성과 또한 훌륭했기 때문에 교수로서 보람되었던 기간이라고 자부할 수 있다.

그런데 동시에 교재 선택의 문제점과 한계점도 알게 되었다. 내가 박사과정을 떠나는 몇 달 전, 이미 석사과정을 마치고 20대 후반의 나에게 그 통계분석 책은 매우 적절한 선택이었다. 하지만 내가 교수가 된 후 학부생들에게 그 책을 교재로 제시한 후에는 후회가 많이 되었다. 그 이유는 학부생에게는 분량이 너무 많고, 통계이론과 원리 설명의 수준이 통계를 처음 접하는 학부생에게는 맞지 않았다. 그래서 정작 책을 함축적으로 어떻게든 요약 · 정리한 내 강의 노트를 전달하기에 급급했고, 정작 학생들은 교재를 자주 보지 못하는 상황이 되었다. 지금은 대학마다 전공의 경계를 허물고 전과와 복수전공을 장려하는 등 문 · 이과 이분법의 의미가 없어진 지 오래되었지만, 그 당시 스스로를 문과적이며 수포자라고 말하는 학생들에게 심도 있는 고급 통계분석의 분량과 깊이는 15주차 학부 수업 체제, 그리고 토론과 과제보다는 중간고사와 기말고사로 학업성취도를 평가하는 기간과 시스템에 맞지 않았다.

그리고 또 한 가지 사회복지자료분석론 강의에서 내가 내세우는 수업 철학이자 원칙은 자료분석론을 통계 수업으로 성격을 제한하지 않고, 사회조사방법론(social science research method)과의 연계성을 강조하는 것이다. 나는 사회조사방법론에서 학부생들에게 실제로 설문지 프로젝트를 부여하고 완성하게 한다. 그리고 그 설문지를 특정 표본으로부터 응답 받아 얻은 자료(data)를 분석하는 수업이 바로 내가 강의하는 사회복지자료분석론이라는 것을 강조하여, 이 교재 및 수업이 단순히 어려운 수학 공식이나 통계분석만이 아니라, 토론, 과제 수행 등이 가능한 수업임을 전달하는 것을 궁극적인 목표로 한다. 자료분석론은 사회과학조사방법론과 연관 지어서 이해해야 하는 수업이다. 그렇지 않으면 학부생들은 왜 우리가 이 어려운 통계이론을 이해해야 하는지 끝까지 알지 못한 채 중간고사와 기말고사만 마치고 끝낼 수 있다. 자료분석론에서, 조사방법론에서 배운 욕구조사, 프로그램 평가조사, 리커트 척도, 명목척도와 서열척도, 등간척도와 비율척도, 백분위수, 질적연구와의 차이 등에 관하여 연관 짓고 특정 이슈를 토론할 수 있다. 따라서 조사방법론을 사회복지자료분석론의 선이수 과목으로 할 것을 추천한다. 조사방법론을 통해서 양적연구의 기본적인 이론을 습득하고 설문지가 양적연구에서 주요한 조사 도구라는 것을 이해하고, 또 실천할 수 있어야 한다. 조사방법론에서 설문지를 실제로 만들어 보거나 접해 본 학생들은, 그 설문지를 이용한 표본 조사의 결과로 얻은 데이터를 이용하여 모집단에 대한 특성을 추론하기 위해서는 통계분석 수업이 필요하다는 점을 중요하게 다루어야 한다. 그러나 자칫하면 자료분석론 수업에서 교수가 이 연관성을 다루지 않거나 통계분석 수업량을 채우느라 급급한 나머지 왜 이 두 과목이 연관성 있으며, 사실상 조사론이 선이수 과목에 다름 없다는 점을 학생들이 모른 채 끝나는 경우가 종종 발생한다. 그래서 이 교재는 다음의 두 가지 강조점에 맞춰 집필되었다.

첫째, 조사방법론에서 습득한 기본 지식, 특히 리커트 척도나 설문지 등을 이미 학습한 학생들이 조사론 이후 연달아서 사회복지자료분석론을 이수하는 것이 왜 적절한지, 그리고 조사방법론 수업과 자료분석론이 어떻게 연관되는지 학생들이 충분히 알고 있는 상태에서 이 수업이 진행되는 것에 강조점을 두었다. 그리고 토론 과제 부여를 통해서 조사방법론에서도 토론했던 주제들이 사회복지자료분석론에서는 어떻게 연관되어 토론될 수 있는지에도 강조점을 두었다. 그래서 부록에 설문지를 첨부하였고, 데이터를 첨부하였으며, 토론 과제도 장 말미에 넣는 것을 염두에 두었다.

둘째, 학부생이 쉽게 통계 이론에 접근할 수 있도록 이 책이 부록으로 제시한 설문지와 그 설문지를 통해 수집된 계량적 데이터와 변수들을 예로 제시하여, 그 자료들을 통해 통계의 값들이 도출되도록 집필하였다. 그래서 조사론에서 배운 변수와 독립변수 종속변수, 설문지와 수집된 자료, 모집단과 표본, 그리고 통계분석이 서로 어떻게 유기적으로 연관되며, 따라서 왜 사회과학 분야 학부생은 조사론과 자료분석론을 이수하고 어떠한 이론과 실무적 역량을 키우게 되는지 알 수 있도록 집필하였다.

마지막으로 이 책이 현실적으로 사회조사분석사 2급이나 1급 시험 중 실기 파트를 준비하는 학부생 및 연구자에게 실제적 도움이 되기를 기대한다. 그러한 기대효과를 실현하고 지원하기 위하여 이 책은 부록에 수록된 대학생 설문지라는 조사 도구와 그 설문지를 통해서 수집한 자료들을 실제로 사용하여 통계분석 과정 및 결과의 예시를 제시하였다. 따라서 이 책을 통해서 혼자 학습하는 연구자나 학생들이 실제로 데이터를 다운로드할 수 있도록 데이터를 블로그 자료방(https://blog.naver.com/PostList.naver?blogId=jiyoungyu&categoryNo=0&from=postList)에 업로드해 두었다. 누구나 자유롭게 데이터를 사용하길 바란다. 단, 그 자료들은 비확률표집법을 활용하여 수집된 자료이므로, 자료의 표본들은 대학생 모집단에 대한 대표성은 없다. 편의적 과정과 편의적 목적을 위해서 수집된 자료이다.

연구년을 맞아 미국 서부의 한 대학 도서관에서 시작했던 『학부생을 위한 사회과학통계분석』 집필이 한국으로 돌아와서도 꼬박 2년이나 경과되어서야 완성되었다. 그동안 묵묵히 내 옆에서 지지해 준 나의 가족, 따뜻하고 배려심 깊은 남편, 자신감 있고 다재다능한 아들 현우, 책과 그림을 사랑하는 딸 서진이에게 고맙고 사랑한다는 말을 전하고 싶다. 그리고 무엇보다 하늘에서 나를 지지해 주고 계신 아버지, 그리고 항상 용감하고 건강하게 삶을 개척해 나가는 어머니에게도 진심으로 감사한다는 말을 남기며 이 글을 마친다.

2024년 10월

남서울대학교 연구실에서

저자 유지영

차례

Chapter 8 t검증 • 149

Chapter 9 분산분석 • 169

Chapter 10 상관분석 • 189

Chapter 11 회귀분석 • 203

부록 • 227

Chapter

1

사회과학과 통계분석

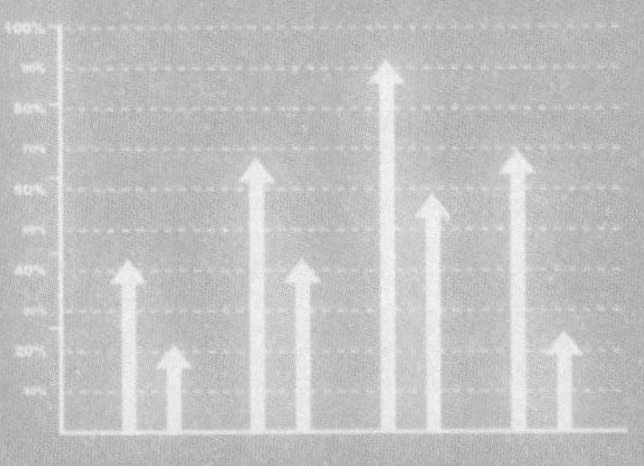

이 책은 사회과학을 전공하는 학부생들이 수강하는 자료분석론이나 통계분석 수업을 위해 쓰였다. 자료분석론은 사회과학조사방법론에서 이미 배운 양적연구방법, 척도와 변수, 모집단과 표본, 설문지 작성, 설문지를 배포하고 응답으로 받은 양적 데이터의 관리 및 분석의 단계를 전반적으로 이해하면서, 그것이 실제 통계분석에 어떻게 적용되고 활용되는지 실감하고 실현해 보는 과목이라고 하겠다. 사회과학조사방법론에서 양적연구방법의 이론과 체계를 배웠다면, 이제 자료분석론에서는 사회과학에서 어떤 연구 주제를, 그리고 그 연구 주제에서 설정된 변수 간의 관계를 통계적으로 규명하고자 할 때, 어떠한 이론과 분석법이 활용되는지 배우게 된다.

1 사회과학에서 통계분석의 필요성

사회과학에서 통계학은 사회학, 사회복지학, 여성학, 경영학, 경제학, 행정학 등 각 학문 분야별로 적용하는 주제와 범위에 따라 약간의 차이가 있지만 근본 원리와 성격은 거의 유사하다고 볼 수 있다. 사회과학에서 활용되고 있는 통계학은 응용통계학으로 통계분석의 기법들을 실제 사회과학 문제들에 적용하여 정책적 · 실천적 해결책을 규명하려는 학문이라고 할 수 있다(김호정, 1998). 사회과학에서 활용되는 통계학은 현안이거나 주요한 사회적 문제가 되는 현상들을 객관적이고 과학적으로 기술하고 설명하며, 향후의 결과를 예측함으로써 정책적 · 실천적 결정에 기여하기 위한 학문이라고 할 수 있다. 또한 학문 분야에서 주요하게 다루는 사회적 문제 및 현상에 대한 자료를 수집하고(예: collecting data), 간단하게 요약 · 정리하며(예: descriptive statistics), 모집단의 특성을 추론하는(예: inferential statistics) 등 사회 조사연구를 계량적으로 분석하는 절차와 방법의 전반적인 체계를 의미한다고 할 수도 있다.

실제 우리의 생활에서는 통계학보다는 통계 수치를 접하게 된다. 언론기사 및 기관 보고서 등에서 실업통계, 물가통계, 소득통계, 취업통계 등을 접하게 된다. 그것은 통계학이라기보다 통계값이나 통계수치를 일컫는 용어들로, 특정 기관에서 조사를 수행하고, 그 조사 결과 얻은 자료들을 종합해 놓은 것을 말한다. 우리나라는 국가통계포털(Korean Statistical Information Service: KOSIS)을 운영하고 있는데 통계청이 제공하는 원스톱(One-Stop) 통계 서비스이다. 우리나라 인구, 가족, 소득, 물가, 복지 등을 포함하는 경제 · 사회 · 환경 등 30개 분야에 걸쳐 주요 국내 통계를 제공한다.

1) 사회복지 분야에서 통계의 필요성

사회복지 분야에서 통계 및 통계분석은 매우 중요한 역할을 한다. 그 필요성 및 이유를 몇 가지로 정리하면 다음과 같다. 다음의 내용은 사회복지만이 아니라, 전체 사회과학에서 통계 및 통계분석의 필요성으로 이해해도 무방할 것이다.

① 데이터 기반 의사결정

- 정확한 평가와 진단: 사회복지 프로그램의 효과를 평가하고 문제를 진단하는 데 통계 및 통계분석이 필수적인 경우가 많다. 예를 들어, 특정 지역의 빈곤율, 노인 인구의 건강 상태 등을 지역적, 성별, 학력별 등 통계적으로 분석하면 더 정확한 지원 계획을 세울 수 있을 것이다.
- 프로그램 설계 및 개선: 통계분석을 통해 어떤 프로그램이 효과적인지, 어떤 부분이 개선되어야 하는지 파악할 수 있다. 조사론에서 이미 습득한 실험조사설계, 단일사례조사 등에도 프로그램 전후 점수 값의 차이가 통계적으로 유의미한지 통계분석법을 통해서 규명할 수 있다. 또한 신뢰도 검증법 및 타당도 검증법 중에서 크론바흐 알파 값을 구함으로써 증명하는 경우도 있다. 프로그램을 수행한 후 데이터 기반, 통계분석 기반 의사결정을 통해서 객관적이며 최선인 결정을 내림으로써, 이를 통해 자원을 효율적으로 배분하고, 프로그램의 질을 높일 수 있다.

② 연구 및 증거 기반 실천

- 연구 수행: 사회복지 분야에서 다양한 연구를 수행할 때 통계분석이 필요하다. 예를 들어, 특정 사회 문제에 대한 원인과 결과를 분석하고, 연구 결과를 통해 실증적인 증거를 제시할 수 있다.
- 증거 기반 실천: 통계적 근거를 바탕으로 한 실천은 프로그램과 정책의 신뢰성을 높이고, 클라이언트에게 더 나은 서비스를 제공하는 데 기여할 수 있다.

③ 자원 배분 및 관리

- 효율적인 자원 배분: 한정된 사회복지 자원을 가장 필요한 곳에 효율적으로 배분하기 위해 통계분석이 필요하다. 이를 통해 예산을 효율적으로 사용하고, 지원이 필요한 대상에게 적절한 도움을 줄 수 있다.

- 성과 측정 및 보고: 통계분석을 통해 프로그램의 성과를 객관적으로 측정하고, 그 결과를 이해관계자에게 보고할 수 있다. 이는 후원자나 정부 기관의 지원을 받는 데 중요한 역할을 한다.

④ 정책 개발 및 평가

- 정책 수립: 사회복지 정책을 수립할 때 통계적 데이터를 바탕으로 정책의 필요성과 타당성을 제시할 수 있다. 이는 정책의 효과를 극대화하고, 부작용을 최소화하는 데 도움이 된다.
- 정책 평가: 이미 시행된 정책의 효과를 평가하는 데 통계분석이 활용된다. 이를 통해 정책의 성공 여부를 판단하고, 필요한 경우 수정 및 보완할 수 있다.

⑤ 인구 통계 및 트렌드 분석

- 인구 통계 분석: 특정 인구 집단의 특성과 변화 추이를 파악함으로써, 사회복지 서비스의 수요를 예측하고 준비할 수 있다. 예를 들어, 고령화 사회에서는 노인복지 서비스의 수요가 증가할 것을 예측할 수 있다.
- 트렌드 분석: 사회 변화에 따른 새로운 문제와 이슈를 파악하여, 이에 대한 선제적 대응을 할 수 있다.

이처럼 통계학 및 통계분석은 사회복지에서 데이터의 수집, 분석, 해석을 통해 문제를 정확히 파악하고, 효과적인 해결책을 마련하는 데 핵심적인 도구로 사용된다.

2 조사와 자료분석의 절차

조사와 분석의 절차는 체계적이고 단계적인 접근이 필요하다. 이를 통해 데이터(자료)를 수집하고, 자료를 분석하며, 결과를 도출하는 과정을 거치게 된다. 일반적인 조사와 분석의 절차는 다음과 같다.

1) 조사주제 결정과 가설설정

조사주제를 무엇으로 결정하는가는 매우 중요하다. 조사주제 결정 시 가장 쉬운 출발은 연구자가 가장 좋아하는 주제에서 출발하는 것이라고 말하고 싶다. 당신은 무엇에 관심이 있는가? 과거에 혹은 현재도, 앞으로도 꼭 규명하고자 하는 주제가 있는가? 사회과학에서 조사는 연구자가 '하고 싶은 주제'에서 출발해야 한다. 그러나 그 주제가 사회과학 분야에서 조사가치가 있는가를 먼저 검토해야 한다. 그 주제가 오로지 나한테만 중요하고, 사회적 가치를 가지지 못한다면, 굳이 조사방법론 및 자료분석론에서 구축한 이론과 조사방법과 분석의 체계를 어렵게 습득하고, 조사 결과를 제시하고, 공표할 필요가 없을 것이다. 연구자가 관심 갖는 문제가 학문적, 정책적 혹은 실천적으로 조사의 가치가 있는지 판단하는 것이 매우 중요하다. 이를 위해서는 문헌 검토를 통해 선행연구를 파악하고 그 주제에 대해 학계에서 어떠한 의견과 담론이 오가고 있는지 면밀히 검토해야 한다. 그러한 문헌조사 및 선행연구 검토를 거쳐 조사주제가 조사할 가치가 있다면, 즉 조사하려는 주제가 정해지면 조사하려는 주요 질문을 명확히 정의하고 가설을 설정한다.

예를 들어보자. 청년의 구직 과정 실패 경험이 그들의 은둔 및 사회적 고립에 미치는 영향을 조사주제로 정했다. 문헌조사와 선행연구 검토를 거쳐, 이 주제가 사회과학에서 축적된 선행연구가 많아 참조할 문헌들이 많고, 구직 과정의 실패 경험을 독립변수로 선정한 선행연구가 부족한 상태에서, 기존의 선행연구와의 차별성을 갖고 시작할 수 있을 것이라 판단되었다. 연구자는 또 반복된 문헌조사를 통해, 구직 실패 경험을 수년간 다양하게 경험한 청년들은 은둔 및 사회적 고립을 삶의 태도로 선택할 가능성이 높을 것이라는 가설을 정립한다.

2) 문헌 검토

문헌 검토는 크게 두 가지 과정이라고 할 수 있는데, 첫째는 선행연구 분석이며, 둘째는 이론적 틀 설정이다. 선행연구 분석은 연구자가 정한 주제와 관련된 이전 연구나 문헌을 검토하여 기존 지식을 파악하고, 연구자가 그 주제를 조사할 경우 기존의 선행연구와 어떠한 차별점이 있고, 어떠한 한계를 극복하게 하는지, 즉 이 연구의 조사 목적이 무엇이고, 배경이 무엇인지를 정리할 수 있어야 한다. 둘째, 이론적 틀 설정은 조사주제를 뒷받침할 이론적 배경을 설정하고, 조사 설계에 필요한 개념들을 정의해야 한다. 이렇게 조사주제의 결정, 문헌 검토 그리고 가설의 설정은 명확하게 분리된 단계라기보다, 세 가지가 동시에 융통적으로 이루어지는 것이 일반적이다. 조사주제를 결정하는 과정에 문헌 검토를 동시에 수행해야 하며, 그 과정에서 조사주제를 변경하거나 다듬기도 하고, 문헌 검토를 항상 병행하면서 가설 또한 계속 수정될 수 있기 때문이다.

3) 조사 설계

조사주제의 선정과 선행연구와 이론의 검토 그리고 가설설정과 연구 내용이 정해지면 그 다음 단계는 조사 설계의 과정을 거쳐야 한다. 조사 설계 단계에서 결정해야 하는 것은 조사 방법론, 자료수집법, 조사 시기와 기간, 자료의 요약·정리법, 자료의 분석법 등이다.

조사주제가 정해지면, 연구자는 궁극적으로 그 주제를 양적연구방법론에 의거하여 연구할 것인지, 질적연구방법론에 의거하여 연구할 것인지 결정하는 것이 가장 중요하다. 사회과학 조사방법론과 사회과학자료분석론은 양적연구방법론을 뒷받침하는 두 교과목이므로, 이 교재에서는 양적연구방법론을 선택한 연구자의 조사 설계를 중심으로 설명하겠다. 양적연구를 수행할 경우 표본의 선정, 표본의 크기와 표본추출법도 결정해야 한다. 이 과정에 관한 체계적인 이론은 사회과학조사방법론 교과목에서 주로 다루는 것으로 여기서는 간단히 다루기로 한다.

① 조사방법론 선택: 조사방법론을 결정한다. 양적연구(설문조사, 통계분석 등)와 질적연구(심층 인터뷰, 참여관찰 등) 중 하나 또는 두 방법을 혼용하는 것을 선택할 수 있다.
② 표본추출: 조사 대상자를 선정한다. 모집단에서 대표성을 가질 수 있도록 표본을 무작위로 추출하거나, 특정 기준에 따라 선정할 수 있다. 확률표집과 비확률표집법으로 나뉘는데, 확률표집법은 표본이 모집단에 대한 대표성을 갖추도록 무작위표집법을 지키는 방법이고, 비확률표집법은 현실적인 한계로 인해 무작위표집법을 사용하지 못하기 때문에 모집단에 대한 대표성이 보장되지 않는 표집법이다.
③ 자료 수집 도구 결정: 설문지, 면접 및 설문 가이드, 관찰 체크리스트 등 자료 수집 도구를 결정하고 구축한다.

4) 자료 수집

조사주제를 규명하기 위해 조사 설계를 하는 과정에서, 어떠한 방법으로 자료를 수집할지 정한 후, 실제 자료 수집(collecting data)을 수행해야 한다. 자료 수집은 실제로 두 가지 방법이 있을 수 있는데, 첫째는 일차적 데이터 수집, 둘째는 이차적 데이터 수집이다. 일차적 데이터 수집은 연구자가 직접 설문지를 조사도구로 하여 응답을 받거나, 연구자가 연구 대상자를 직접 심층 면접하는 등의 방법을 통해 자료를 직접 수집하는 것이다. 선거가 있는 경우는 여론조사 기관이 시민이나 국민에게 전화나 면접을 통해 선거 및 투표 의향을 조사하기도 하는데, 이것 또한 직접 조사해서 자료를 수집하기 때문에 일차적 자료 수집에 포함된다. 이차적 자료는 연구자가 직접 수집한 자료가 아닌 다른 연구자나 다른 기관에서 기수집한 데이터를 의미한다. 이차적 자료를 활용하는 경우는 연구자가 직접 설문지를 작성하거나 표집해서 자료를 수집할 필요가 없기 때문에 시간이 절약될 수 있고, 이미 자료의 오류가 많이 제거된 상태로 활용할 수 있는 것이 장점이지만, 연구자가 조사하고자 하는 문항이나 척도가 부족할 수 있다는 것이 단점이다.

① 조사 수행: 설계된 방법에 따라 자료를 수집한다. 설문조사, 인터뷰, 관찰, 기존 데이터 활용 등 다양한 방법을 통해 데이터를 수집할 수 있다. 혹은 이차적 자료를 수집한다.
② 데이터 관리: 수집된 데이터를 정리하고, 필요시 데이터 클리닝(오류 수정, 불완전한 데이터 보완 등)을 수행한다.

5) 자료 분석

① 기술 통계분석: 데이터의 기본적인 특성을 파악한다. 평균, 중앙값, 분산, 빈도 등 기본적인 통계치를 계산한다.
② 추론 통계분석: 데이터의 패턴이나 관계를 분석한다. 가설 검정, 회귀분석, 상관분석 등 다양한 통계 기법을 사용한다.
③ 질적 데이터 분석: 인터뷰나 관찰 기록을 분석한다. 주제별로 분류하고, 범주화, 의미화, 개념화를 시도한다.

6) 결과 해석

① 결과 요약: 분석 결과를 정리하여 주요 발견 사항을 요약한다. 연구 질문에 대한 답을 도출하고, 데이터에서 발견된 주요 패턴이나 관계를 설명한다.
② 결과 해석: 결과를 이론적 틀과 문헌 검토 내용과 연관 지어 해석한다. 연구의 한계점도 함께 논의한다.

7) 보고 및 발표

① 보고서 작성: 연구 과정, 분석 결과, 해석 등을 포함한 최종 보고서를 작성한다. 서론, 방법론, 결과, 논의, 결론 등의 구조로 작성된다.
② 결과 발표: 이해관계자들에게 결과를 발표한다. 프레젠테이션, 워크숍, 세미나 등을 통해 연구 결과를 공유하고, 실천적 시사점을 논의한다.

8) 피드백 및 반영

① 피드백 수집: 결과에 대한 피드백을 수집한다. 이해관계자들로부터 의견을 듣고, 추가적인 질문이나 개선 사항을 파악한다.
② 추후 연구 제안: 연구의 한계나 새로운 연구 질문을 바탕으로 추후 연구 방향을 제안한다. 필요시 추가적인 조사를 계획한다.

이러한 절차를 통해 조사는 체계적이고 신뢰성 있게 진행될 수 있으며, 분석 결과는 사회복지 실천과 정책 개발에 유용한 정보를 제공하게 된다.

3 통계분석 개괄

1) 모집단과 표본

모집단은 조사자가 분석하고자 하는 전체 집단이고, 표본은 그 모집단의 일부이다. 모집단 전체를 조사하면 전수조사라고 하고, 표본을 조사하면 표본조사라고 하는데, 모집단 전체는 대개 매우 큰 규모이므로, 현실적인 제약 때문에 전수조사가 가능하지 않은 경우가 많아 실제로는 표본조사가 대부분이다. 전수조사를 하지 못하므로 현실적으로 가능한 표본을 수집해서 전수조사 결과를 대신하는 것이며, 표본이 얼마나 모집단을 잘 대표하느냐에 따라 표본조사만으로 모집단의 특성을 추론할 수 있는지 결정된다고 할 수 있다.

가령, 조사자가 우리나라 대학생의 다차원적 빈곤에 궁극적인 관심을 두고, 그것을 종속변수로 설정할 때를 가정해 보자. 모집단은 수십만 명에 이르는 대학생 집단 전체이다. 표본은 이 전체 대학생을 가장 잘 대표하는 표본을 선정해야 하며, 작게는 수십 수백 명의 표본, 크게는 수천 명의 표본을 선정할 수도 있다. 확률표집으로 수집된 표본은 무작위표집 원리로 수집되었기 때문에 대표성을 가진 표본으로 인정되는 반면 비확률표집으로 수집된 표본은 연구자의 편의성이나 연구 목적에 맞게 수집되므로 대표성을 갖지 못한다.

통계분석을 배우면서 잊지 말아야 할 것은 우리의 궁극적인 관심은 모집단에 대한 추론이라는 점이다. 표본은 모집단이라는 궁극적인 목적을 위한 수단으로 볼 수 있다. 우리가 통계분석 및 통계학을 배우는 목적은, 현실적으로 모집단을 전수조사하는 것이 어렵기 때문에 표본을 선정해 표본조사를 수행하고 그 조사 결과를 통계학에 기반하여 분석함으로써 모집단의 특성을 추론하는 데에 있다. 따라서 통계학은 자연의 법칙(rule)이 아니라 이론(theory)이며, 통계학의 검증법들은 이론적이고 학문적인 약속이다. 모집단에 대한 추론은 항상 그 결론이 오류일 가능성이 존재한다. 따라서 통계학에서는 항상 오류 가능성, 신뢰수준을 언급해야 하며, 그것을 근거로 모집단의 특성을 — 항상 오류 가능성을 염두에 두고 — 추론하는 것이다. 이것이 통계분석 결과를 해석할 때 '확신한다' '맞다' '거짓이다' 등 확정적 문장을 쓰지 않는 이유이기도 하다.

2) 기술통계와 추론통계

사회에서 주요 이슈가 되는 연구 주제를 규명하거나 가설을 검증하기 위한 실증적 연구들은 대개 모집단의 규모가 커서 전체에 쉽게 접근할 수 없고, 따라서 전수조사가 현실적으로 어려운 경우가 많다. 그래서 표본조사를 수행해서 전수조사를 대신하게 된다. 즉, 모집단을 대표하는 표본을 조사하고 그 과정에서 수집된 데이터들을 분석하여 그 결과를 통해 모집단의 특성을 추론한다. 대부분의 실증적, 특히 계량적 연구가 표본조사를 실행해서 얻은 결과를 통해 모집단의 특성을 추론한 후 그 추론을 통해 결과를 일반화하거나 이론화시킨다. 이

과정에서, 데이터를 간략히 요약·정리해야 할 때는 빈도분석, 집중경향치, 분산도 등 다양한 기술통계법을 통해 대략적으로 데이터를 파악하고 요약·정리한다. 기술통계로 데이터에 대한 요약·정리가 되면, 궁극적인 목적인 변수 간의 관계 규명을 위해, 변수의 수준과 종류에 따라 카이제곱 검증, t검증, 상관분석, 회귀분석, 로지스틱 회귀분석 등을 수행해서 모집단의 특성을 추론하게 되는데, 이 기법들을 추론통계법라고 한다.

이 책에서 다루고 있는 것은 크게 기술통계와 추론통계라고 할 수 있다. 기술통계는 무엇이고 추론통계는 무엇일까? 우리가 분석하려고 하는 변수의 종류에 따라 그리고 조사 목적에 따라 어떠한 기술통계를 사용하는지 결정된다. 그리고 우리가 분석하려고 하는 변수의 종류 및 개수, 그리고 조사 목적에 따라 어떠한 추론통계법을 사용해서 분석할 것인지 결정된다. 즉, 기술통계법과 추론통계법을 이해하고 결정하기 위해서는 설문지의 조사 내용을 전반적으로 이해할 줄 알아야 하고, 변수의 측정 수준, 변수의 종류도 알아야 한다. 일단 학부 수준의 사회과학 통계분석을 알기 쉽게 전달하기 위해 다음 〈표 1-1〉, 〈표 1-2〉에 간단히 정리하였다. 사회과학 통계분석의 초보자를 위해 두 개의 변수만을 분석하는 가장 간단한 경우만을 요약하면 다음과 같다.

기술통계와 추론통계를 수행하려면

- 종속변수, 독립변수로 설정된 분석하려는 변수의 종류를 알아야 한다.
- 변수의 종류와 측정의 네 가지 수준인 명목측정, 서열측정, 등간측정, 비율측정을 구분할 수 있어야 한다.
- 비연속변수 = 명목변수, 서열변수
- 연속변수 = 등간변수, 비율변수
- 조사하기로 선택한 종속변수, 독립변수 등 선택한 변수가 연속변수인지 비연속변수인지에 따라서 기술통계법과 추론통계법을 적절히 선택해야 한다.

〈표 1-1〉 기술통계법

	기술통계법
비연속변수(명목, 서열)	최빈치, 빈도분석, (중앙치), (산술평균)
연속변수(등간, 비율)	중앙치, 산술평균, 분산과 표준편차, 범위, (빈도분석), (최빈치)

〈표 1-2〉 추론통계법

		종속변수	
		비연속변수(명목, 서열)	연속변수(등간, 비율)
독립변수	비연속변수(명목, 서열)	카이제곱 검증	t검증, F검증
	연속변수(등간, 비율)		상관분석, 회귀분석

토론과제 및 PBL

• 국가통계포털(KOSIS) 홈페이지 자료를 활용하여 다음의 데이터를 수집하고, 표를 채운 후, 그 변화와 추이를 대략적으로 정리하고 토론하시오.

	2013	2014	2015	2016	2017	2018	2019	2020	2021	2022	2023
1인 가구											
여성 1인 가구											
남성 1인 가구											
여성청년 1인 가구											
남성청년 1인 가구											
노인 1인 가구											
여성노인 1인 가구											
남성노인 1인 가구											

* 참고: 노인의 연령 기준과 청년의 연령 기준은 국가통계포털의 기준을 활용함.

(통계수치 추이 및 변화에 대한 요약 · 정리 및 토론내용 기입)

SPSS 실습 - 표집

변수를 생성하기 전에 설문지 표집 프로젝트를 수행한다.

설문지 표집 프로젝트 개요

- 학생들 각자 대학생 설문지를 비확률표집에 의하여 설문지 응답을 받아 온다. (학생당 최소 5개 표집. 학생이 30명이면, 150개 응답치를 입력할 수 있다.)
- 설문지 응답을 통해 표집할 때는 전화설문법, 우편설문법, 전자설문법(인터넷설문법), 대면설문법 등의 방법을 실습해 볼 수 있다.
- 설문지의 질문마다 영문 변수 이름을 설정하고, SPSS에서 변수를 생성한다.
- 변수를 생성한 후에는 설명, 하위속성 코딩 등을 설정한다.
- 생성된 변수에 응답치를 입력한다.

설문지 변수 이름은 아래와 같이 설정하였다.
(변수 이름은 문항 번호 옆에 표기된 굵은 글씨 참조. 대학생 설문지와 변수 이름은 부록 참조)

부록 1

대학생 설문지_변수 이름 표기

우리나라 20대 대학생의 현재
- 경제적 측면 및 사회인식을 중심으로 -

우리나라 대학생은 높은 등록금, 취업난, 실업 등 매우 심각한 문제에 직면해 있습니다. 본 설문조사는 우리나라 대학생들의 현재에 관한 탐색적 연구이며 특히 경제적 측면에 집중해서 조사하고자 합니다. 대학생 여러분들의 성실한 응답을 부탁드리며 응답 과정에서 여러분들의 현재를 경제적 측면에서 다시 한번 고민하는 기회가 되기를 바랍니다. 본 조사의 결과는 연구 이외의 다른 목적으로 사용되지 않음을 알려드립니다. 감사합니다.

남서울대학교 사회복지학과 유지영 교수 연구팀

gender 1. 당신의 성별은?
① 남 ② 여

birth 2. 당신의 출생 연도를 기입해 주세요. (   )년

housing 3. 당신의 (학기 중) 주거 상황은?
① 부모와 동거 ② 하숙 ③ 생활관(기숙사) ④ 자취(고시원 포함) ⑤ 기타

family_type 4. 당신의 가구 형태는?
(법적인 가구 형태가 아닌 사실상의 가구 형태로 기입해 주세요.)
① 양부모가족 ② 한부모가족(아버지가 가장)
③ 한부모가족(어머니가 가장) ④ 부모 없이 형제자매 가구
⑤ 부모 없이 나 홀로 독거 가구 ⑥ 조손가구(부모 없이 조부모와 동거)
⑦ 기타

univ_where 5. 당신이 재학 중이거나 휴학 중인 대학교의 소재지는?
① 서울 ② 경기 ③ 충청도 ④ 강원도 ⑤ 전라도 ⑥ 경상도 ⑦ 기타

school 6. 당신의 전공은?
① 인문 사회대 ② 자연대 및 공과대 ③ 예체능대
④ (법대를 제외한) 상경대 ⑤ 법과대 ⑥ 약학 및 의과대 ⑦ 기타

major 7. 당신의 학과 이름을 정확하게 기입해 주세요. (   )

grade 8. 당신의 학년은? (휴학 중인 경우 휴학할 당시의 학년으로 응답하세요.)
① 1학년 ② 2학년 ③ 3학년 ④ 4학년

income 9. 당신이 속한 가구의 전체 소득은 연평균 얼마입니까? (   ) 만 원/년
(가구구성원의 소득을 합산한 액수의 대략적인 연평균을 쓰세요.)
(참고: 가구 일 년 소득이 평균 3천만 원인 경우, (3천) 만 원 혹은 (3000) 만 원으로 기입해 주세요.)

class 10. 당신의 주관적 판단으로 당신이 속한 가구의 사회적 계층은 어디에 속합니까?
① 상류층 ② 중상류층 ③ 중간층 ④ 중하류층 ⑤ 하류층

f_edu 11. 당신의 아버지의 교육 정도는?
① 무학 ② 초등학교 졸업 ③ 중학교 졸업 ④ 고등학교 졸업
⑤ 대학교 졸업 ⑥ 대학원 졸업 ⑦ 기타

m_edu 12. 당신의 어머니의 교육 정도는?
① 무학 ② 초등학교 졸업 ③ 중학교 졸업 ④ 고등학교 졸업
⑤ 대학교 졸업 ⑥ 대학원 졸업 ⑦ 기타

f_occup 13. 아버지의 직업을 아래 보기에서 선택해 주세요. (   )번

m_occup 14. 어머니의 직업을 아래 보기에서 선택해 주세요. (   )번
(만약 어머니가 일용직, 가사도우미, 판매원 등의 비정규적으로 필요에 따라 일하는 경우도 직업에 해당됩니다. 무직 및 전업주부를 선택하지 마시고 해당하는 직업을 선택해 주세요.)

(보기)
(1) 농업, 임업, 어업
(2) 소규모 자영업(가게, 식당 등)
(3) 중규모 이상 사업가

(4) 생산직/기술직
(5) 사무직(회사원 등)
(6) 학생
(7) 공무원(교사 군인 포함)
(8) 연구전문직(교수, 약사, 의사, 연구원, 변호사, 예술가)
(9) 관리직(대기업 부장급/중소기업 이사급 이상)
(10) 전업주부(가정주부)
(11) 피고용서비스(영업, 가사, 판매직, 서비스업)
(12) 단순노동자(청소, 일용직)
(13) 무직(자진퇴직, 명예퇴직, 정리해고 등으로 현재 실업자인 상태 포함)
(14) 기타

month_money 15. 당신의 한 달 용돈은 평균 얼마입니까?
(자취생이나 독립생활자의 경우 전체 생활비를 쓰세요.)
약 (   ) 만 원/월

wish_money 16. 당신이 희망하는 한 달 용돈은 얼마입니까?
(자취생이나 독립생활자의 경우 전체 생활비를 쓰세요.)
약 (   ) 만 원/월

day_money 17. 당신이 하루 평균 소비하는 돈의 액수는 어느 정도입니까?
약 (   ) 원/일

money_for_what 18. 당신은 용돈 및 생활비를 주로 무엇에 소비하십니까?
(주로 소비하는 한 가지만 선택하세요.)
① 식사비 및 교통비
② 옷/화장품/장식품 등 소비용품 구매
③ 책값 학원비 등 자기계발비
④ 가족을 위한 생활비 보조 및 등록금을 위해 저축
⑤ 기타

money_who 19. 당신의 한 달 용돈은 누가 부담하고 있습니까?
(자취생이나 독립생활자의 경우 전체 생활비의 주된 부담자)
① 나 자신(아르바이트 및 취업으로)　② 부모
③ 친척 및 친구　④ 기타

lunch_dinn 20. 점심 및 저녁식사에 지출하는 비용은 평균 어느 정도입니까? (식사 1회 기준)
① 0원 이상~3천 원 미만　② 3천 원 이상~6천 원 미만
③ 6천 원 이상~9천 원 미만　④ 9천 원 이상~

wish_lun_dinn 21. 만약 용돈 및 생활비에 충분한 여유가 있다면 점심 및 저녁 식사에 지출하고 싶은 비용은 어느 정도입니까? (본인이 희망하는 수준을 쓰세요.)
① 0원 이상~3천 원 미만　② 3천 원 이상~6천 원 미만
③ 6천 원 이상~9천 원 미만　④ 9천 원 이상~

transport 22. 교통비로 지출하는 비용은 하루 평균 어느 정도입니까? (주로 통학의 목적으로)
① 0원 이상~3천 원 미만　② 3천 원 이상~6천 원 미만
③ 6천 원 이상~9천 원 미만　④ 9천 원 이상~

wish_trans 23. 만약 용돈 및 생활비에 충분한 여유가 있다면 교통비로 지출하고 싶은 비용은 어느 정도입니까? (본인이 희망하는 수준을 쓰세요.)
① 0원 이상~3천 원 미만　② 3천 원 이상~6천 원 미만
③ 6천 원 이상~9천 원 미만　④ 9천 원 이상~

tuition 24. 당신의 한 학기 등록금은 평균 얼마 정도입니까?
① 0~200만 원 미만　② 200만 원 이상~400만 원 미만
③ 400만 원 이상~600만 원 미만　④ 600만 원 이상~800만 원 미만
⑤ 800만 원 이상~1000만 원 미만　⑥ 1000만 원 이상~

GPA 25. 현재까지 당신의 학업성적을 기입해 주세요. (1학년부터 현재까지 평균 학점)
4.0점 만점인 경우는 여기에 기입하세요.　(   ) 점/4점 만점
4.5점 만점인 경우는 여기에 기입하세요.　(   ) 점/4.5점 만점

loan_y_n 26. 학자금 대출을 받으신 적이 있으십니까? (○로 표시해 주세요.)
① 예 (   )　② 아니요 (   )

loan_amount 27. (26번 문항에 예라고 응답한 사람만 표기. 아니요라고 응답한 분은 28번으로 가세요.) 학자금 대출을 받은 적이 있으시다면 지금까지 총 얼마를 대출 받으셨습니까?
약 (   ) 만 원

travel_abroa 28. 현재까지 언어연수 및 봉사 등의 목적으로 해외에 나간 경험은 몇 회입니까? (관광용 해외여행은 제외하고 장학금 및 자비 부담으로 언어연수, 학점/학위 교환 및 해외봉사 등을 포함함. 경험이 없는 경우는 0으로 기입해 주세요.)
(   ) 회

bad_credit 29. 나를 포함해서 가족 구성원 중에 신용불량자가 있다. (직계가족만 해당함) (○로 표시해 주세요.)
① 예 (   )　② 아니요 (   )

work_y_n 30. 당신은 재학 중에 아르바이트와 같은 근로를 하고 있거나 과거에 한 경험이 있습니까? (현재 혹은 과거에 한 유급 교내 근로, 아르바이트, 유급 직장체험, 인턴 등 모든 종류의 유급 근로 포함) (○로 표시해 주세요.)
① 예 (   )　② 아니요 (   )

work_what 31. (가장 최근에 한 일을 기준으로) 당신은 어떤 일을 하고 있습니까?
① 공공기관(주민센터, 시청, 동사무소, 우체국 등)　② 복지기관 및 복지시설
③ 기업체　④ 음식점　⑤ 건설현장 및 공장
⑥ 상점 및 편의점　⑦ 유흥업소(당구장, 노래방, 피시방 등)
⑧ 학원 및 학습지도　⑨ 배달(신문사/중국집/치킨집 등)
⑩ 주유소　⑪ 기타　⑫ 전혀 일한 적 없다

salary 32. (가장 최근에 한 일을 기준으로) 일하는 곳에서 받는 급여는 월평균 얼마입니까?
약 (   ) 만 원/월

경제적 측면에 관한 추가 질문입니다. 해당하는 칸에 ○로 표시해 주세요.

	매우 아니다	아니다	보통	그렇다	매우 그렇다
money_satis 33. 나는 내 생활비 및 용돈에 만족한다.					
depress 34. 나는 돈 문제로 불면증 및 우울증에 시달린다.					
meet 35. 나는 돈 때문에 가족 및 친구 간의 만남 및 행사에 제한을 받는다(이성과의 연애 관계 포함).					
meal 36. 나는 돈 때문에 식사 비용을 줄이거나 식사를 안 한 경험이 있다.					
seek_job 37. 나는 돈을 더 벌기 위해 항상 일자리를 찾는 편이다.					
drop_out 38. (등록금 포함) 돈 때문에 본인을 포함해 형제자매 중에 휴학이나 자퇴를 실제 하거나 / 생각해 본 경험이 있다.					
army 39. (등록금 포함) 돈 때문에 본인을 포함해 형제자매 중에 군 입대를 실제 하거나 / 생각해 본 경험이 있다(남성, 여성 모두 해당).					
IMF 40. 부도, 도산, 파산 등으로 본인 및 가족 구성원들이 경제적으로 타격을 입은 경험이 있다.					
major_job 41. 현재 전공도 취업을 위해서 선택했다.					
school_meal 42. 구내 식당의 가격도 부담스럽다.					
work_double 43. 한 학기에 두 개 이상의 아르바이트를 한 경험이 있다.					
fam_unhapp 44. 등록금 및 생활비 문제로 부모님이나 가족 성원의 불화가 있다.					
grad_money 45. 나의 졸업 후 생계에 대한 대책이 없다.					
business 46. 졸업 후 정규직 취업은 불가능할 것 같아서 차라리 창업을 고려 중이다.					
mental_ill 47. 돈 문제로 정신적 건강에도 이상을 느낀다.					
phsical_ill 48. 돈 문제로 신체적 건강에도 이상을 느낀다.					

당신의 문제인식에 관한 문항입니다. 해당하는 칸에 ○로 표시해 주세요.

	매우 아니다	아니다	보통	그렇다	매우 그렇다
tuition_high 49. 나는 우리나라 등록금이 지나치게 높다고 생각한다.					
government 50. 청년실업이나 등록금 문제에 대해서 정부의 태도가 무책임하거나 소극적이라 생각한다.					
movement 51. 청년실업이나 등록금 문제에 대해서 나를 포함해 우리 전체가 적극적으로 문제 해결에 나서야 한다고 생각한다(집회, 관련 단체 활동, 인터넷 참여 등).					
mini_wage 52. 우리나라 최저임금제가 무엇인지 대략 알고 있다.					
mini_wage2 53. 우리나라 최저임금이 시간당 얼마인지 정확히 알고 있다(작년 혹은 올해 연도 기준).					
oppor_out 54. 취업준비 및 고시공부로 대학생의 행복과 기회가 박탈되고 있다고 생각한다.					
wealth 55. 부(富, wealth)는 세습되며 나는 노력한다 해도 내 부모님과 동일하거나 혹은 그 이하의 인생을 살 것이라 생각한다.					
move_yes 56. 정치적인 이슈를 위한 집회에 참석한 경험이 있다(촛불 집회 등).					
self_suffi 57. 경제적으로 부모에게 의존하는 상황을 취업 및 경제적 자립을 통해 벗어나고 싶다.					
bond 58. 실업 등 사회적 문제 해결을 위해 대학생 및 젊은이의 연대는 필수적이다.					
upclass_no 59. 현재 학벌과 스펙으로는 계급 및 계층 상승은 불가능하다고 생각한다.					
marry_child 60. 이대로는 미래의 결혼 및 출산도 어렵다고 생각한다.					

성실한 답변 진심으로 감사드립니다.

Chapter

2

측정 척도

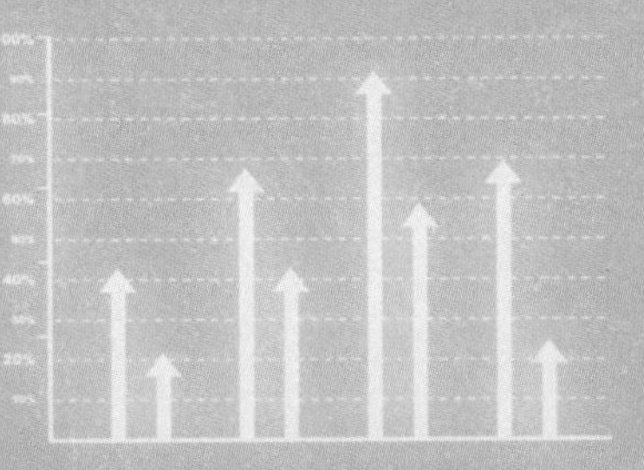

핵심 정리

◎ **변수(variable)**: 서로 구별되는 속성들(property, properties)의 집합
(변수 ≃ 변인 ≃ variable ≃ level of measurement ≃ 측정의 수준)

◎ **계량적 연구방법**: 설문지라는 조사도구 사용. 설문지를 통해 응답받아 얻은 자료(data)를 통계분석하고, 그 결과가 통계적으로 유의미한지를 규명

◎ **양적연구의 연구목적**: 사회현상과 관련된 변수들을 명시하고 그들 사이의 관계를 규명

척도	특징	연산
명목	• 속성분류를 위해 단순히 숫자나 기호 부여 • 순서, 대소, 서열의 의미가 없다.	=
서열	• 속성의 순서, 대소, 서열에 따라 수치를 부여 • 동일간격은 아니다.	<, >, =
등간	• 대소, 서열이 유지되며, 간격이 동일하고 일정 • 동일간격이다. • 절대영점이 없다. • 온도, IQ	<, >, = +, −
비율	• 모든 원리를 만족 • 절대영점이 있다.	<, >, = +, −, ×, ÷

	기술통계
비연속변수(명목, 서열)	최빈치, 빈도분석, (중앙치), (산술평균)
연속변수(등간, 비율)	중앙치, 산술평균, 분산과 표준편차 등

		종속변수	
		비연속변수 (명목, 서열)	연속변수 (등간, 비율)
독립변수	비연속변수 (명목, 서열)	카이자승 (카이제곱, χ^2)	t검증 F검증
	연속변수 (등간, 비율)		상관분석 회귀분석

통계분석은 궁극적으로 분석하고자 하는 종속변수가 무엇인지가 가장 중요하고, 그 종속변수를 설명하기 위한 독립변수를 설정한다. 기술통계는 종속변수나 독립변수로 선택한 변수의 특성을 간단히 요약하는 데 필요하다. 각 변수의 평균, 중앙치, 표준편차, 빈도분석을 수행해서 각 변수의 간단한 특성을 요약·정리할 필요가 있다. 이것을 기술통계라고 한다. 기술통계에는 빈도분석, 최빈치, 산술평균, 분산과 표준편차 등이 있는데, 모든 변수에 동일한 기술통계법을 사용하는 것이 아니라, 변수의 유형, 즉 변수를 측정한 수준에 따라 적절한 기술통계법을 사용해야 한다. 일반적으로 비연속변수인 명목변수와 서열변수는 빈도분포표(빈도분석), 최빈치가 적절한 기술통계법이다. 연속변수인 등간변수와 비율변수는 산술평균, 중앙치, 분산, 표준편차, 최대값, 최소값 등이 적절한 기술통계법이다.

그러나 모든 변수가 이러한 기법을 무조건 활용하는 것으로 이해하기보다는, 연구 목적이나 변수의 측정값에 따라 융통성 있게 활용하는 것이 좋다. 예를 들어, 우울감이라는 개념을 서열측정을 통해서, '1-매우 우울하지 않다' '2-우울하지 않다' '3-보통' '4-우울하다' '5-우울하지 않다'의 5점 척도로 측정되었다면, 우울감이라는 개념을 5가지의 하위속성으로 측정한 것이고, 5개의 하위속성으로 구성된 우울감이라는 서열변수가 생성된 것이다. 이 서열변수는 응답자의 다양한 값으로 구성되는데, 1, 2, 3, 4, 5로 그 값이 구성된다. 이 서열변수는 비연속변수이므로, 빈도분포표를 만드는 빈도분석으로 충분히 이 변수를 요약·정리할 수 있다. 빈도분포표를 얻으면, 우울감 변수의 최빈치도 발견할 수 있다. 일반적으로 서열변수는 등간척도가 아니므로 측정된 측정값들의 총합을 구하거나 나누는 것이 수학적으로 인정되지 않지만, 연구자들은 필요에 따라, 그 변수의 대략적인 값을 파악하기 위해서 특정한 기술통계법을 융통적으로 활용할 수 있다. 변수를 한눈에 파악하기 위해, 혹은 두 그룹의 우울감을 대략적으로 비교하기 위해서, 우울감의 산술평균값을 구해 볼 수 있다. 남성집단의 우울감 평균값, 여성집단의 우울감 평균값을 얻어 비교할 수는 있다. 그러나 곱하기, 더하기를 할 수 없는 서열측정으로 얻은 서열변수이므로, 대략적으로 남성과 여성 집단 우울감이 상대적으로 '어느 집단이 높다, 낮다'라고 해석할 수 있을 뿐 '몇 점 차이다' '몇 배이다'라고 해석할 수는 없다는 것도 동시에 유념해야 한다.

1 측정과 측정도구

우리는 숫자로 구성된 자료, 즉 데이터를 수집하기 위해서 설문지에 들어 있는 측정도구인 설문 문항들을 이용한다. 응답자의 응답을 받아서 데이터를 구성할 수 있고, 각 문항은 하나 이상의 변수로 만들어질 수 있다. 즉, 설문지에 문항들을 넣은 이유는 측정하고자 하는 개념을 측정하기 위해서이며, 그 개념의 측정을 통해 변수와 변수의 값들, 즉 데이터를 얻는다.

측정이란 무엇인가? 측정은 변수의 하위속성에 숫자를 부여한 상태이다. 성별은 추상적인 개념이지만, 하위속성인 여성에 1이라는 숫자를 부여하고 하위속성인 남성에 2라는 숫자를 부여함으로써 측정되었고, 따라서 추상적인 개념이 구체적인 측정 가능한 상태로 되어 성별이라는 변수가 생성되었다(변수 이름 gender, 하위속성 여성-1, 남성-2). 척도란 변수를 생성하기 위한 측정을 위하여 사용되는 도구를 의미한다. 척도를 사용하여 변수를 생성하고 얻은 값(숫자)을 자료(데이터, data)라고 한다. 그리고 척도를 활용해 측정해서 얻은 변수값 데이터들은 설문지라는 측정도구를 통해서 얻을 수 있다. 설문지에서 다음과 같은 문항을 구성할 수 있다.

1. 당신의 성별은?
   ① 여자 ② 남자

2. 당신의 출생연도를 기입하세요. (   ) 년

3. 당신의 최근 일주일간의 상태에 맞는 곳에 표시하세요.

	매우 아니다	아니다	보통	그렇다	매우 그렇다
나는 돈 문제로 불면증 및 우울증에 시달린다.					

성별을 측정하기 위한 "1. 당신의 성별은? ① 여자 ② 남자"라는 문항은 하나의 측정도구이다. 여성이라는 하위속성을 1로 측정하고, 남성이라는 하위속성을 2로 측정한다. 설문지를 받은 한 응답자가 본인을 1이라고 응답했다면, 그 응답자의 성별은 '1-여성'으로 측정된다.

이 과정을 통해 얻은 1이라는 숫자는 자료, 즉 데이터가 되고, 성별은 변수가 된다. 그리고 우리는 통계프로그램 SPSS에 gender라는 성별 변수를 생성해 볼 수 있다. 이와 같은 측정은 명목측정이라고 한다. 성별은 명목척도를 사용해서 측정하였고 우리는 gender라는 명목변수를 얻는다. 설문지를 통해 200~300명의 응답자의 응답을 받으면, 200~300명에 관한 변수들의 측정치로 구성된 자료, 즉 데이터가 만들어진다. 이 장의 내용을 이해할 때 명목척도는 명목변수로, 서열척도는 서열변수로, 등간척도는 등간변수로, 비율척도는 비율변수로 이해해도 무리가 없을 것이다. 이제 네 가지 척도를 이해해 보자.

2 척도의 종류

변수(variable)는 추상적인 개념을 구체적으로 측정한 상태로, 두 개 이상의 하위범주로 구성된다. 예를 들어, 연구자가 우울감을 종속변수로 선택하였다면 측정되기 전 혹은 구체화되기 전의 우울감은 추상적 개념에 불과하다. 우울감의 하위속성을 어떻게 구성하고, 그것을 어떻게 측정하는가는 연구자의 선택이며 연구자의 선택 또한 주관적인 판단에 의존해서는 안 되고 기존의 선행연구와 학문적 정의(definition) 그리고 연구목적에 맞게 선택하여야 할 것이다. 우울감이라는 추상적 개념이 속성으로 구체화되고, 계량적으로 측정되면 우울감이라는 변수를 만들 수 있다. 우울감의 하위속성은 매우 우울하지 않음, 우울하지 않음, 보통, 우울함, 매우 우울함의 다섯 가지이고, 이 속성은 순서대로 1, 2, 3, 4, 5라는 숫자를 부여함으로써 서열적으로 측정될 수 있다. 계량적 숫자의 부여를 통해, '1-매우 우울하지 않음' '2-우울하지 않음' '3-보통' '4-우울함' '5-매우 우울함'의 5점 척도로 측정하면, 우울은 변수가 된다. 1에서 5로 갈수록 우울감의 정도와 수준이 커지거나 작아지므로, 부여한 숫자는 각각의 순서대로 순서와 우열의 의미를 갖게 되고 따라서 이러한 변수를 서열변수라고 한다.

성별 또한 측정하기 전에는 추상적 개념에 불과하다. 성별의 하위속성을 이분법적으로, 여성을 1로 측정하고, 남성을 2로 측정할 수 있다. 즉, 성별의 각 속성에 숫자 1과 2를 부여함으로써 명목적 측정이 가능해진다. 1과 2는 남성과 여성을 구분하기 위한 명명의 의미만을 갖기 때문에 이러한 측정을 명목적(nominal)이라 하고 이렇게 측정한 변수를 명목변수(nominal variable)라고 한다.

일반적으로 사회과학에서 다루는 변수들은 네 가지 척도로 측정 가능하다. 명목척도, 서열척도, 등간척도, 비율척도이며 명목척도가 가장 낮은 수준의 척도, 그다음이 서열, 등간, 비율척도로, 비율척도가 가장 높은 수준의 척도로 인정된다.

〈표 2-1〉 네 가지 척도의 수준

낮은 수준의 측정	⟵	⟶	높은 수준의 측정
명목척도	서열척도	등간척도	비율척도

측정의 수준이 높을수록 더 많은 정보를 포함한다. 그러나 측정의 수준이 가장 낮다고 인정되는 명목척도는 간단하고 상대적으로 용이해서 활용도가 높은 편이다.

1) 명목척도

명목척도는 변수의 하위속성들에 숫자를 부여하는 것에 순서적, 크기적 의미가 없이 오로지 명명(naming)의 의미만 있는 척도이다. 성별이라는 변수를 생성하기 위해 성별의 하위속성 두 개 중 여성은 1로 측정하고, 남성은 2로 측정한 이유는 오로지 명명의 뜻만 있다. 즉, 여성을 A로, 남성을 B로 측정하는 것, 여성을 2로, 남성을 1로 측정하는 것, 이렇게 성별을 다른 방법으로 측정해도 궁극적으로는 동일하다. 여성이 1인 것은 여성이 우월하다는 의미가 아니며, 상대적으로도 우위라는 의미가 아니다. 여성을 1로 명명하는 것에 불과하다. 이러한 방식의 척도를 명목척도라고 한다. 다음은 설문지에서 볼 수 있는 명목척도의 예시이다.

당신의 학년은?
① 1학년 ② 2학년 ③ 3학년 ④ 4학년

당신의 주관적 판단으로 당신의 사회적 계층은 어디에 속합니까?
① 상류층 ② 중상류층 ③ 중간층 ④ 중하류층 ⑤ 하류층

학년이나 사회적 계층은 위와 같이 명목척도로 측정하였다. 학년마다 1, 2, 3, 4라는 숫자를 부여하여 측정하였고, 사회적 계층은 1, 2, 3, 4, 5라는 숫자를 부여하여 측정하였다. 상류층을 1로 측정한 것은 크기나 서열의 의미가 없고 기호에 불과하다. 하류층을 5로 측정한 것도 명명과 기호에 불과하다. 명목척도에 의해 측정되는 변수를 명목변수라고 한다. 설문지

에서 어떻게 질문하는가에 따라 달라질 수 있지만, 일반적으로 성별, 최종 학력, 지지 정당, 종교, 지역, 학과 등의 측정에 명목척도가 쓰인다.

2) 서열척도

서열척도란 변수가 지난 하위속성을 순서대로 배열하고 그 순서에 맞추어 숫자를 부여하는 척도를 말한다. 앞 단락에서 제시한 예, "나는 돈 문제로 불면증 및 우울증에 시달린다"를 설문지에 척도로 구성하고, "매우 아니다, 아니다, 보통, 그렇다, 매우 그렇다"의 하위속성 다섯 개를 순서대로 배열하고, 그 순서에 맞추어 1, 2, 3, 4, 5를 부여하거나, 5, 4, 3, 2, 1을 부여할 경우 서열척도에 해당한다. 어느 숫자로 시작할지는 연구자가 연구목적 및 측정목적에 맞추어 선택할 수 있다. 설문지에서 서열척도를 구성할 경우, 다수의 질문을 함께 묶어 하나의 개념을 측정하는 합성척도인 경우가 많아서, 응답자 입장에서는 1, 2, 3, 4, 5의 측정값이 공개되지 않는 경우가 일반적이다.

설문지에서 서열척도의 예시

	매우 아니다	아니다	보통	그렇다	매우 그렇다
나는 내 생활비 및 용돈에 만족한다.					
나는 돈 문제로 불면증 및 우울증에 시달린다.					
나는 돈 때문에 가족 및 친구 간의 만남 및 행사에 제한을 받는다.					

'매우 아니다'에 측정값 1을 부여할지, '매우 그렇다'에 측정값 1을 부여할지는 연구자의 판단, 연구주제 및 측정하고자 하는 의도에 맞춰 부여하는 것이 적절하다.

서열척도는 1, 2, 3, 4, 5를 부여한 의미가 왼쪽으로 혹은 오른쪽으로 그 정도나 순서가 점점 커지거나 작아지는 순서적, 크기적 의미를 갖는다. 서열척도가 명목척도에 비해 측정의 우위에 있는 지점이 바로 이것이다. 명목척도에서 1, 2, 3, 4, 5는 명명일 뿐, 순서나 크기의 의미가 없는 것에 반해, 서열척도에서 1, 2, 3, 4, 5는 순서나 크기, 정도가 커지거나 작아짐을 의미한다. 즉, 우울감을 1, 2, 3, 4, 5로 측정할 때, 4로 응답한 사람의 우울감은 5로 응답한 사람의 우울감보다 작게 측정되는 것이다. 즉, 1 < 2 < 3 < 4 < 5, 하위속성에 부여된 수치에 이렇게 부등호로 표시할 수 있고, 그 의미를 가진다.

그러나 서열척도에 부여된 수치는 서로 간의 간격이 동일하다고 볼 수 없다. 우울감 3과 우울감 4의 차이값인 1이, 우울감 5와 우울감 4의 차이값인 1과 동일하다고 볼 수 없다. 따라서 서열척도 및 서열변수에서는 하위속성에 부여된 숫자들을 서로 더하거나 빼는 것이 수학적으로 인정되지 않는다. 다만 그 값들이 정도가 커지거나, 작아짐을 대변할 뿐이다. 이렇게 서열척도로 측정된 서열변수는 그 하위속성에 따라 순서대로 배열되었을 뿐이며 각 순서 간의 거리는 동일하다고 볼 수 없다. 서열척도에서 부여된 숫자를 이용한 산술적 계산은 의미가 없으며, 다만 숫자 간의 정도나 크기의 비교만 가능하다. 사회과학 및 사회복지 분야에서 자주 측정하는 우울감 정도, 자살생각 정도, 신체적 어려움 정도, 정서적 불안 정도 등이 이렇게 서열적으로 측정되는 경우가 일반적이다. 자아존중감 등 감정이나 태도 등을 측정할 때는 하나의 질문으로 타당성을 가질 수 없으므로, 다수의 질문을 구성하고, 그 질문에 동일한 서열척도를 구성하여, 합성척도인 리커트 척도를 완성하는 경우가 일반적이다.

3) 등간척도

등간척도는 서열척도에서 한 단계 높은 수준의 측정으로 인정된다. 서열측정으로 얻는 값이 비연속적인 것에 비해 등간측정으로 얻는 값은 연속적이다. 등간측정은 다음과 같이 설문문항을 개방형으로 구성하여, 하위속성을 측정하기 위해 부여하는 숫자가 연속적 숫자가 된다. 즉, 등간측정으로 등간변수를 구성할 수 있고 등간변수의 변수값들은 연속적이다.

등간척도의 예

귀하의 지능지수점수를 기입하시오. (   )점

귀하가 있는 지역의 현재 온도를 기입하시오. (   )℃

등간척도의 대표 예는 지능지수와 온도를 들 수 있는데, 실제로 사회과학 분야에서 자주 등장할 만한 척도는 아니라고 볼 수 있다. 등간이라는 단어를 사용하는 이유는, 등간척도에

서 각 값 사이의 간격을 동일하게 취급하기 때문이다. 등간척도와 서열척도의 차이는 등간척도는 숫자 간의 간격이 동일하고, 서열척도는 숫자 간의 간격이 동일하지 않다.

〈표 2-2〉 등간척도와 서열척도 비교

구분	내용			
등간척도	온도(단위: 섭씨)	10℃	20℃	30℃
	온도 값 간의 차이, 간격은 동일하다(10℃ 차이).			
서열척도	우울감	3 (보통)	4 (우울)	5 (매우 우울)
	우울감 값 간의 차이, 간격은 동일하게 취급되지 않는다(사이 간격이 동일한 1의 차이라고 보지 않는다).			

측정값 간의 간격을 동일하게 보기 때문에 등간척도부터는 값들을 더하거나 빼는 것이 의미를 가진다. 명목변수와 서열변수는 값 사이의 간격을 동일 간격으로 보지 않기 때문에, 변수값을 서로 더하거나 빼는 것이 인정되지 않았다. 남성(2) − 여성(1) = 1이 성립하지 않고, (매우 우울, 5) − (우울, 4) = 1이 성립하지 않는다. 그러나 등간변수부터는 값 간의 간격은 동일하기 때문에 값들을 더하거나 뺄 수 있다. 예를 들어, (지능지수 점수 130점) − (지능지수 점수 110점) = 20점으로 차이값을 구하는 것이 가능하다.

등간척도의 대표적인 특징은 숫자 간의 간격은 동일하지만, 절대영점이 존재하지 않고, 단위의존적이라는 것이다. 즉, 등간척도는 단위가 무엇이냐 혹은 측정도구가 무엇이냐에 따라서 값이 달라질 수 있다. 같은 응답자라도 지능지수점수 검사 도구가 무엇이냐에 따라서 IQ 값은 다르다. 같은 환경이라도, 온도의 단위나 온도계라는 측정도구에 따라 값은 다르다. 이렇게 온도와 지능지수점수는 절대영점이 존재하지 않는다. 지능지수점수와 온도를 묻는 개방형 문항은 대표적인 등간척도이다.

등간척도와 비율척도의 핵심적 차이는 절대영점(absolute zero)의 유무에 있다. 비율척도에는 절대영점이 존재하고, 등간척도에서는 절대영점이 존재하지 않는다. 비율변수에서 절대영점이 존재한다는 것은 변수값 0은 실제 그 변수의 하위속성이 실제 0임을 의미한다. 비율척도이자 비율변수인 수학점수, 소득, 연령 등에서 값이 0이라는 것은, 실제 수학점수의 속성이 0이며, 소득 속성이 0이며, 연령의 속성이 0이라는 것을 의미한다. 즉, 수학문제를 모두 틀려서, 실제 획득한 점수가 없다는 것이며, 소득도 실제 벌어들인 돈이 없다는 의미이다. 단위를 바꾸어도 0 값은 마찬가지로 0이다. 소득의 단위를 만 원에서, 천만 원으로 바꾸어도, 소득이라는 비율변수이자 비율척도는 절대영점이 존재하므로, 소득이 0만 원이면, 단위를 천만 원으로 바꾼다 해도 0이다.

반면, 등간척도에서 0이라는 값은 그 속성이 전혀 존재하지 않는다는 의미가 아니라 임의로 책정된 최소값이거나 상대적인 특정값에 불과하다. 등간척도의 대표적인 것이 온도와 지능지수이다. 온도는 절대영점이 존재하지 않는다. 온도가 0℃라고 해서, 섭씨온도의 0이라는 값이 따뜻한 공기가 전혀 없다는 의미가 아니다. 그리고 절대영점이 없다는 것은, 곧 단위의 존적이라서 섭씨온도의 0℃를 다른 단위로 표현하면 그 값이 0이 아닌 다른 값으로 전환될 수 있다는 것이다. 섭씨온도 0℃를 섭씨온도와 화씨온도의 환산공식을 활용해서 바꾸면, 화씨온도 32°F와 같다. 이와 같이 등간척도는 절대영점이 존재하지 않고 단위의존적이다.

이렇게 등간척도는 절대영점이 존재하지 않고, 비율척도는 절대영점이 존재한다. 등간척도에 절대영점이 존재하지 않으므로 등간척도로 얻은 변수값들은 더하거나 뺄 수는 있어도 곱하거나 나누는 것이 인정되지 않는다. 예를 들어, 온도가 대표적인 등간변수인데, 섭씨온도 40℃와 20℃의 차이는 20℃라고 인정되지만, 40℃를 20℃로 나누어 나온 값 2, 즉 40℃가 20℃보다 두 배 더 덥다는 의미로 해석할 수 없다는 것이다. 즉, 등간척도로 측정한 등간변수의 변수값들은 더하기와 빼기에서 의미가 있지만, 절대영점이 없으므로 곱하기와 나누기에서는 의미가 없다.

4) 비율척도

등간척도와 비율척도는 두 척도로 얻게 되는 변수값이 연속적인 숫자이다. 따라서 등간척도와 비율척도로 측정한 등간변수와 비율변수는 모두 연속변수라고 한다. 설문지 문항에서 대개 연속적인 숫자 값을 묻는 개방형 질문의 경우가 등간척도이거나 비율척도이다.

등간척도를 구성한 설문 문항	비율척도를 구성한 설문 문항
당신의 지능지수 점수를 기입하시오. (　　　)점	귀하가 속한 가구의 작년 연 소득을 기입하시오. (　　　　　)만 원
당신의 최근 학기까지의 누적 학점 점수를 기입하시오. (　　　)점/4.0 만점 (　　　)점/4.5 만점	귀하의 출생연도를 기입하시오. (　　　)년

비율척도는 개방형 문항으로 연속적인 숫자를 측정하므로 변수의 속성값이 연속적인 숫자로 구성된다. 비율척도로 측정된 비율변수는 그 변수값인 숫자들은 동일 간격이며, 절대영점을 갖는다. 즉, 비율변수는 명목, 서열, 등간 변수보다 상대적으로 높은 수준의 척도로 인정되며, 그 이유는 가장 많은 정보를 포함하기 때문이다. 다음은 소득과 연령을 명목척도로 측정하는 경우와 비율척도로 측정하는 경우를 비교한 것이다. 예를 들어, 응답자의 나이가 22세인 경우 비율척도로 측정하면 속성의 값이 22가 되지만, 명목척도로 측정하면 속성의 값이 2가 되고 정확한 연령의 수치에 대한 정보를 얻을 수 없다. 그래서 연속척도는 변수의 속성에 가장 정확한 숫자로 측정할 수 있으며 다른 측정에 비해서 많은 정보를 포함하는 형태이기 때문에 높은 수준의 척도로 인정된다.

〈표 2-3〉 소득과 연령을 명목척도와 비율척도로 구성한 경우

	명목척도	비율척도
소득	당신이 속한 가구의 작년 연 소득은 다음 중 어디에 해당합니까? ① 0 ~ 3천만 원 ② 3천만 원 이상 ~ 6천만 원 미만 ③ 6천만 원 이상 ~ 9천만 원 미만 ④ 9천만 원 이상 ~	당신이 속한 가구의 작년 연 소득을 기입하시오. ( )만 원
연령	당신의 연령대는 다음 중 어디에 해당합니까? ① 10대 ② 20대 ③ 30대 ④ 40대 ⑤ 50대~	당신의 연령을 기입하시오. ( )세

비율척도란 변수가 지닌 속성의 크기와 정도를 동일간격의 연속적인 숫자들로 측정할 수 있을 뿐 아니라 절대영점을 가진다. 그래서 덧셈, 뺄셈, 곱셈, 나눗셈이 가능하다. 예를 들어, 비율척도로 소득을 측정한 경우, 소득 변수의 측정값 2천만 원을 1천만 원으로 나누어 나오는 값 2의 의미는 2천만 원은 1천만 원의 두 배 소득이라는 뜻으로 인정된다. 마찬가지로 비율척도로 측정해서 나오는 연령 측정값 10세는 측정값 5세의 두 배로 인정된다. 반면 등간변수인 온도라면, 40℃는 20℃보다 2배 따듯하다는 의미가 아니다. 등간변수는 변수값 간의 곱셈, 나눗셈이 불가능하지만 비율변수는 곱셈, 나눗셈이 가능하다. 높은 수준의 척도는 대개 등간척도와 비율척도를 의미하는데, 등간과 비율은 명목이나 서열에 비해서 상대적으로 많은 정보를 얻을 수 있고 추론통계에서 더 정교한 기법을 적용할 수 있다.

〈표 2-4〉 네 가지 척도

척도	특징	연산
명목	• 속성분류를 위해 단순히 숫자나 기호 부여 • 순서, 대소, 서열의 의미가 없다.	=
서열	• 속성의 순서, 대소, 서열에 따라 수치를 부여 • 동일간격은 아니다.	<, >, =
등간	• 대소, 서열이 유지되며, 간격이 동일하고 일정 • 동일간격이다. • 절대영점이 없다. • 단위의존적이다. • (예) 온도, IQ	<, >, = +, −
비율	• 모든 원리를 만족 • 절대영점이 있다. • (예) 점수, 소득, 연령, 몸무게, 키	<, >, = +, −, ×, ÷

SPSS 실습 - 변수 생성

표집 프로젝트를 수행한 결과 얻은 응답치들의 데이터세트를 구성하기 전에 SPSS에 변수를 생성하는 과정이다.

SPSS 첫 화면에서는 왼쪽 하단에서 데이터보기와 변수보기를 구분할 수 있다.

상단의 메뉴 버튼은 기술통계 및 추론통계를 위한 메뉴들이 마련되어 있다. 데이터 생성, 데이터 편집, 데이터보기, 데이터변환, 데이터분석, 그래프, 유틸리티, 확장 등의 메뉴로 구성된 것을 확인할 수 있다.

데이터보기 tab과 변수보기 tab은 자유롭게 클릭하면서 어떠한 차이가 있는지 익힌다.

데이터보기 화면에서는 변수의 변수값, 즉 데이터를 입력할 수 있고, 만들어진 데이터세트를 한눈에 볼 수 있다.

화면 메뉴 바로 밑, 데이터세트의 상단은 변수 이름들이 차례로 나타나는 화면이다.

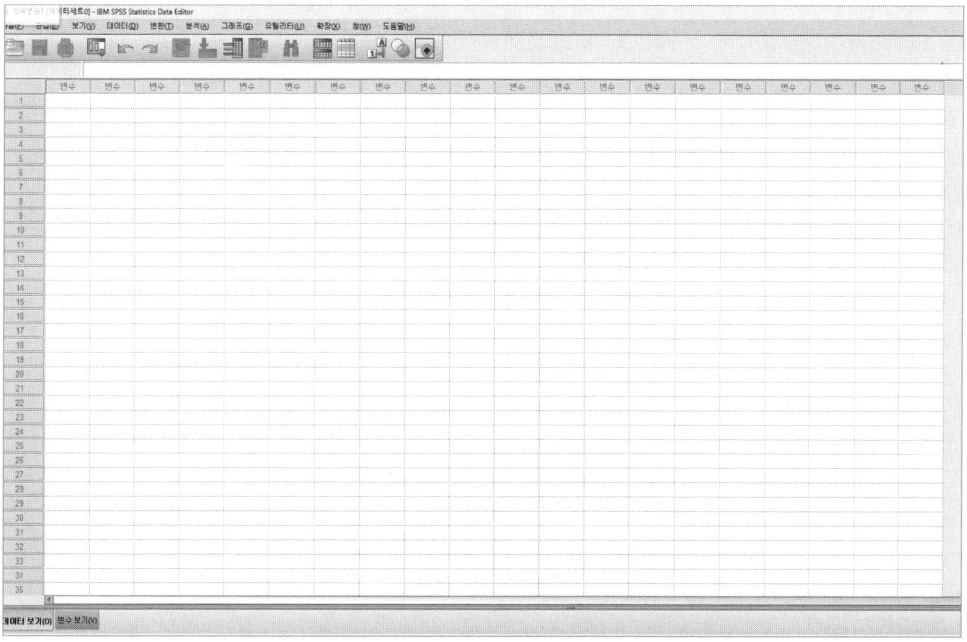

[아직 데이터가 입력되지 않은 첫 화면, 데이터보기의 화면]

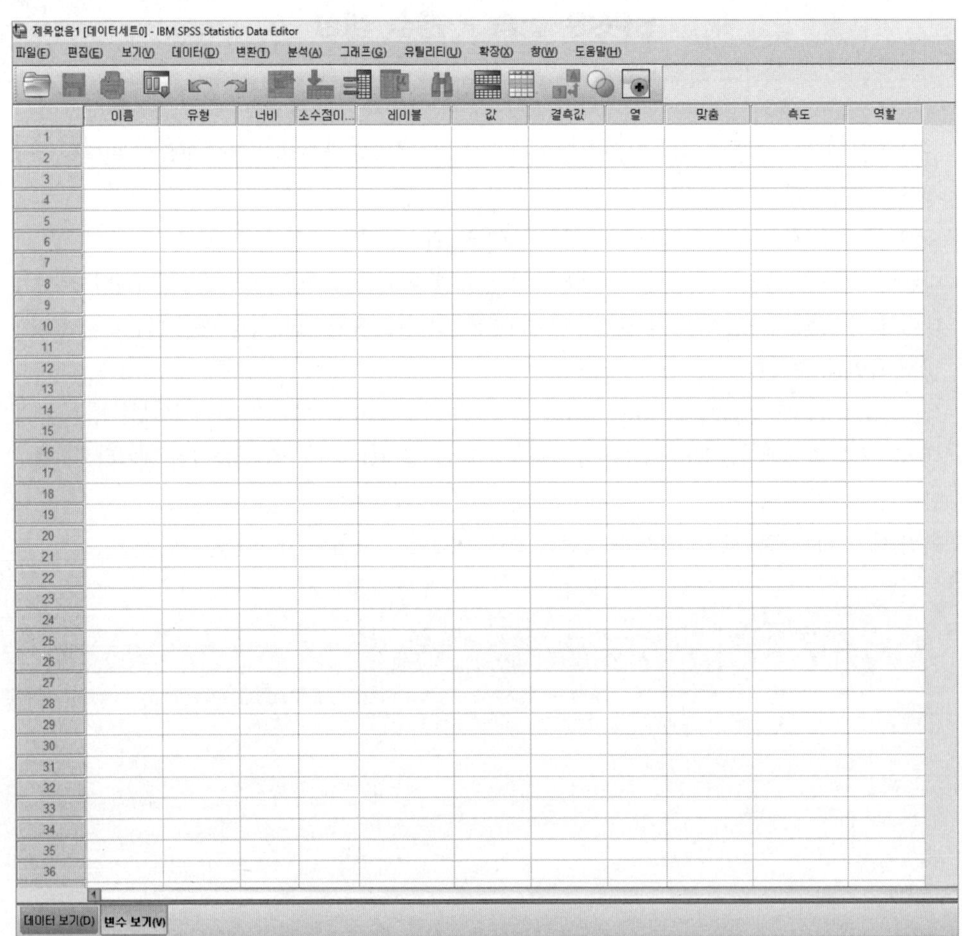

[아직 데이터가 입력되지 않은 첫 화면, 변수보기의 화면]

변수보기 tab을 클릭해서 첫 변수를 생성해 보자. 부록에서 설문지와 문항별 변수 이름(영문)을 보고 변수를 하나씩 생성해 보자. 이름 밑 칸을 클릭하면, 노란색 박스가 보인다. 여기서 F2를 누르면 커서가 움직이고, 변수 이름을 입력할 수 있다.

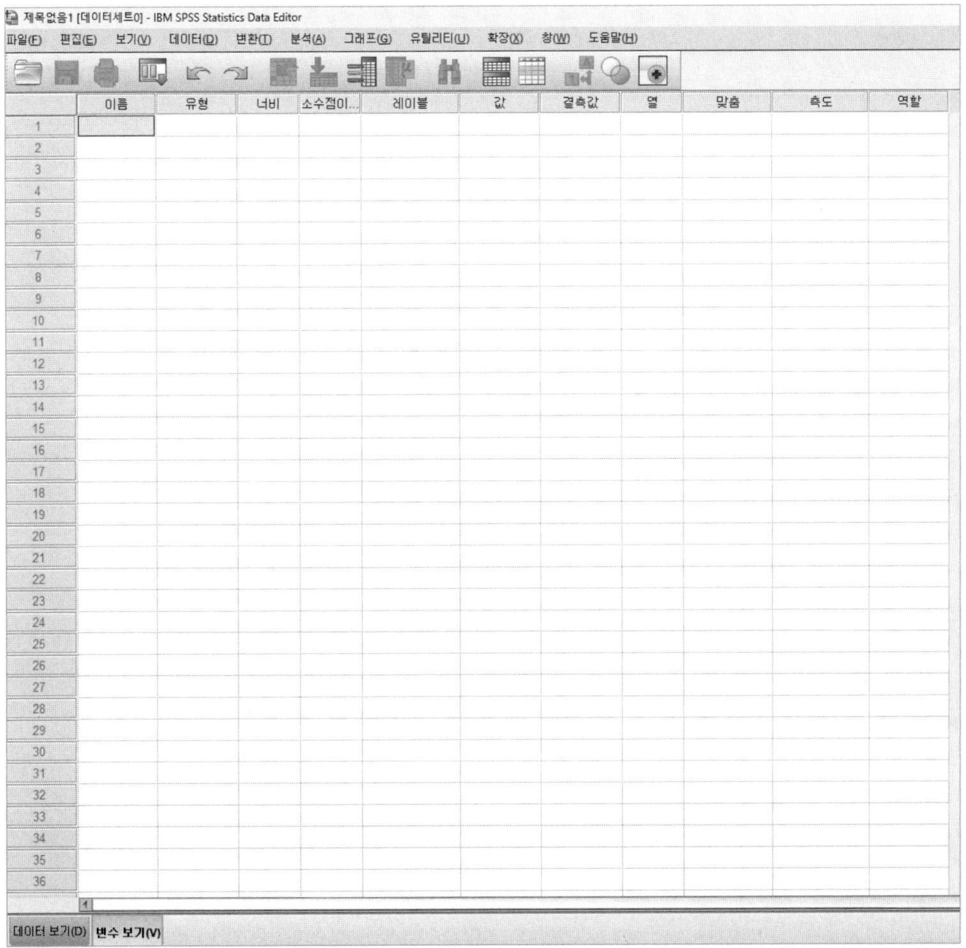

첫 변수인 gender를 입력한다.

제목없음1 [데이터세트0] - IBM SPSS Statistics Data Editor

파일(F) 편집(E) 보기(V) 데이터(D) 변환(T) 분석(A) 그래프(G) 유틸리티(U) 확장(X) 창(W) 도움말(H)

	이름	유형	너비	소수점이...	레이블	값	결측값	열	맞춤	측도	역할
1	gender										
2											
3											
4											
5											
6											
7											
8											
9											
10											
11											
12											
13											
14											
15											
16											
17											
18											
19											
20											
21											
22											
23											
24											
25											
26											
27											
28											
29											
30											
31											
32											
33											
34											
35											
36											

데이터 보기(D) 변수 보기(V)

gender 변수를 입력하고 나면, 기본 설정이 자동으로 나타난다.

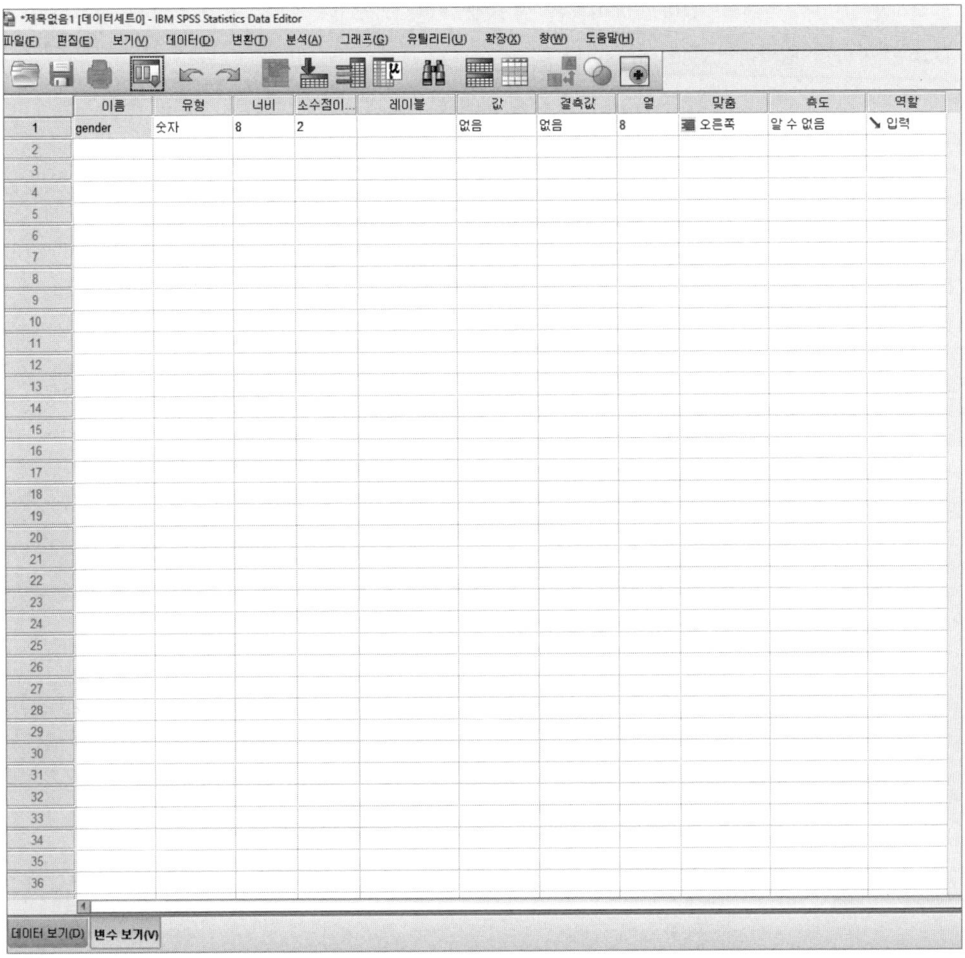

*제목없음1 [데이터세트0] - IBM SPSS Statistics Data Editor

파일(F) 편집(E) 보기(V) 데이터(D) 변환(T) 분석(A) 그래프(G) 유틸리티(U) 확장(X) 창(W) 도움말(H)

	이름	유형	너비	소수점이...	레이블	값	결측값	열	맞춤	측도	역할
1	gender	숫자	8	2		없음	없음	8	오른쪽	알 수 없음	입력

데이터 보기(D) 변수 보기(V)

유형은 숫자로 그대로 두고, gender 변수는 소수점을 0으로 바꿔 준다(소수점 열의 오른쪽을 클릭하면 0으로 낮출 수 있다). 레이블은 변수에 대한 설명이다. 값은 코딩값이다. 레이블과 값을 정확하게 입력하는 것이 중요하다.

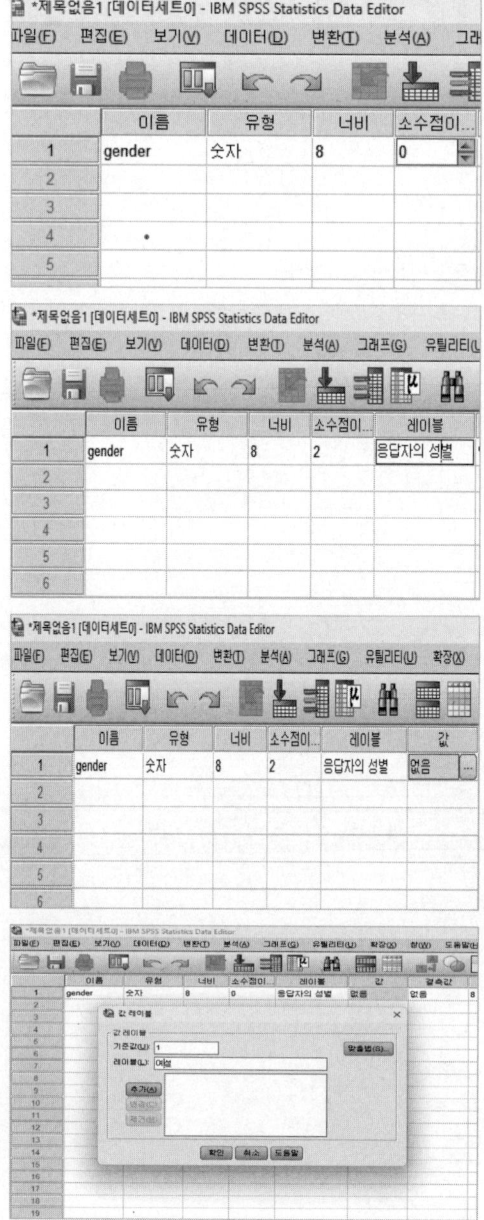

모든 변수가 입력된 상태의 '변수보기' 화면 상태는 다음과 같다. 왼쪽 하단 변수보기 tab을 유념한다.

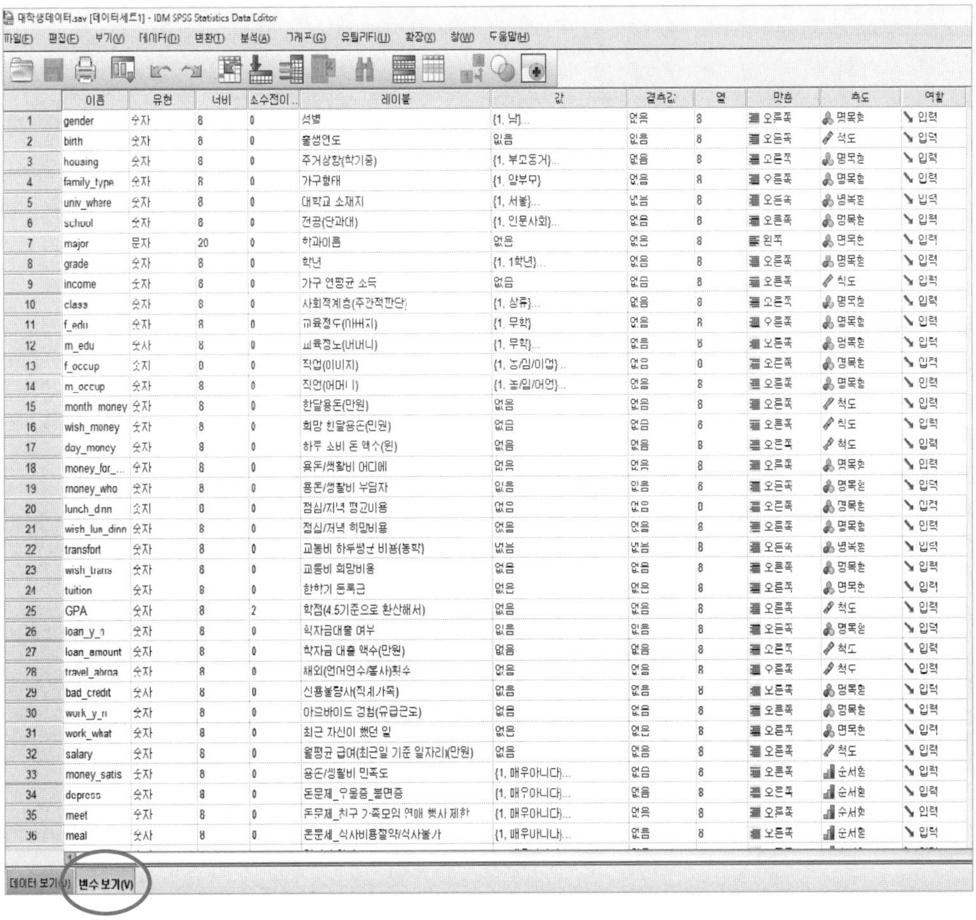

대학생데이터.sav [데이터세트1] - IBM SPSS Statistics Data Editor

파일(F) 편집(E) 보기(V) 데이터(D) 변환(T) 분석(A) 그래프(G) 유틸리티(U) 확장(X) 창(W) 도움말(H)

	이름	유형	너비	소수점이...	레이블	값	결측값	열	맞춤	측도	역할
1	gender	숫자	8	0	성별	{1, 남}...	없음	8	오른쪽	명목형	입력
2	birth	숫자	8	0	출생연도	없음	없음	8	오른쪽	척도	입력
3	housing	숫자	8	0	주거상황(학기중)	{1, 부모동거}...	없음	8	오른쪽	명목형	입력
4	family_type	숫자	8	0	가구형태	{1, 양부모}	없음	8	오른쪽	명목형	입력
5	univ_where	숫자	8	0	대학교 소재지	{1, 서울}...	없음	8	오른쪽	명목형	입력
6	school	숫자	8	0	전공(단과대)	{1, 인문사회}...	없음	8	오른쪽	명목형	입력
7	major	문자	20	0	학과이름	없음	없음	8	왼쪽	명목형	입력
8	grade	숫자	8	0	학년	{1, 1학년}...	없음	8	오른쪽	명목형	입력
9	income	숫자	8	0	가구 연평균 소득	없음	없음	8	오른쪽	척도	입력
10	class	숫자	8	0	사회적계층(주관적판단)	{1, 상류}...	없음	8	오른쪽	명목형	입력
11	f_edu	숫자	8	0	교육정도(아버지)	{1, 무학}	없음	8	오른쪽	명목형	입력
12	m_edu	숫자	8	0	교육정도(어머니)	{1, 무학}...	없음	8	오른쪽	명목형	입력
13	f_occup	숫자	8	0	직업(아버지)	{1, 농/임/어업}...	없음	8	오른쪽	명목형	입력
14	m_occup	숫자	8	0	직업(어머니)	{1, 농/임/어업}...	없음	8	오른쪽	명목형	입력
15	month_money	숫자	8	0	한달용돈(만원)	없음	없음	8	오른쪽	척도	입력
16	wish_money	숫자	8	0	희망 한달용돈(만원)	없음	없음	8	오른쪽	척도	입력
17	day_money	숫자	8	0	하루 소비 돈 액수(원)	없음	없음	8	오른쪽	척도	입력
18	money_for_...	숫자	8	0	용돈/생활비 어디에	없음	없음	8	오른쪽	명목형	입력
19	money_who	숫자	8	0	용돈/생활비 부담자	없음	없음	8	오른쪽	명목형	입력
20	lunch_dinn	숫자	8	0	점심/저녁 평균비용	없음	없음	8	오른쪽	명목형	입력
21	wish_lun_dinn	숫자	8	0	점심/저녁 희망비용	없음	없음	8	오른쪽	명목형	입력
22	transfort	숫자	8	0	교통비 하루평균 비용(통학)	없음	없음	8	오른쪽	명목형	입력
23	wish_trans	숫자	8	0	교통비 희망비용	없음	없음	8	오른쪽	명목형	입력
24	tuition	숫자	8	0	한학기 등록금	없음	없음	8	오른쪽	명목형	입력
25	GPA	숫자	8	2	학점(4.5기준으로 환산해서)	없음	없음	8	오른쪽	척도	입력
26	loan_y_n	숫자	8	0	학자금대출 여부	없음	없음	8	오른쪽	명목형	입력
27	loan_amount	숫자	8	0	학자금 대출 액수(만원)	없음	없음	8	오른쪽	척도	입력
28	travel_abroa	숫자	8	0	해외(언어연수/봉사)횟수	없음	없음	8	오른쪽	척도	입력
29	bad_credit	숫자	8	0	신용불량자(직계가족)	없음	없음	8	오른쪽	명목형	입력
30	work_y_n	숫자	8	0	아르바이트 경험(유급근로)	없음	없음	8	오른쪽	명목형	입력
31	work_what	숫자	8	0	최근 자신이 했던 일	없음	없음	8	오른쪽	명목형	입력
32	salary	숫자	8	0	월평균 급여(최근일 기준 일자리)(만원)	없음	없음	8	오른쪽	척도	입력
33	money_satis	숫자	8	0	용돈/생활비 만족도	{1, 매우아니다}...	없음	8	오른쪽	순서형	입력
34	depress	숫자	8	0	돈문제_우울증_불면증	{1, 매우아니다}...	없음	8	오른쪽	순서형	입력
35	meet	숫자	8	0	돈문제_친구 가족모임 연애 행사 제한	{1, 매우아니다}...	없음	8	오른쪽	순서형	입력
36	meal	숫자	8	0	돈문제_식사비용절약/식사불가	{1, 매우아니다}...	없음	8	오른쪽	순서형	입력

데이터 보기(D) 변수 보기(V)

변수보기에서 모든 변수의 정보 입력이 끝나면 데이터보기 화면에서 설문지를 통해 표집한 응답치를 입력한다. 데이터가 입력된 데이터보기 화면은 다음과 같다. 왼쪽 하단 데이터보기 tab을 유념한다.

대학생데이터.sav [데이터세트1] - IBM SPSS Statistics Data Editor

파일(F) 편집(E) 보기(V) 데이터(D) 변환(T) 분석(A) 그래프(G) 유틸리티(U) 확장(X) 창(W) 도움말(H)

	gender	birth	housing	family_type	univ_where	school	major	grade	income	class	f_edu
1	1	1999	1	1	3	1	사회복지	2	4000	3	4
2	2	2000	1	1	2	7	치위생	4	9000	3	4
3	1	1999	1	1	2	4	경영학	2	9000	3	5
4	2	2001	1	1	3	1	사회복지	2	2800	3	5
5	2	2001	1	3	3	2	생명과학	2	2500	4	4
6	2	2001	1	1	2	1	영어영문	2	6000	2	4
7	2	2000	1	1	3	1	사회복지	2	9500	2	5
8	2	2000	1	1	1	2	물리학	1	8000	2	6
9	2	2000	1	1	1	2	컴퓨터공학	3	9800	2	6
10	2	2001	1	1	3	1	사회복지	2	6000	3	5
11	2	1997	1	1	2	3	실용음악	2	7500	3	5
12	1	2001	4	1	3	2	멀티미디어	2	9000	3	5
13	2	2000	1	1	3	1	사회복지	2	8000	3	5
14	2	1998	3	5	2	1	사회복지	4	3000	3	3
15	2	2000	1	1	2	7	보건의료행...	2	10000	3	4
16	1	1999	1	1	3	1	사회복지	2	7000	3	5
17	1	1999	1	1	2	2	컴퓨터정보	2	2400	3	4
18	1	1999	4	1	3	2	전자공학	2	3000	3	4
19	2	2001	1	1	3	1	사회복지	2	15000	3	4
20	2	2001	1	1	2	2	지역자원시...	2	10000	3	4
21	1	2001	4	1	1	2	컴퓨터소프...	1	14000	2	5
22	1	2001	1	1	3	1	사회복지	2	6000	3	4
23	1	2002	3	1	6	2	철도학부	1	1000	3	5
24	2	2001	3	1	6	2	사이버보안	2	1000	2	4
25	2	2000	1	3	3	1	사회복지	2	4000	4	5
26	2	2001	3	1	2	2	전자공학	3	6000	3	5
27	2	2000	1	1	1	1	문헌정보	1	5000	3	5
28	2	2001	1	1	3	1	사회복지	2	8000	3	4
29	2	2001	1	1	1	1	경영정보	2	3000	3	5
30	2	2001	1	1	1	2	스마트IT	2	5000	3	5
31	2	1999	1	1	3	1	사회복지	3	2500	4	4
32	2	1999	3	1	2	2	건축공학	4	9000	3	4
33	2	1999	1	1	1	6	수의학	2	9000	2	5
34	1	2001	1	1	3	1	사회복지학...	2	1665	3	4

데이터 보기(D) 변수 보기(V)

Chapter

3

기술통계 I: 빈도분석과 집중경향치

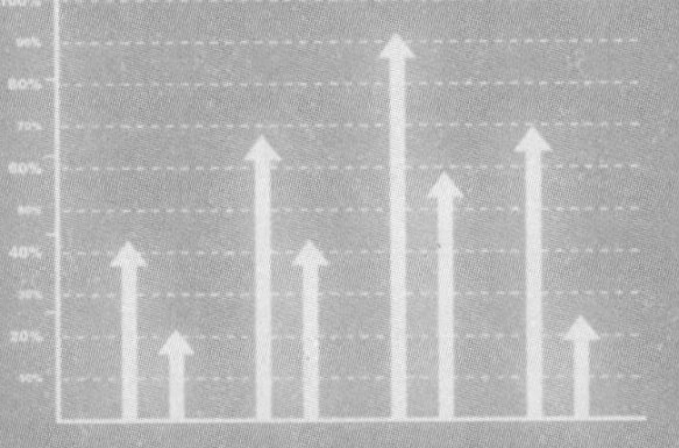

핵심 정리

◎ **빈도분석(frequency analysis)**: 비연속변수를 요약 · 정리하는 기술통계법 중 하나

◎ **집중경향치(central tendency)**: 최빈치(mode), 중앙치(median), 산술평균(mean)

	기술통계(일반적인 기준)
비연속변수(명목, 서열)	최빈치, 빈도분석, (중앙치), (산술평균)
연속변수(등간, 비율)	중앙치, 산술평균, 분산과 표준편차, (빈도분석)

		종속변수	
		비연속변수 (명목, 서열)	연속변수 (등간, 비율)
독립 변수	비연속변수 (명목, 서열)	카이자승 (카이제곱, χ^2)	t검증 F검증
	연속변수 (등간, 비율)		상관분석 회귀분석

최빈치(Mode)	중앙치(Median)	산술평균(Mean)
• 주로 비연속변수에 사용하는 것이 적절(명목, 서열변수) • 그러나 연속변수에도 N 크기나 데이터의 성격에 따라 적절히 활용 가능	• 전체 데이터를 오름차순으로 정리하는 것이 중앙치를 찾는 가장 첫 과정 • 오름차순으로 정리한 데이터 분포에서 가장 가운데 값 • 중앙치 = 중위수 • 집단 간 혹은 변수 간 비교에도 적절히 활용됨	• 주로 연속변수에 적절(등간, 비율변수) • 모든 값의 총합을 N으로 나눈 값 • 데이터를 가장 간단하게 정리하고 활용도가 높은 집중경향치의 한 종류 • 집단 간 혹은 변수 간 비교에도 적절히 활용됨
극단치의 영향이 상대적으로 작음		극단치의 영향이 상대적으로 큼

기술통계란 설문조사를 통해 얻은 표본의 데이터(data), 즉 계량적 자료들을 이해하기에 편리하고 의미 있는 형태로 요약·정리하는 기법을 통칭한다. 대부분의 경우 계량적 데이터의 경우 수백 명, 수천 명의 응답자에 대한 변수값들을 포함하는 경우이며, 크기가 클 뿐 아니라 매우 복잡한 형태를 갖게 된다. 따라서 우리가 설문조사를 통해 얻은 일차적 자료를 변수별 특징을 파악할 수 있도록 요약·정리하는 것이 기술통계기법이다. 물론 직접 설문조사하지 않고 기존에 이미 구축된 이차적 자료를 요약·정리하는 것도 마찬가지로 기술통계법으로 요약·정리한다. 기술통계는 원자료(raw data)들을 일정한 정리 및 계산 방식에 따라 좀 더 유용하고 의미 있는 형태로 정리해서 제시하는 방식이라고 할 수 있다. 기술통계는 매우 다양한 형태가 있는데, 빈도분석, 집중경향치(산술평균, 최빈치, 중앙치), 분산도(표준편차와 분산), 백분위수, 범위(최대값과 최소값), 도표나 그래프로 나타내기 등이 있다. 어떤 방법이든 기술통계는 표본조사를 통해 얻은 자료, 즉 데이터를 변수별 혹은 하위속성별 특징을 파악하기 위해서 요약·정리하는 것이 목적이자 기능이다. 기술통계를 구함으로써 표본의 특징을 일목요연하게 파악할 수 있다. 그러나 기술통계만으로는 모집단에 대한 특징을 추론할 수 없다.

1 빈도분석

빈도분석(frequency analysis)은 설문조사를 통해 얻은 계량적 데이터를 정리하기 위한 방법 중 하나로 구간별로 함께 묶어서 분류하는 방법으로, 이렇게 정리된 분포를 빈도분포(frequency distribution)라고 한다. 그리고 빈도분포를 표로 나타낸 것을 빈도분포표(frequency distribution table)라고 한다. 빈도분포표는 도수분포표라고 칭하기도 한다. 이 장 말미의 실습 파트에서 가구소득이라는 연속변수를 비연속변수로 변환하는 것을 제시하였는데, 대학생 데이터세트(dataset)에서 가구연소득(income_new)의 빈도분포표는 다음과 같다.

〈표 3-1〉 빈도분포표 예시(가구연소득, income_new)

변환된 소득변수(income_new)					
		빈도	퍼센트	유효퍼센트	누적퍼센트
유효	0원 이상~3000만 원 미만	30	21.3	21.4	21.4
	3000만 원 이상~6000만 원 미만	55	39.0	39.3	60.7
	6000만 원 이상~9000만 원 미만	35	24.8	25.0	85.7
	9000만 원 이상~12000만 원 미만	11	7.8	7.9	93.6
	15000만 원 이상	9	6.4	6.4	100.0
	전체	140	99.3	100.0	
결측		11	.7		
전체		141	100.0		

이 표에서 소득 수준별 묶음인 0원 이상~3000만 원 미만, 3000만 원~6000만 원 미만 등을 계급이라고 한다. 계급은 작은 값을 하한계, 큰 값을 상한계라고 부르고 각 계급에서 큰 값과 작은 값의 차이를 계급구간이라고 한다. 〈표 3-1〉에서 계급구간은 3000만 원이다.

그리고 각 계급에 속하는 자료의 개수, 여기서는 각 소득 계급별 대학생의 수, 이것을 빈도(frequency)라고 한다. 그리고 전체 사례수 중에서 각 계급에 속하는 빈도의 비율을 백분율(percentage), 퍼센트로 두 번째 열에 표시한다. 수집된 전체 자료 중에서, 미응답이 있거나 특정 이유로 결측이 발생한 경우 합계 행 바로 위 행에 결측치 빈도를 표시하고, 그 결측치를 제외한 나머지 사례수 중에서 각 계급의 빈도가 차지하는 비율을 유효백분율(valid percentage), 유효퍼센트라고 하며, 대개 퍼센트 옆 세 번째 열에 표시한다. 한 계급의 백분율을 포함하여 그 이상이나 그 이하의 백분율을 모두 합산한 값을 누적백분율(cumulative percentage)이라고 하고, 유효퍼센트 옆 네 번째 열에 표시한다. 빈도분포표의 작성법을 정리해 보자.

1) 빈도분포표 작성방법

빈도분포표는 대개 빈도, 퍼센트, 유효퍼센트, 누적퍼센트로 구성되며, 변수의 리코딩이 없이 사용될 경우 대개 명목변수나 서열변수의 경우 빈도분포표 만들기가 수월한 편이다. 앞 장에서 명목척도, 서열척도, 등간척도, 비율척도에 대해서 설명하였는데, 이 네 가지 척도를 활용하여 얻은 변수를 명목변수, 서열변수, 등간변수, 비율변수라고 할 수 있다. 그 변수의 변수값들을 명목적 자료, 서열적 자료, 등간적 자료, 비율적 자료라고 부를 수 있다.

그런데 계급의 수, 계급의 구간, 계급의 상한계와 하한계를 어떠한 기준으로 정하면 될까? 일반적으로 빈도분포표는 수집된 자료의 범위와 개수를 고려하되 연구자가 조사하고자 하는 분석 범위에 맞춰 계급구간, 계급, 상한계와 하한계를 정한 후 각 계급에 속하는 빈도와 백분율을 구하면 작성이 시작될 수 있다.

① 계급의 결정

빈도분포를 만들 때 시작이라고 할 수 있는 계급과 계급 수를 결정하는 것은 중요하다. 계급의 수가 너무 많으면 기술통계의 핵심인 요약 · 정리 효과를 상실하며, 계급의 수가 너무 적으면 구분해야 할 구간을 구분하지 못하므로 분석력이나 해석력이 떨어질 것이다. 몇 개의 계급 수가 제일 적절한가에 대한 정답은 없다. 연구자가 궁극적으로 분석하고자 연구 주제에 따라 그리고 이론적 근거나 경험적 근거를 바탕으로 결정하는 것이 가장 합리적일 것이다. 즉, 계급 수를 결정할 때 주요하게 고려해야 할 것은 연구목적, 총 자료의 개수, 전체 자료의 범위(최대값−최소값) 등이다. 아무리 계급 수를 의미 있게 결정하고, 계급을 구분했다고 하더라도, 특정 계급에 속할 빈도가 매우 적을 정도로 자료의 개수가 작다면 계급 수를 재조정해야 할 것이다. 대체로 계급의 수는 4개 미만이면 계급 구분이 무의미할 수 있고, 계급 수가 10개 이상 정도면 요약과 정리 기능을 상실하게 된다는 것을 유념하는 것이 좋을 것이다. 앞의 〈표 3−1〉에서 총 자료의 개수는 141개이고 계급 수는 5개로 구성한 것을 참조할 수 있다.

② 계급구간의 결정

계급구간을 결정하는 데에도 정답이 있는 것은 아니다. 연구자의 연구목적이나 변수 분석 목적에 맞춰서 정하되, 자료의 범위를 계급 수로 나누는 것도 하나의 방법이다. 그러나 앞의 표에서와 같이(income의 원래 최소값은 0만 원, 최대값은 17000만 원이었다), 17000만 원을 5로 나누면 3400만 원인데 이 경우는 반드시 그 규칙을 따르는 것이 맞지 않은 자료라고 할 수 있다. 빈도분포상의 계급구간은 일반적으로 동일한 것이 바람직하다. 단, 〈표 3−1〉에서 마지막 계급처럼 '15000만 원 이상'으로 개방형 계급구간일 경우는 예외가 될 수 있다.

③ 빈도, 백분율, 유효백분율, 누적백분율 산정

빈도분포표상에 구분해서 작성할 계급이 결정되면 각 계급에 해당하는 자료들을 집계하여 계급별 빈도를 표에 작성한다. 총 수집된 자료가 많을수록 빈도의 상대적인 비교를 가능하게 하는 백분율의 의미가 커진다. 빈도가 집계되면 계급별로 빈도를 전체 빈도(결측치 포함)로 나눈 백분율을 제시한다. 결측치가 많을수록 백분율보다 결측치를 제외한 총 사례수로 빈도를 나눈 값인 유효백분율을 분석이나 비교에 사용해야 한다. 누적백분율은 특정 계급을 포함하여, 그 계급 이상 혹은 그 계급 이하의 총 백분율 합을 보여 주는 값이다. 전체 사례 100퍼센트 중에서 그 계급 이하 혹은 그 계급 이상에 속하는 빈도 합계의 퍼센트를 보여 주므로 자료 정리에 의미 있는 값이 된다.

앞 장에서 자세히 설명한 것처럼 척도의 유형은 명목척도, 서열척도, 등간척도, 비율척도로 구분하고 그러한 척도를 활용하여 얻은 자료를 변수값으로 하여 생성된 변수를 명목변수, 서열변수, 등간변수, 비율변수라고 한다. 그 변수들의 변수값들, 즉 척도로 측정하여 얻은 수치(자료, data)들을 명목자료, 서열자료, 등간자료, 비율자료라고 한다. 그리고 명목과 서열은 비연속적 자료이며, 등간과 비율은 연속적 자료이다. 쉽게 말해서 비연속변수는 변수값이 1, 2, 3, 4 등의 비연속 자료, 비연속 수치로 구성된다면, 연속변수는 무한대의 가능한 연속적 숫자들, 23, 57, 50000, 6300 등 어떠한 숫자도 가능한 연속적 숫자로 구성되는 것이다. 따라서 이러한 수치의 속성에 따라 빈도분포표를 작성하는 방법이 다를 수 있다.

2) 변수의 속성에 따른 빈도분포표 작성

명목자료와 서열자료는 이른바 코딩값이 비연속적인 수치이고, 변수에 속한 하위속성이 명목적이거나 서열적인 구분이므로 빈도분포표 작성이 상대적으로 수월하다. 빈도분포표 작성 시 가장 중요한 결정은 계급과 계급구간, 계급 상한계와 하한계의 결정인데 명목이나 서열, 즉 비연속적 자료는 이미 비연속적 하위속성이 결정되어 있어서 자료의 변환 없이 각 하위속성이 계급의 역할을 할 수 있기 때문이다. 서열변수의 경우 하위속성의 개수가 6~7개 이상으로 지나치게 많으면 변수의 하위속성을 변환해서 그 수를 줄여서 계급으로 정리할 수도 있다.

명목변수이든 서열변수이든 변수의 하위속성 개수가 지나치게 많으면 몇 개의 하위속성을 다시 묶어서, 변수를 변환한 후 새로운 변수를 위한 빈도분포표를 얻을 수도 있다. 다음은 우리가 구성한 데이터에서 명목변수인 주거상황(housing) 변수를 하위범주별로 만든 빈도분포표이다. 빈도분포표에서 빈도가 표시되는 기준인 부모 동거, 하숙, 기숙사/생활관, 자취(고시원 포함)의 구분을 빈도분포표의 계급이라고 한다. 명목과 서열변수에서는 이 계급이 주로 변수에서 이미 정해진 하위속성 구분을 그대로 이용하거나, 필요한 경우, 두 개 계급을 한 개의 계급으로 묶어 변환해서 빈도분포표를 그릴 수도 있다.

〈표 3-2〉 명목변수인 주거상황(housing)의 빈도분포표

	빈도	퍼센트	유효퍼센트	누적퍼센트
부모 동거	99	70.2	70.2	70.2
하숙	2	1.4	1.4	71.6
기숙사/생활관	21	14.9	14.9	86.5
자취(고시원 포함)	19	13.5	13.5	100.0
전체	141	100.0	100.0	

빈도분포표는 작성하는 그 자체보다, 빈도분포라는 기술통계법을 활용해 정리된 자료들을 연구자의 연구목적에 맞게 기술하고 해석하는 것이 더 중요할 것이다.

연속변수인 등간변수와 비율변수의 도수분포표는 명목변수와 서열변수처럼 하위속성을 그대로 계급으로 이용할 수 없고, 연속적 변수의 수치들의 전체적인 분포를 파악하고 계급을 결정해야 한다. 즉, 총 수집된 자료의 개수, 최대값, 최소값 그리고 계급을 어느 정도 결정했을 때 그 계급에 속할 빈도를 대략적으로 파악한 후 계급을 결정해야 한다. 그리고 무엇보다 중요한 것은 연구자의 자료 정리의 목적이다. 자료 정리의 목적이 무엇이냐에 따라 연속변수의 빈도분포표 작성에 최적인 계급과 계급구간, 상한계와 하한계가 결정되는 것이 더욱 중요하다.

연속변수의 경우, 일반적으로 기술통계로 변수값을 파악하고자 할 경우, (나중에 우리가 이 책에서 배우게 되는) 산술평균, 중앙치, 분산, 표준편차 등으로 기술통계를 정리하고 파악하는 것이 일반적이다. 그러나 어떠한 종류의 연속변수냐에 따라서, 그리고 연구자가 파악하고자 하는 그 변수의 측면이 무엇이냐에 따라서, 연속변수인 경우에도, 사례 값의 범위가 작거나 연속적 숫자의 등장 자체가 아주 많은 개수가 아니라면, 빈도분포표를 작성하는 것이 용이하고 수월한 경우도 있다.

예를 들어, 대학생 데이터세트에서 출생 연도 변수인 birth_year라는 변수를 예로 들어보자. 연령을 측정하기 위해서 출생 연도를 조사문항에 넣었고, 조사 결과 이 변수 응답치들의 최소값, 최대값, 가장 자주 등장하는 값(최빈치), 범위 등은 아래와 같다. 총 141개의 사례 값을 빈도분포표로 정리하고자 할 때, 연속변수이지만 변수의 변환 없이 빈도분포표를 정리하는 것이 의미 있는 경우라고 할 수 있다.

〈표 3-3〉 연속변수이지만 계급을 새로 결정하지 않고 빈도분포표 작성이 가능한 경우

변수 birth_year(출생 연도)		
N	유효	141
	결측	0
중위수		2001
최빈값		2001
최소값		2000
최대값		2002

	빈도	퍼센트	유효퍼센트	누적퍼센트
1996	1	.7	.7	1.4
1997	3	2.1	2.1	3.5
1998	13	9.2	9.2	12.8
1999	25	17.7	17.7	30.5
2000	22	15.6	15.6	46.1
2001	72	51.1	51.1	96.5
2002	5	3.5	3.5	100.0
전체	141	100.0	100.0	

즉, 기술통계를 수행하고자 할 때는 융통적 사고와 선택이 필요하다. 비연속변수이지만 산술평균을 간단히 들여다보는 것이 의미 있는 경우가 존재한다. 연속변수이지만 변수의 변환 없이, 즉 계급에 대한 복잡한 결정 없이 바로 빈도분포표를 작성해도 자료의 요약·정리가 의미를 가지는 경우가 있을 수 있다. 그리고 빈도분포표를 작성하기 전에, 최빈치와 중앙치를 미리 파악하거나, 최대값과 최소값의 범위 등을 미리 파악하는 것이 계급을 결정하는 데에 필요하다. 즉, 기술통계기법들은 한 변수를 분석하고자 할 때 여러 가지를 복합적으로 수행해 보고, 가장 적합한 결정을 내리는 것이 적절할 것이다.

2 도표

빈도분포표를 작성한 후에 필요한 경우 자료를 보다 가시적으로 정리 요약하기 위해서 도표(chart)를 추가로 작성할 수 있다. 도표의 작성은 기술통계에서 아주 필수적이거나 중요하지는 않지만 때로는 자료를 요약·정리하면서도 한눈에 가시적으로 자료를 이해하는 데 편리한 방법이므로, 연구보고서나 학술논문에 다양하게 이용될 수 있다. 도표는 막대그래프, 원형도표, 꺾은선그래프, 히스토그램 등이 있다. 자료의 유형에 따라 적절한 도표를 선택하는 것이 필요하다.

1) 비연속적 자료를 위한 도표

명목 자료나 서열 자료 등 비연속적 자료를 위한 도표로는 막대그래프(bar chart)나 원형도표(pie chart)를 활용하는 것이 일반적이다. 막대그래프는 각 계급의 빈도나 백분율을 막대의

길이로 표시한 것이다. 가로축에는 계급을 표시하고 세로축에는 빈도나 백분율 퍼센트를 표시한다. 원형도표는 원의 면적을 1로 보고 각 계급이 차지하는 상대적 비율을 원의 조각만큼 할당하여 표시한 것으로 대개 원의 조각마다 다른 색상으로 표시하기도 한다. 다음은 이 책에서 사용하는 대학생 데이터세트에서 대학생 스스로가 판단하는 자신의 사회적 계층(class) 변수를 막대그래프와 원형도표로 작성한 것이다.

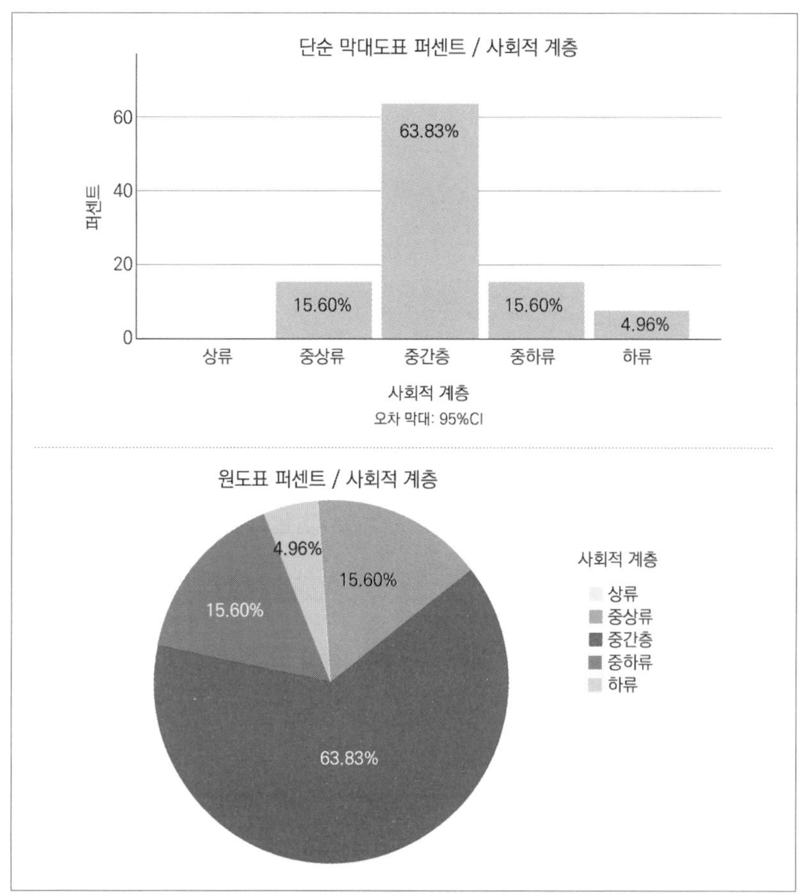

[그림 3-1] 사회적 계층(class) 변수의 계급별 퍼센트를 도표로 작성한 경우: 막대와 원형

막대그래프에서는 응답자 중에서 스스로를 상류라고 판단하고 응답한 경우는 한 건도 없었음을 쉽게 확인할 수 있다. 반면 원형도표에서는 전체 원 면적 중에서 0퍼센트를 차지하는 상류는 아예 표시하지 않았기 때문에 응답자 중에서 상류로 응답한 학생이 전혀 없었다는 것을 쉽게 파악하지 못할 수도 있다.

2) 연속적 자료를 위한 도표

등간자료와 비율자료와 같은 연속적 자료의 계급별 빈도나 퍼센트를 도표로 표시할 때는 히스토그램과 꺾은선그래프가 이용된다. 히스토그램과 막대그래프의 차이는, 히스토그램은 막대 사이에 공간이 없이 서로 이어져 있고, 막대그래프는 막대가 서로 분리되어 있다는 점이다. 꺾은선그래프는 원래 시간의 경과에 따른 자료의 변화를 파악하기 위하여 이용되어 왔으나 등간자료와 비율자료의 계급별 도수나 상대적 비율을 도표로 나타내고자 할 때 쓸 수 있다. 꺾은선은 각 계급의 중간점을 연결한 것이다. 연속적 자료라고 할지라도, 그 값의 개수 자체가 작은 경우는 히스토그램과 꺾은선그래프 모두 적절하지 않을 수 있다. 개수 자체가 작은 경우는 도표로 작성하는 선택이 적절하지 않을 수 있으며 도표가 자료의 정리 요약에 적합하지 않은 경우는 작성하지 않는 것이 더 적절하다고 하겠다.

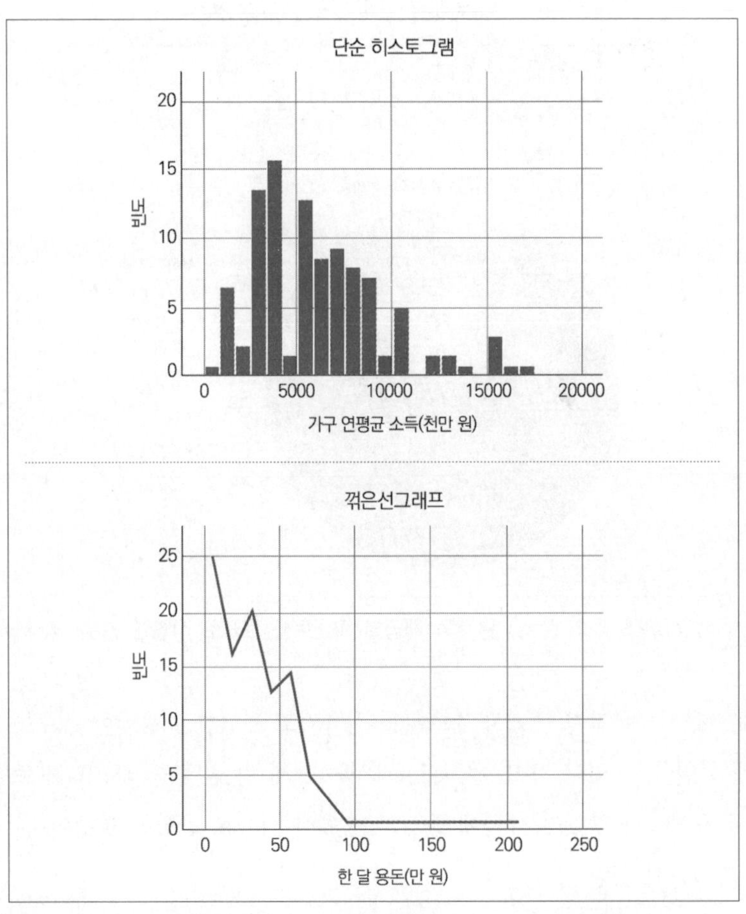

[그림 3-2] 가구소득의 히스토그램과 대학생 한 달 용돈의 꺾은선그래프

3 집중경향치

원자료(raw data)란 아직 가공되지 않은, 통계적으로 분석되지 않은 상태의 자료를 말한다. 원자료는 하나의 데이터 혹은 하나의 값이 모여서, 하나의 변수에 해당하는 여러 개의 하위 속성의 변수값을 구성하고, 그러한 여러 개의 변수가 모여 하나의 원자료를 구성하게 된다. 다음과 같은 원자료를 갖고 있다고 가정해 보자.

〈표 3-4〉 원자료 예시 1

	변수 이름 →	gender	birth_year	income
①	「각 응답자: 1번 응답자부터 10번 응답자까지 응답값들 (변수값들)」	1	1999	4000
②		2	2000	9000
③		1	1999	9000
④		2	2001	2800
⑤		2	2001	2500
⑥		2	2001	6000
⑦		2	2000	9500
⑧		2	2000	8000
⑨		2	2000	9800
⑩		2	2001	3000

* 참고: gender 변수는 성별 변수이며, 여성은 1, 남성은 2이다.
두 번째 birth_year 변수는 출생 연도이다.
세 번째 income 변수는 가구의 작년 연 소득 변수이고, 단위는 천만 원이다.

〈표 3-4〉 자료를 알기 쉽게 요약 · 정리한다면 어떻게 하면 될까? 일단 보이는 대로 정리해 보자. 첫 번째 변수는 gender, 즉 성별이고, 1번 응답자는 여성으로 응답했고, 2번 응답자는 남성으로 응답했다. 10명 중에서 여성은 2명이고, 8명이 남성이다. 이것으로 첫 번째 변수인 gender는 일단 간단히 파악되었다. 두 번째 변수인 birth_year는 1번 응답자와 3번 응답자가 1999년생이라고 응답했고, 나머지 응답자들은 2000년과 2001년이라고 응답했다. birth_year 변수의 응답값들을 간단히 정리하면, 1999년이라고 응답한 사람은 10명 중 2명, 2000년이라고 응답한 사람은 4명, 나머지 4명은 2001년이라고 응답했다. 세 번째 income 변수는 연 소득 변수로써, 최소값은 5번 응답자의 2500만 원이고, 최대값을 응답한 사람은 9500만 원이라고 한 7번 응답자이다. 만약 10명 연 소득의 평균값을 구하고 싶다면, 10개 값을 모두 합한 후에 응답자 수 10으로 나누면 평균값을 구할 수 있을 것이다. 이 데이터에서는 응답자 숫자가

10명에 불과하기 때문에, 이와 같이 몇 개 문장으로 요약할 수 있었다. 이렇게 요약 · 정리한 문장 속에는 기술통계법의 몇 가지 방법이 숨어 있다. 바로, 빈도분석, 최빈치, 산술평균 등이다. 〈표 3-4〉의 자료에서는 응답자가 10명으로, 자료의 크기 자체가 작기 때문에, 요약 · 정리가 몇 개 문장으로 간단히 가능했다.

그러나 이제 우리가 다루게 되는 실제 데이터들은 응답자가 수백수천 명인 경우의 응답치, 수백수천 개의 변수값, 많은 변수로 구성된 매우 큰 사이즈의 데이터를 다루게 될 것이다. 따라서 그런 경우에는 한눈으로 데이터를 정리할 수 없고 SPSS 통계 프로그램 같은 자동화된 프로그램으로 그 변수값들을 요약 · 정리하게 된다. 이때 적용되는 몇 가지 요약 · 정리 기능의 집중경향치 방법들이 최빈치, 중앙치, 산술평균이다. 최빈치, 중앙치, 산술평균은 가장 가운데 값 혹은 가장 자주 등장하는 값, 총합을 N으로 나눈 값 등을 다루고, N의 숫자가 무한대인 경우, 변수값의 정규분포에서 가장 가운데에 동일한 값으로 위치한다.

주어진 수량적 자료, 데이터들은 하나의 분포를 이루고 그 분포의 가운데 값, 그리고 다른 값들이 그 가운데 값을 중심으로 어떻게 분포되어 있는가 등 자료의 숫자들은 모여 어떠한 특징이 종합되어 나타나는가를 정리해야 할 필요가 있다. 큰 자료, 즉 데이터를 이루는 숫자들을 낱낱이 다 기억하거나 그러한 기억을 통해서 어떤 현상에 대한 전체적인 특징을 추출하고 기술한다는 것은 사실상 불가능하다. 따라서 어떤 한 현상의 대표적인 특징을 기술하기 위해서는 주어진 자료들을 종합, 요약해서 그 특징을 대표하는 전체적인 경향을 알아보게 된다. 주어진 자료들의 모여 있는 경향, 가운데에 몰려 있는 값들, 가장 가운데 값이나 자주 등장하는 값 등으로 대표적인 경향을 밝혀주는 통계적 방법 또는 그 특징을 대표하는 통계적 수치들을 집중경향치(Central Tendency)라고 부른다.

집중경향치는 첫째, 주어진 자료를 유의미하고 간편하게 하나의 수치로 조직하고 요약해서 기술하는 기능을 한다. 둘째, 집중경향치는 하나의 분포를 기술하는 데 사용될 뿐만 아니라 두 개나 그 이상의 분포들 사이의 비교를 가능하게 한다. 예를 들어, 응답자의 소득변수의 요약 및 정리하고 싶을 때, 어떤 값을 제시하는 것이 가장 이해하기 쉬우면서 적절할까? 사회복지학과 학생 100명이 사회복지자료분석론 중간고사를 치렀는데, 그 학생들의 중간고사 결과를 일목요연하게 정리해서 제시하고 싶을 때 어떠한 방법이 가장 적절할까? 점수를 계급구간을 정해서 계급별로 나눈 후에, 빈도분포표를 작성할 수도 있을 것이다. 빈도분석 결과를 도표로 작성해서 제시할 수도 있을 것이다. 가장 쉽고 빠르게 계산할 수 있는 값은 평균값일 것이다. 혹은 학생들의 점수 전체 분포에서 과연 어떤 점수값이 가장 많이 등장했는가도 얻을 수 있을 것이다. 특히 요약 · 정리하고자 하는 변수가 연속적 변수일 때, 우리는 집중경향치로 분류되는 세 가지 값, 산술평균, 최빈치, 중앙치를 활용할 수 있다. 집중경향치란 자료가 집중되어 있는 위치 혹은 자료의 중심이 되는 위치를 수치로 정리한 것으로 주로 변수의 특징을 정리할 때 하나의 값으로 대변하고 싶을 때, 즉 대표성이 있는 값으로 나타내고 싶을 때 사용한다. 집중경향치는 실제로 활용도가 높은 기술통계법이다.

1) 최빈치

최빈치(mode)란 한 변수의 값 중에서 가장 자주 나타나는 값(most frequent occurance)을 의미한다. 최빈치는 하나 이상 혹은 여러 개 존재할 수 있으며, 존재하지 않을 수도 있다. 집중경향치 중에서, 산술평균과 중앙치는 반드시 값이 존재하는데, 최빈치만 그 값이 하나 이상일 수도 있고 혹은 없을 수도 있다. 예를 들어, 월 소득(earning)이라는 변수가 있고, 그 변수값들이 '10만 원, 20만 원, 30만 원, 30만 원, 40만 원, 40만 원, 50만 원, 70만 원'이라고 가정해 보자. 이 경우는 최빈치가 두 개로, 30만 원과 40만 원이다. 변수값에서 30만 원이 두 번, 40만 원이 두 번 나타났기 때문에 두 개 모두 최빈치로 인정받는 것이다. 즉, 최빈치는 두 개 이상 나올 수 있다. 물론, 어떤 변수의 변수값에서는 최빈치가 없을 수 있다. 주로 여러 숫자가 다양하게 나타나는 연속적인 변수에서는 최빈치가 없을 수 있다. 비연속 변수에서도 데이터 규모가 작거나, 두 번 이상 겹치는 숫자가 없고 전부 다른 값들만 나타난다면, 역시 최빈치는 존재하지 않는다.

최빈치는 수학적 공식이 아닌 찾기만으로 가능하며, 쉽게 구할 수 있을 뿐 아니라 비연속 변수 및 연속변수에 모두 활용될 수 있다. 다만, 변수의 종류, 변수의 특성, 연구주제에 따라 최빈치가 적절한지에 대한 연구자의 판단이 중요하다. 앞에서 성별(gender) 변수는 하위속성 및 변수값이 두 개로 1-여성, 2-남성이다. 변수값, 즉 응답자가 응답한 응답치 1과 2 중에서, 자주 나타난 수치는 2이다. 즉, 성별 변수의 최빈치는 2이고, 남성이라는 속성이 두 속성(여성과 남성) 중에서 더 나타났다고 해석한다. 그러나 실제 우리가 분석하게 되는 데이터는 대부분이 변수가 많고 응답치도 수백 건 이상인 경우가 많아서, 변수마다 일일이 최빈치를 골라내는 것은 시간 소요가 많고, 정확성을 위해 반복해야 하기 때문에 현실적으로 어렵다. 따라서 SPSS 통계 프로그램 등 자동화 프로그램을 이용해 변수마다 최빈치를 찾는 것이다.

최빈치는 한 개인 경우, 두 개 이상인 경우, 없는 경우 모두 있을 수 있다. 최빈치가 있다고 해서 좋은 데이터가 아니듯, 최빈치가 없다고 해서 안 좋은 데이터가 아니며, 앞서 설명한

대로 최빈치는 원자료(raw data)를 있는 그대로 요약 · 정리하는 기술통계법 중에서도 집중경향치의 하나일 뿐이다. 그러나 통계학에서 N이 무한대로 클 때, 최빈치는 산술평균, 중앙치와 동일한 값을 가지며, 변수값의 정규분포가 종 모양의 확률분포를 그릴 때, 가장 가운데에 위치한다고 본다.

최빈치의 특성은 하나의 분포 안에서 유행적인 수치를 알려 준다는 점, 그리고 복잡한 계산을 하지 않고서도 쉽게 대표적인 경향을 밝혀 주는 장점이 있다(오혜경, 김용석, 2000). 또한 특별한 계산법이 필요 없게 쉽게 구할 수 있고, 극단치의 영향을 받지 않는다는 것도 장점이다(임병우, 주경희, 손용진, 2015). 최빈치는 성별 변수, 종교 변수, 지역 변수, 학년 변수 등과 그 변수값이 비연속적인 값들일 때, 최빈치가 쉽게 찾아지고 의미를 갖는 것이 일반적이다. 최빈치는 주로 선택한 변수가 비연속변수일 때 유용하게 쓰이는 집중경향치의 한 종류이자 비연속변수를 위한 대표적인 기술통계법이다. 물론 가구총소득(income) 변수값이 연속변수인 경우에도 최빈치를 찾을 수 있었으며, 그것 또한 의미를 가진다. 연구자가 자료를 정리하고자 하는 의도와 연구 목적, 변수의 종류, 그리고 N의 크기 등에 따라서 융통적으로 최빈치를 활용하는 것이 적절하다. 다만 최빈치는 가장 자주 등장한 값이라는 한계 때문에 전체 자료에 대한 하나의 대표적인 값으로 볼 수 없다. 최빈치는 변수값 전체에 대한 대표성이 있다고는 인정되지 않는다.

2) 중앙치

중앙치(median)는 변수의 값들을 가장 작은 값부터 가장 큰 값까지 오름차순으로 정렬했을 때 가장 가운데 자리에 있는 값을 말한다. 즉, 중앙치는 해당 변수의 전체 값 분포에서 가장 가운데 값을 찾는 것이다. 중앙치는 다른 용어로 중위수라고도 한다.

중앙치는 분포의 값의 개수, 다시 말하면 총 응답자 수인 N이 홀수인 경우와 짝수인 경우를 구분할 필요가 있다. N이 홀수일 때, 예를 들어 변수값이 2, 5, 7, 8, 9, 10, 17일 때 ($N = 7$) 중앙치는 8이 된다. 왜냐하면 8 왼쪽으로 세 개 수치가 있고 8 오른쪽으로 세 개 수치가 있어 점수 분포를 정확하게 양등분하기 때문이다. N이 짝수일 때, 예를 들어 변수값이 8, 26, 35, 43, 47, 73일 때($N = 6$) 중앙치를 산출하는 방법은 N이 홀수인 경우와는 다르다. 그 이유는 점수 분포를 양등분하는 수치가 없기 때문이다. 이런 경우 중앙치는 35와 43의 합을 2로 나눈 값이 중앙치가 되거나, 두 개 모두 중앙치로 인정할 수 있다.

가구총소득(income) 변수를 예로 들어 보자. 중앙치는 크기 순대로 정렬한 후에 가운데 값이므로, 값들을 오름차순으로 정리해야 한다. income 변수는 현재 응답자 번호 순서대로 되어 있으므로, 값의 크기 순서대로 다시 나열해야 한다.

〈표 3-5〉 원자료 예시 2

	변수 이름 →	gender	birth_year	income
①	「각 응답자: 1번 응답자부터 10번 응답자까지 응답값들 (변수값들)」	1	1999	4000
②		2	2000	9000
③		1	1999	9000
④		2	2001	2800
⑤		2	2001	2500
⑥		2	2001	6000
⑦		2	2000	9500
⑧		2	2000	8000
⑨		2	2000	9800
⑩		2	2001	3000

N = 10 ⇒ N이 짝수인 경우 중앙치 찾기

가구총소득(income) 변수값 오름차순 나열

2500 2800 3000 4000 (6000 8000) 9000 9000 9500 9800

가운데 값은 두 개, 6000만 원과 8000만 원

최빈치가 한 변수의 전체 데이터에 대한 대표성을 갖지 못하는 것에 반해, 중앙치는 한 분포의 중앙에 위치하고 있는 수치라는 점에서 데이터의 대표성을 가질 수 있다. 집중경향치 세 가지 중에서, 산술평균과 중앙치는 전체 데이터 분포에서 값들의 대표성을 갖는 것으로 인정된다. 그런데 산술평균은 극단치에 영향을 받는 수치이기 때문에 극단치가 존재할 때는 산술평균보다 중앙치를 산술평균 대신 대표성 있는 값으로 사용할 수 있다. 중앙치도 최빈치와 마찬가지로 복잡한 계산식이 요구되지 않고, 해당하는 값을 찾는 과정으로 얻어진다. 중앙치는 분포가 극도로 편재되어 있는 경우에는 극단치의 영향을 배제하고 싶을 때 산술평균 대신 사용된다. 예를 들어, 어느 회사의 1명인 사장 월급이 1000만 원대이고 9명인 직원 월급이 200만 원대일 때, 산술평균은 사장 월급 같은 극단치 때문에 전체 구성원 월급의 대표값으로 대표성이 떨어진다. 해당 변수의 분포에서 극단치가 존재하는 경우는 산술평균 대신 중앙치로 데이터를 요약·정리하는 것이 적절할 수 있다.

3) 산술평균

집중경향치의 가장 대표 격이자 가장 활용도 및 인지도가 높은 값이 산술평균값이다. 산술평균(mean)은 누구나 잘 알고 있듯이 모든 수치를 다 합하여 그 총합을 전체 사례수로 나눈 값으로서 가장 흔히 쓰이는 집중경향치이다. 예를 들어, 한 집단의 5개 사례가 3, 5, 8, 10, 14의 값을 가지고 있을 때, 이 점수를 모두 합친 40을 5로 나누면 8이 되는데 이것이 산술평균이다. 대개 표본의 산술평균은 Mean(arithmetic mean)=$\overline{X}$로 표시하며, 모집단의 평균은 μ(mu)로 표시하는 것이 일반적이다.

$$\text{표본의 산술평균값} = \overline{X} = \frac{X_1 + X_2 + \cdots + X_n}{n} = \frac{\sum_{i=1}^{n} X_i}{n}$$

평균값은 한 개의 변수에 대한 일원적 기술에서는 말할 것도 없고 두 개 이상의 집단별 데이터들을 비교할 때, 한 데이터에서 변수끼리 비교할 때도 매우 중요한 역할을 한다. 우리나라 작년 전체 가구의 연 소득 평균값은 3000만 원이며, 올해는 그 평균값이 10% 증가하여 3300만 원이라고 비교할 때, 우리나라 가구 소득 평균값은 미국 가구 소득 평균값의 절반에 가깝다든지, OECD 국가 가구 소득 평균값의 몇 %라고 비교 목적으로 데이터를 요약 설명하고 싶을 때 산술평균값을 활용한다.

정부에서는 정기적으로 물가를 조사하고 발표한다. 많은 상품에서 물가에 주요한 영향을 미친다고 결정한 품목을 수백 개 선정하여 일정 기간 동안 이들 상품 가격의 변동을 조사한 다음, 이들의 평균치를 구하여 물가지수로 삼는다. 이러한 경우 평균을 계산할 때는 가중치를 적용한 가중산술평균을 사용한다. 즉, 품목에 따라 물가에 미치는 영향은 그 중요도가 다르기 때문에 물가에 상대적으로 큰 영향을 미치는 품목은 평균을 계산할 때 비중을 상대적으로 더 높게 두고, 상대적으로 영향이 적은 품목에 대해서는 비중을 적게 두는 방법이 필요해진다. 이와 같이, 자료의 값들이지만 각 값마다 비중이나 중요도가 다른 자료라고 판단되면, 일반적인 산술평균에서 변형된 가중산술평균(weighted arithmetic mean)을 적용한다. 가중

산술평균을 공식으로 표현하면 다음과 같다. 분자에 가중치 w를 적용한 만큼 분모는 w들의 총합이다.

가중치(w) 적용

$$\text{표본의 가중산술평균값} = \overline{X} = \frac{w_1X_1 + w_2X_2 + \ldots + w_nX_n}{\sum_{i=1}^{n} w} = \frac{\sum_{i=1}^{n} w_iX_i}{n}$$

〈표 3-6〉 집중경향치: 최빈치, 중앙치, 산술평균

최빈치(Mode)	중앙치(Median)	산술평균(Mean)
• 주로 비연속변수에 사용하는 것이 적절(명목, 서열변수) • 그러나 연속변수에도 N 수나 자료(data)의 성격에 따라 적절히 활용 가능	• 전체 데이터를 오름차순으로 정리하는 것이 중앙치를 찾는 가장 첫 과정 • 오름차순으로 정리한 데이터 분포에서 가장 가운데 값 • 중앙치 = 중위수 • 집단 간 혹은 변수 간 비교에도 적절히 활용됨	• 주로 연속변수에 적절(등간, 비율변수) • 모든 값의 총합을 N으로 나눈 값 • 데이터를 가장 간단하게 정리하고 대표하는 활용도가 높은 집중경향치의 한 종류 • 집단 간 혹은 변수 간 비교에도 적절히 활용됨
극단치의 영향이 상대적으로 작음		극단치의 영향이 상대적으로 큼

과제 및 토론

1. 통계청 국가통계포털(kosis.kr)의 자료를 검색하여 특정 기간의(3년치 혹은 5년치) 우리나라 4인 가구의 산술평균값과 중앙치(중위수)를 아래 표에 기입하시오. 4인 가구 소득의 평균값과 중위수의 변화와 의미를 토론하시오. 동일한 표를 1인 가구 소득으로 기입하고 소득의 평균값과 중위수의 변화와 의미를 토론하시오.

	4인 가구					1인 가구				
산술평균										
중앙치 (중위수)										

2. 우리나라 물가지수 산정에서 이용되는 품목을 조사하고 각 품목마다 적용되는 가중치에 차이가 존재한다면 그것을 토론하시오. 일반적인 산술평균 원리를 적용할 때와 가중산술평균을 적용할 때의 원리를 비교해서 토론하시오.

3. 사회복지학 자료분석론 수업 수강생은 25명이었다. 25명의 중간고사 실시 결과 점수의 분포는 다음과 같았다. 가능한 모든 기술통계법을 동원해서 시험 결과를 요약 · 정리해서 제시하시오. (시험점수의 만점은 50점)

번호	이름	중간고사(점)
1	고○○	41
2	최○○	26
3	김○○	45
4	이○○	26
5	이○○	35
6	한○○	20
7	권○○	39
8	노○○	25
9	이○○	46
10	이○○	40
11	안○○	43
12	최○○	30
13	유○○	43
14	이○○	21
15	윤○○	39
16	정○○	13
17	김○○	24
18	정○○	20
19	차○○	30
20	윤○○	20
21	이○○	24
22	심○○	25
23	김○○	10
24	추○○	40
25	김○○	11

SPSS 실습 - 빈도분석과 차트

■ 실습을 위한 데이터 다운로드 주소: 블로그 자료방 ■
(https://blog.naver.com/PostList.naver?blogId=jiyoungyu&categoryNo=0&from=postList)

실습 과제 관심 있는 비연속변수(명목/서열변수)를 선택하고, 빈도분석을 수행하시오.

예를 들어, 명목변수 중 하나인 housing(주거상황) 변수를 선택한 경우, 다음과 같이 빈도분석을 수행할 수 있다.

데이터보기 화면 → 분석 → 기술통계량 → 빈도분석의 순서대로 선택하고 클릭한다.

대학생데이터.sav [데이터세트1] - IBM SPSS Statistics Data Editor

파일(F) 편집(E) 보기(V) 데이터(D) 변환(T) 분석(A) 그래프(G) 유틸리티(U) 확장(X) 창(W) 도움말(H)

분석(A) 메뉴: 보고서(P) / 기술통계량(E) / 베이지안 통계량(B) / 표(B) / 평균 비교(M) / 일반선형모형(G) / 일반화 선형 모형(Z) / 혼합 모형(X) / 상관분석(C) / 회귀분석(R) / 로그선형분석(O) / 신경망(W) / 분류분석(F) / 차원 축소(D) / 척도분석(A) / 비모수검정(N) / 시계열 분석(T) / 생존분석(S) / 다중반응(U) / 결측값 분석(Y)... / 다중대체(T) / 복합 표본(L) / 시뮬레이션(I)... / 품질관리(Q) / ROC 곡선(V)... / 공간과 시간 모형화(S)... / 다이렉트 마케팅(K)

기술통계량(E) 하위 메뉴: 빈도분석(F)... / 기술통계(D)... / 데이터 탐색(E)... / 교차분석(C)... / TURF 분석 / 비율통계량(R)... / P-P 도표... / Q-Q 도표...

	gender	birth	housin					grade	income	class
1	1	1999						2	4000	3
2	2	2000						4	9000	3
3	1	1999						2	9000	3
4	2	2001						2	2800	3
5	2	2001						2	2500	4
6	2	2001						2	6000	2
7	2	2000				1	사회복지	2	9500	2
8	2	2000				2	물리학	1	8000	2
9	2	2000				2	컴퓨터공학	3	9800	2
10	2	2001				1	사회복지	2	6000	3
11	2	1997				3	실용음악	2	7500	3
12	1	2001				2	멀티미디어	2	9000	3
13	2	2000				1	사회복지	2	8000	3
14	2	1998				1	사회복지	4	3000	3
15	2	2000				7	보건의료행...	2	10000	3
16	1	1999				1	사회복지	2	7000	3
17	1	1999				2	컴퓨터정보	2	2400	3
18	1	1999				2	전자공학	2	3000	3
19	2	2001				1	사회복지	2	15000	3
20	2	2001				2	지역자원시...	2	10000	3
21	1	2001				2	컴퓨터소프...	1	14000	2
22	1	2001				1	사회복지	2	6000	3
23	1	2002				2	철도학부	1	1000	3
24	2	2001				2	사이버보안	2	1000	2
25	2	2000				1	사회복지	2	4000	4
26	2	2001	3	1	2	2	전자공학	3	6000	3
27	2	2000	1	1	1	1	문헌정보	1	5000	3

다음과 같은 창이 보이면, 마우스를 오른쪽 클릭하여, 변수이름 보기, 변수설명 보기를 선택할 수 있고, 변수이름 보기를 선택하면, 창 안의 변수들이 영문 변수이름으로 순서대로 나타난다.

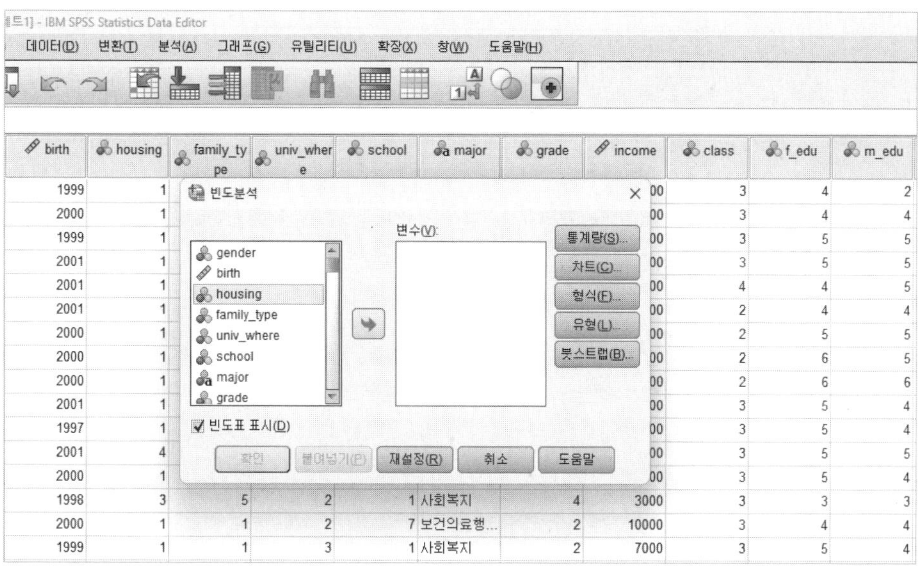

housing(주거상황) 변수를 선택하고, 가운데 화살표를 클릭하면, 변수가 오른쪽 '변수'라고 표시된 박스로 이동한다.

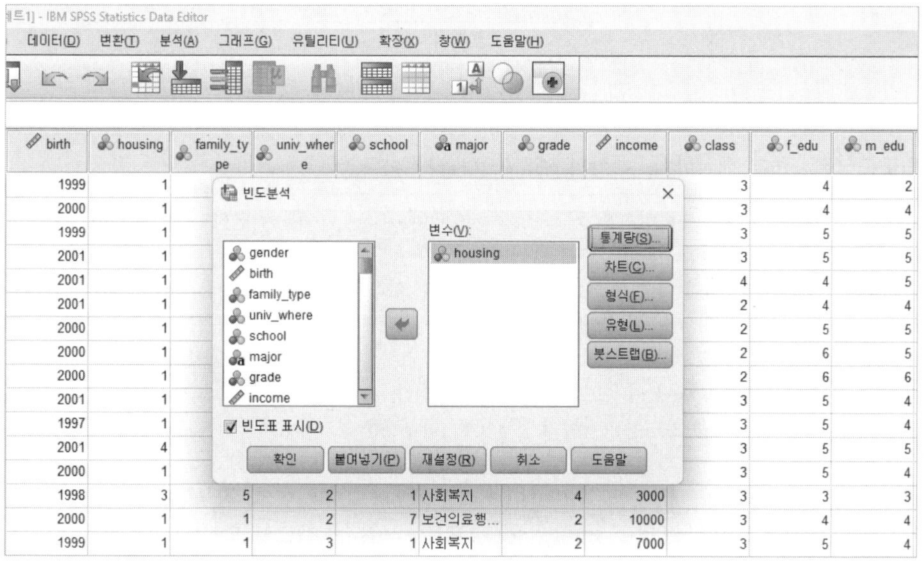

마우스로 housing 변수를 오른쪽으로 보낸 후, 작은 박스 안의 왼쪽 하단의 '빈도표 표시'를 ✔표시로 클릭한다. 다음과 같은 출력 결과를 얻을 수 있다.

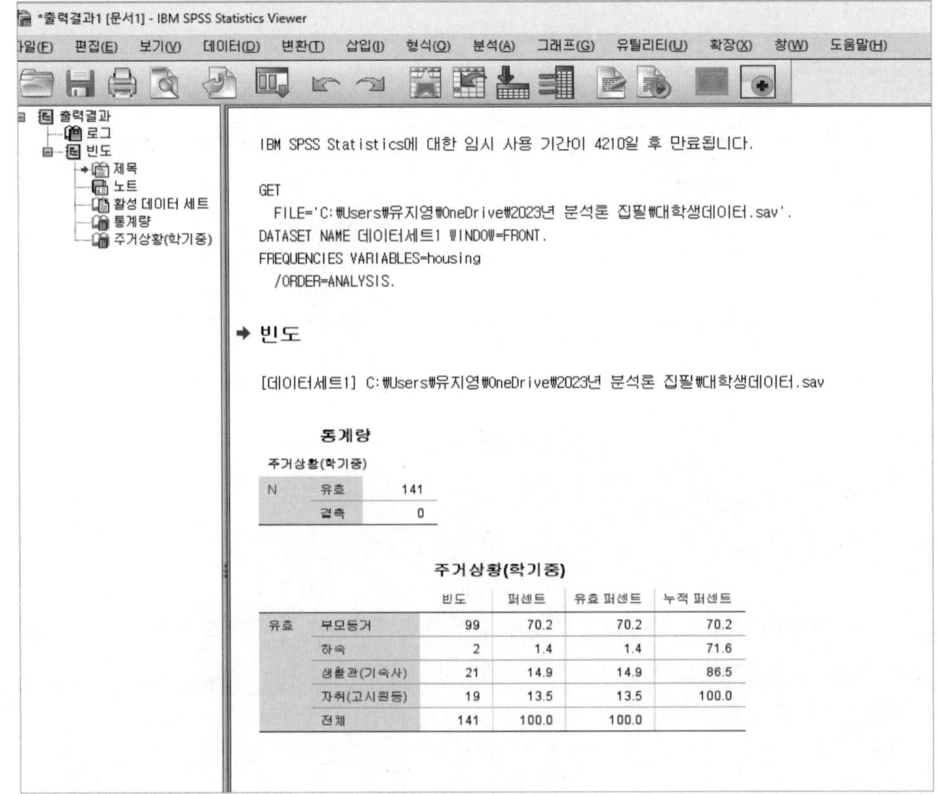

통계량

주거상황(학기중)

N	유효	141
	결측	0

주거상황(학기중)

		빈도	퍼센트	유효 퍼센트	누적 퍼센트
유효	부모동거	99	70.2	70.2	70.2
	하숙	2	1.4	1.4	71.6
	생활관(기숙사)	21	14.9	14.9	86.5
	자취(고시원등)	19	13.5	13.5	100.0
	전체	141	100.0	100.0	

빈도분석결과표를 해석한다. 해석의 예시는 다음과 같다.

연구자는 명목변수이자 비연속변수인 응답자의 주거상황(housing) 변수를 간단히 요약·정리하고자 한다. SPSS를 활용하여 빈도분석을 수행한 결과는 다음과 같았다.
응답자 총 141명은 결측이 없이 이 문항에 모두 응답하였다. 따라서 빈도분포표상에서 퍼센트 값과 유효퍼센트 값은 동일하게 나타났다. 결측치가 있다면 퍼센트보다는 유효퍼센트 수치를 활용하는 것이 더 정확한 비율을 제시할 수 있을 것이다. 141명 중 99명인 전체의 70.2퍼센트는 부모와 함께 거주하는 것으로 나타났고, 이 비율이 모든 하위속성이자 응답 카테고리 중에서 가장 높았다. 그다음으로 비율이 높게 나타난 것은 기숙사(생활관) 거주자로 141명 중 21명이 응답하여 전체의 14.9퍼센트를 차지하였다. 그다음은 자취라고 응답한 학생이며 19명으로 전체의 13.5퍼센트로 나타났다. 2명은 하숙을 하고 있다고 응답했고 전체의 1.4퍼센트를 차지하는 것으로 나타났다. 그러나 이 빈도분포표의 수치들은 표본의 값이며 모집단의 특성에 관한 것은 아니고, 특히 비확률표집에 의하여 표집된 표본들이기 때문에 대학생 모집단에 대한 대표성이 있다고 볼 수 없다. 따라서 특정 지역에서 편의적 표집으로 수집된 자료들의 표본값으로 이해되어야 할 것이다.

차트(막대그래프, 히스토그램, 원그래프)를 추가로 얻을 수 있다.

분석 → 기술통계량 → 빈도분석을 누른 화면에서 작은 창이 나타나면, 통계량 아이콘 밑에 '차트' 아이콘을 클릭한다. 차트값은 퍼센트나 빈도를 선택할 수 있다.

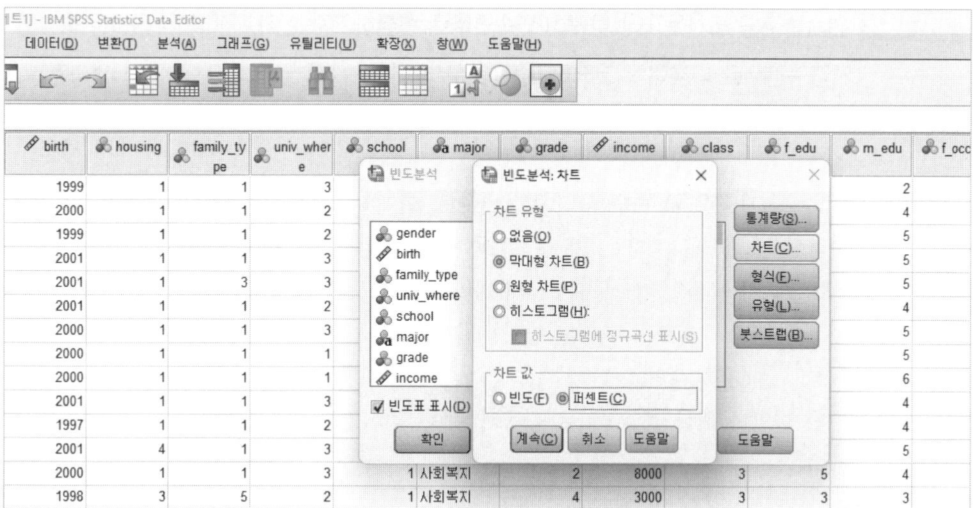

막대그래프를 선택하고, 차트값은 퍼센트를 선택한 결과, 다음과 같은 출력 결과물을 얻을 수 있다.

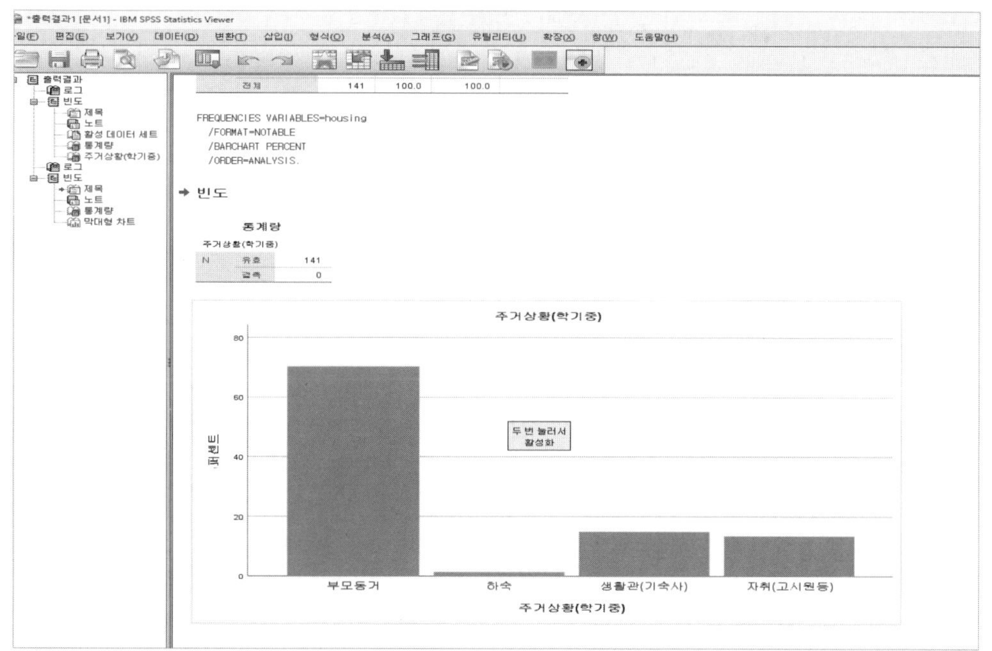

SPSS 실습 - 변수 변환 ①

실습 과제 연속변수를 조사목적에 맞게 비연속변수로 변환하고자 한다. 연속변수의 하위속성을 계급구간으로 나누어 리코딩하고, 새로운 비연속변수를 생성하고, 새롭게 생성된 비연속변수의 빈도분포표를 산출하시오.

예를 들어, income(가구소득) 변수는 연속적 변수로, 현재의 하위속성은 무수히 많은 연속적 숫자이다. 따라서 이 변수를 그대로 빈도분포표를 얻으면 매우 길고 복잡한 빈도분포표가 산출되므로 요약과 정리가 목적인 기술통계로서의 의미가 없다. income 변수의 계급구간을 새로이 정하고 변수를 변환해서 새로운 변수를 생성할 수 있다.

income 변수의 변환을 위한 계급구간은 다음과 같이 정하기로 한다.

income(변환 전 변수 이름, 연속변수) 변수값 범위 → 계급구간	income_new (변환 후 새 변수 이름, 비연속변수 化) 변수값(새로운 코딩값)
0원 이상~3000만 원 미만	1
3000만 원 이상~6000만 원 미만	2
6000만 원 이상~9000만 원 미만	3
9000만 원 이상~12000만 원 미만	4
12000만 원 이상~15000만 원 미만	5
15000만 원 이상~	6

'데이터보기 화면 → 변환 → 다른 변수로 코딩변경' 순서대로 선택하고 클릭한다.

다음과 같은 화면이 보이면, 변환하려는 변수인 income 변수를 오른쪽으로 보낸다.

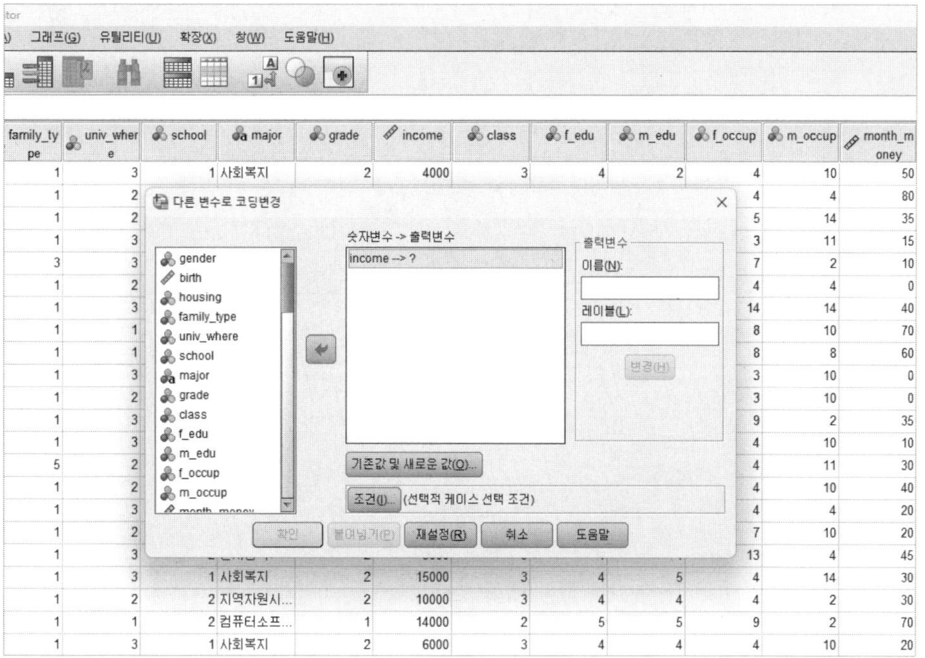

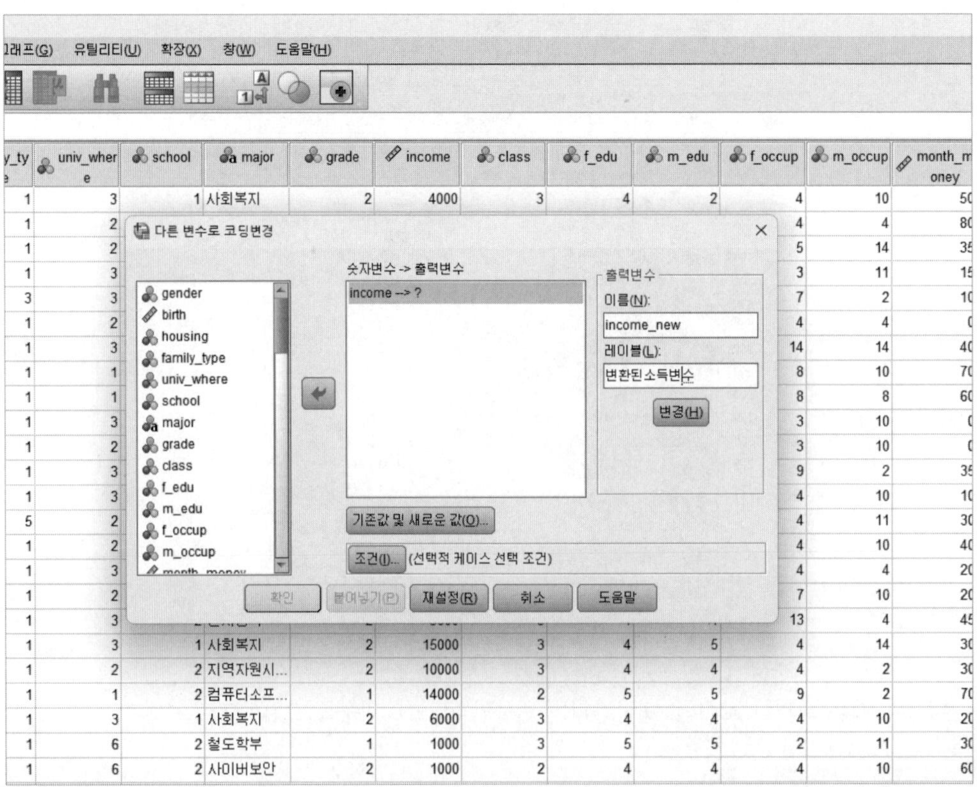
그래프(G) 유틸리티(U) 확장(X) 창(W) 도움말(H)
다른 변수로 코딩변경
gender
birth
housing
family_type
univ_where
school
major
grade
class
f_edu
m_edu
f_occup
m_occup
숫자변수 -> 출력변수
income --> ?
출력변수
이름(N):
income_new
레이블(L):
변환된소득변수
변경(H)
기존값 및 새로운 값(O)...
조건(I)... (선택적 케이스 선택 조건)
확인
붙여넣기(P)
재설정(R)
취소
도움말

income 변수를 오른쪽으로 보내면 '?' 표시가 옆에 보이는 것을 알 수 있다. 이 표시는 income 이라는 변수를 무슨 새로운 변수 이름으로 변환할 것인지를 보이는 것이다. 오른쪽 끝 '출력변수'라는 박스에서, 연구자가 새로 생성하게 될 변수의 신규 이름과 레이블, 즉 변수 설명을 추가로 입력한다. 다음에 보듯이 새로운 이름은 'income_new'로, 이 새 변수에 대한 설명은 '변환된 소득변수'라고 입력된 상태이다. 이렇게 입력한 후 오른쪽 중간에 보이는 '변경' 버튼을 클릭한다. 변경 버튼을 클릭하면, 다음과 같이 income 옆의 '?' 표시가 새로운 변수 이름인 income_new로 바뀐 것을 확인할 수 있다.

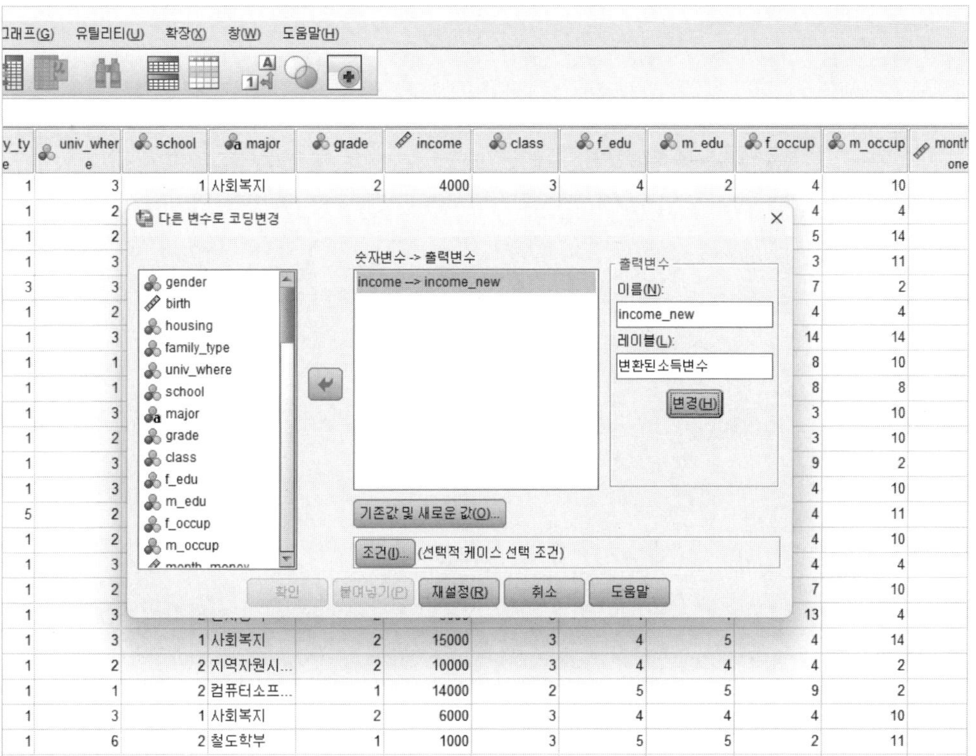

다음 과정은 '기존값 및 새로운 값' 버튼을 눌러서, 연속변수였던 income 변수를 어떠한 계급구간으로 나누어 변수를 리코딩하고, 새롭게 변수를 변환하여, 새로운 다른 변수를 생성하는 것이다.

'기존값 및 새로운 값' 버튼을 누르면, 다음과 같은 화면이 보이고, 연구자가 정한 계급구간으로 변수의 '새로운 값(즉, 계급구간별 값)'으로 하위속성을 구성할 수 있다.

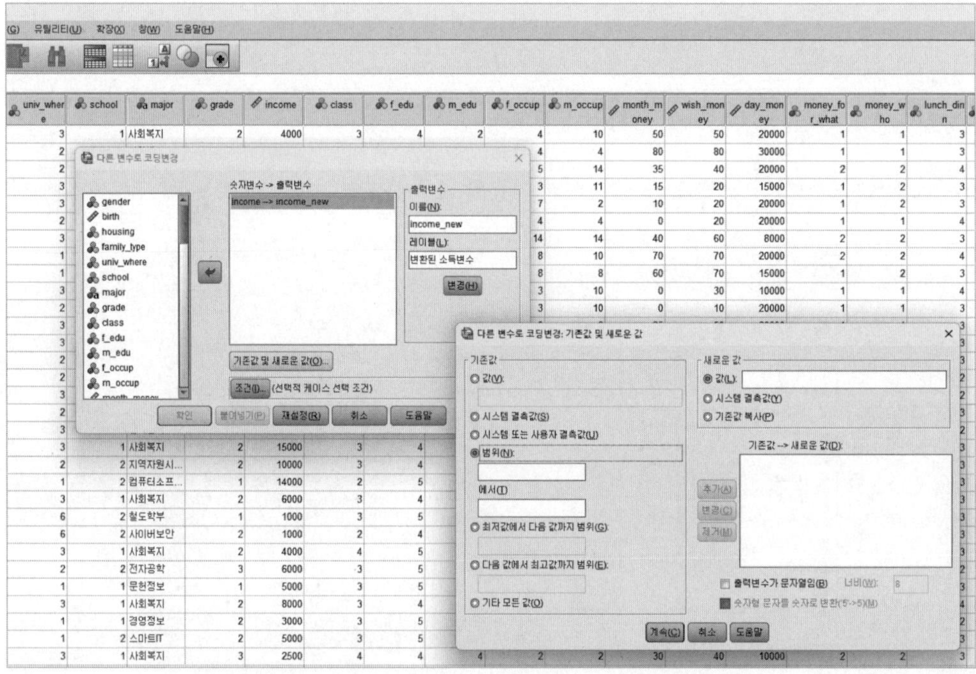

0~3000만 원까지는 1로 코딩값을 입력하는 화면이다.

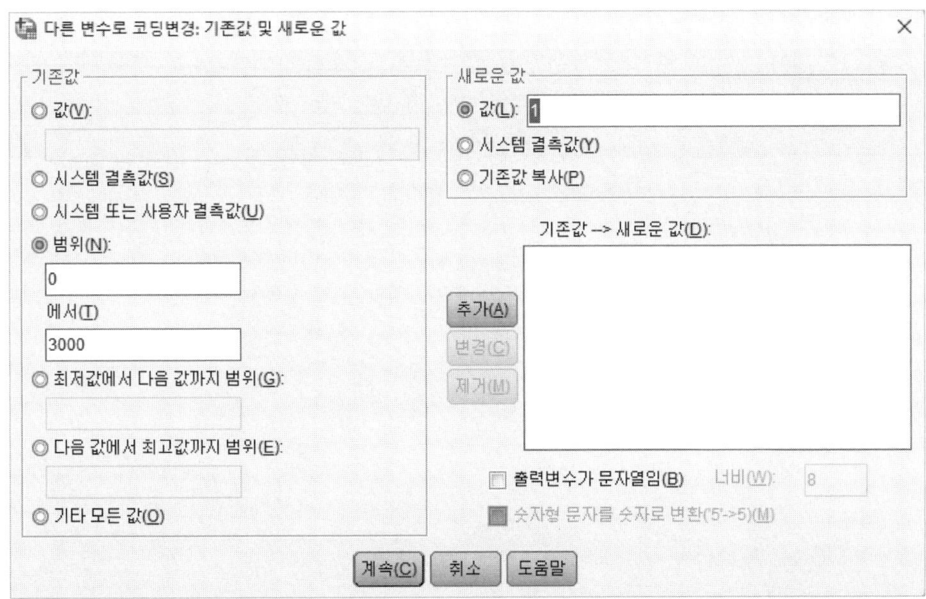

3000~6000만 원은 2로, 6000~9000만 원은 3으로, 9000~12000만 원은 4로, 12000~15000만 원은 5로 '추가'를 누른 후, 마지막으로 15000만 원 이상부터 최대값까지는 6으로 코딩값을 입력하는 화면이다.

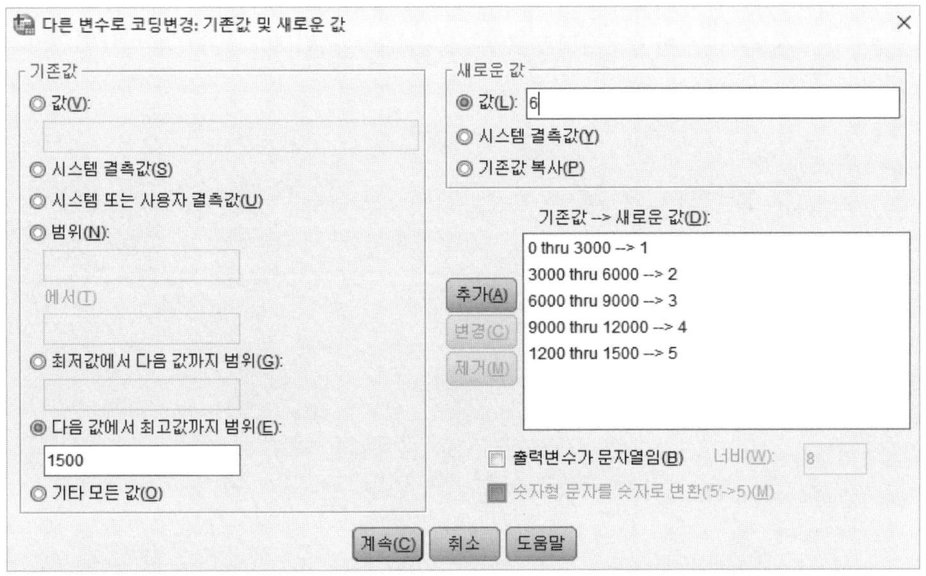

모든 코딩값, 즉 변환된 새로운 변수인 income_new 변수의 모든 변수값을 입력한 후 좌측 하단의 '계속' 버튼을 누르면, 다음과 같은 출력 결과를 확인할 수 있다.

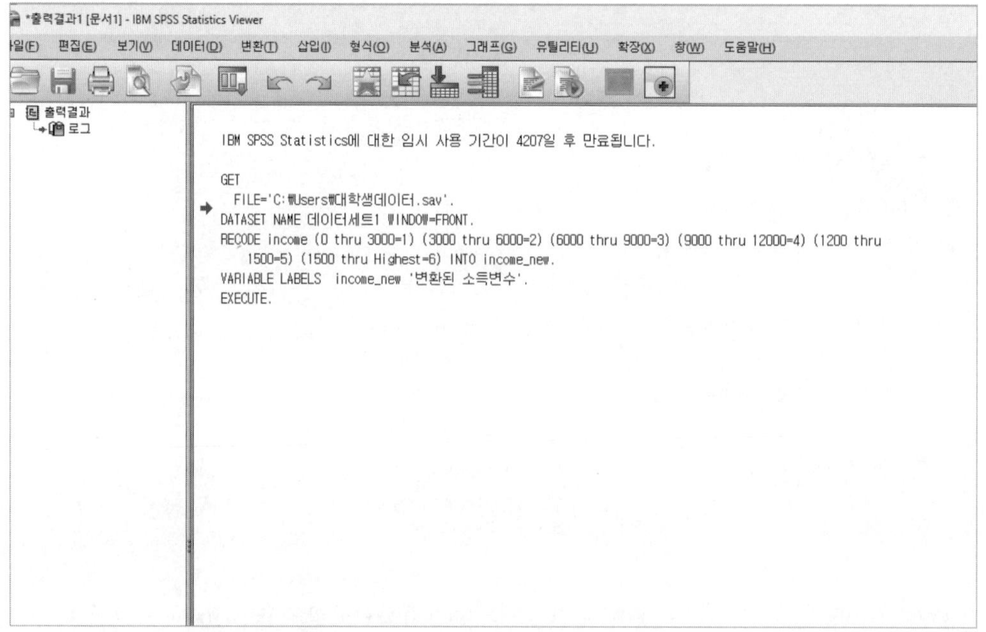

이 결과에 보이는 syntax는 새로운 변수 income_new가 어떠한 '값', 즉 코딩값들을 가지고 생성되었는가를 보여 주며, 다음과 같이 '변수보기' 화면의 맨 아래 하단에(강조 표시 참조) 새로운 변수가 생성되고, 그 변수의 설명과 '값'이 코딩값으로 입력되어 있음을 확인할 수 있다.

*대학생데이터.sav [데이터세트1] - IBM SPSS Statistics Data Editor

파일(F) 편집(E) 보기(V) 데이터(D) 변환(T) 분석(A) 그래프(G) 유틸리티(U) 확장(X) 창(W) 도움말(H)

	이름	유형	너비	소수점이...	레이블	값	결측값	열	맞춤	측도	역할
30	work_y_n	숫자	8	0	아르바이트 경...	없음	없음	8	오른쪽	명목형	입력
31	work_what	숫자	8	0	최근 자신이 했...	없음	없음	8	오른쪽	명목형	입력
32	salary	숫자	8	0	월평균 급여(최...	없음	없음	8	오른쪽	척도	입력
33	money_satis	숫자	8	0	용돈/생활비 만...	{1, 매우아니...	없음	8	오른쪽	순서형	입력
34	depress	숫자	8	0	돈문제_우울증...	{1, 매우아니...	없음	8	오른쪽	순서형	입력
35	meet	숫자	8	0	돈문제_친구 가...	{1, 매우아니...	없음	8	오른쪽	순서형	입력
36	meal	숫자	8	0	돈문제_식사비...	{1, 매우아니...	없음	8	오른쪽	순서형	입력
37	seek_job	숫자	8	0	일자리 찾기	{1, 매우아니...	없음	8	오른쪽	순서형	입력
38	drop_out	숫자	8	0	돈문제_휴학/자퇴	{1, 매우아니...	없음	8	오른쪽	순서형	입력
39	army	숫자	8	0	돈문제_군입대	{1, 매우아니...	없음	8	오른쪽	순서형	입력
40	imf	숫자	8	0	IMF 경제적타격...	{1, 매우아니...	없음	8	오른쪽	순서형	입력
41	major_job	숫자	8	0	취업을 위한 전...	{1, 매우아니...	없음	8	오른쪽	순서형	입력
42	school_meal	숫자	8	0	부담_구내식당 ...	{1, 매우아니...	없음	8	오른쪽	순서형	입력
43	work_double	숫자	8	0	한학기_두개 이...	{1, 매우아니...	없음	8	오른쪽	순서형	입력
44	fam_unhapp	숫자	8	0	등록금 및 생활...	{1, 매우아니...	없음	8	오른쪽	순서형	입력
45	grad_money	숫자	8	0	대책 무_졸업 ...	{1, 매우아니...	없음	8	오른쪽	순서형	입력
46	business	숫자	8	0	창업고려_졸업 ...	{1, 매우아니...	없음	8	오른쪽	순서형	입력
47	mental_ill	숫자	8	0	돈문제_정신적 ...	{1, 매우아니...	없음	8	오른쪽	순서형	입력
48	pysical_ill	숫자	8	0	돈문제_신체적 ...	{1, 매우아니...	없음	8	오른쪽	순서형	입력
49	tuition_high	숫자	8	0	국내 등록금_높...	{1, 매우아니...	없음	8	오른쪽	순서형	입력
50	government	숫자	8	0	정부 소극적태...	{1, 매우아니...	없음	8	오른쪽	순서형	입력
51	movement	숫자	8	0	문제해결 적극...	{1, 매우아니...	없음	8	오른쪽	순서형	입력
52	gener_88	숫자	8	0	정확한 인식_88...	{1, 매우아니...	없음	8	오른쪽	순서형	입력
53	mini_wage	숫자	8	0	인식_최저임금...	{1, 매우아니...	없음	8	오른쪽	순서형	입력
54	oppor_out	숫자	8	0	취업준비,고시...	{1, 매우아니...	없음	8	오른쪽	순서형	입력
55	wealth	숫자	8	0	부 세습 및 부모...	{1, 매우아니...	없음	8	오른쪽	순서형	입력
56	move_yes	숫자	8	0	집회 참여 경험...	{1, 매우아니...	없음	8	오른쪽	순서형	입력
57	self_suffi	숫자	8	0	취업 및 경제적 ...	{1, 매우아니...	없음	8	오른쪽	순서형	입력
58	bond	숫자	8	0	대학생, 젊은이 ...	{1, 매우아니...	없음	8	오른쪽	순서형	입력
59	upclass_no	숫자	8	0	계급 및 계층 상...	{1, 매우아니...	없음	8	오른쪽	순서형	입력
60	marry_child	숫자	8	0	현재 상태로 미...	{1, 매우아니...	없음	8	오른쪽	순서형	입력
61	pre	숫자	8	0	자원봉사전 전...	없음	없음	8	오른쪽	척도	입력
62	post	숫자	8	0	자원봉사후 전...	없음	없음	8	오른쪽	척도	입력
63	new_class	숫자	8	2	계층_상중하	{1.00, 상층(...	없음	11	오른쪽	명목형	입력
64	income_new	숫자	8	2	변환된 소득변수	없음	없음	12	오른쪽	명목형	입력
65											

데이터 보기(D) 변수 보기(V)

SPSS 실습 - 변수 변환 ②

비연속변수를 새로운 비연속변수로 변환하고자 한다.

데이터보기 화면 → 변환 → 다른 변수로 코딩변경을 선택한다.

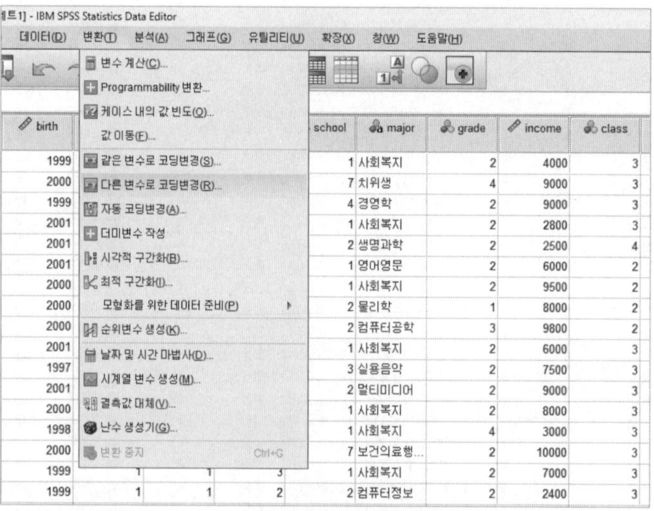

5개 하위속성이 있는 class(주관적 판단의 계층) 변수를 코딩변경을 하고자 class 변수를 왼쪽에서 선택하고 오른쪽 빈 박스로 옮긴다.

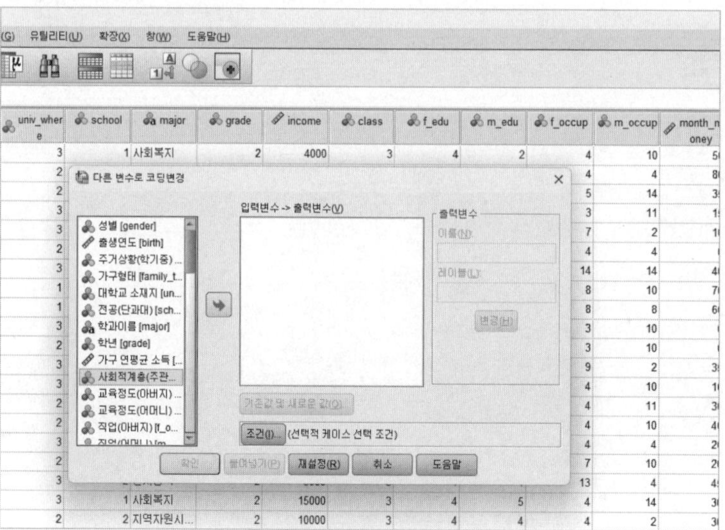

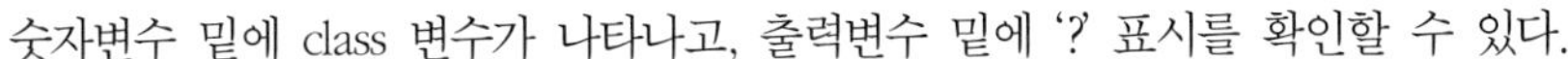

숫자변수 밑에 class 변수가 나타나고, 출력변수 밑에 '?' 표시를 확인할 수 있다.

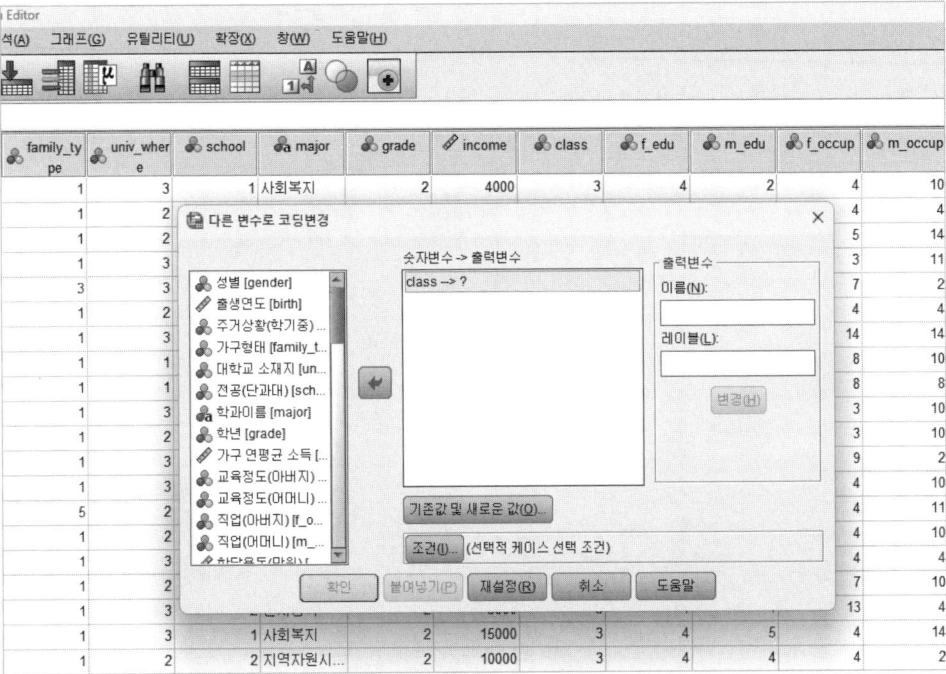

상자 중앙 하단의 '기존값 및 새로운 값' 버튼을 누른다.

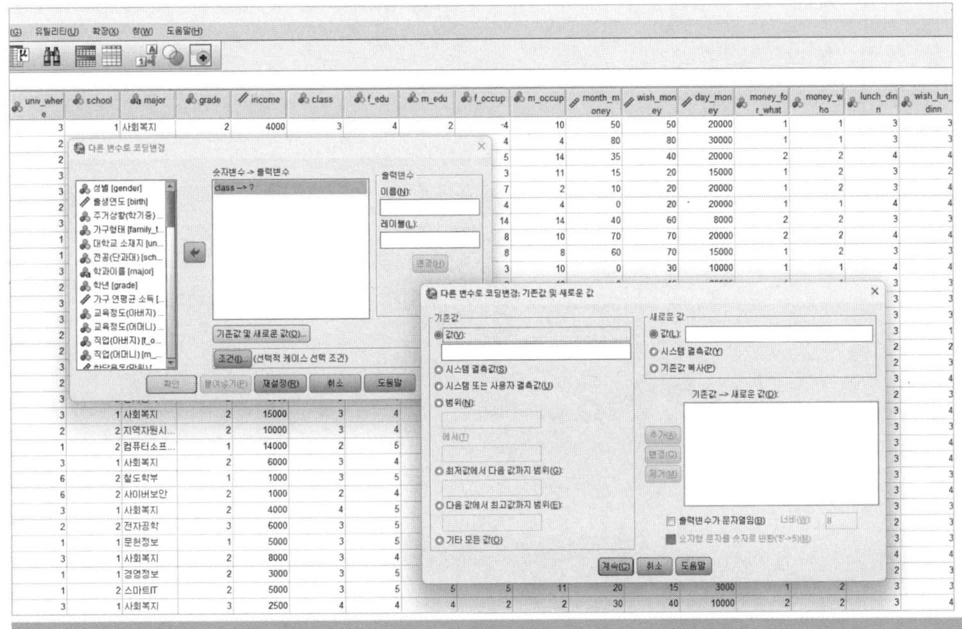

화면 왼쪽 하단, 변수보기를 클릭하면, 다음과 같은 화면을 확인할 수 있다.
class 변수의 기존 값 확인을 위해 '값'을 클릭하면, 기존 코딩 값인 1–상류, 2–중상류, 3–중간, 4–중하류, 5–하류임을 확인할 수 있다.

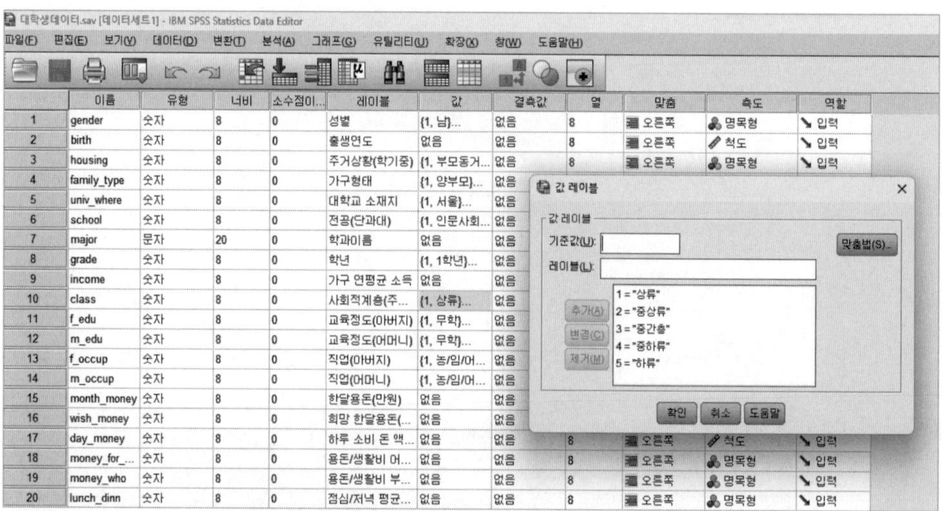

기존값, 새로운 값 창이 나타나면, 1과 2를 1–상으로 재코딩하고, 3을 2–중으로, 4와 5를 3–하로 재코딩하고자 한다(재코딩의 기준은 연구자의 연구 목적과 변수 변환 목적이나 객관적인 계량적 수치에 근거하여 설정할 수 있음).

왼쪽 기존값에서 범위를 선택하고 1과 2를 새로운 값에 1(상)로 재코딩하기로 입력하고, 가운데의 추가 버튼을 누른다.

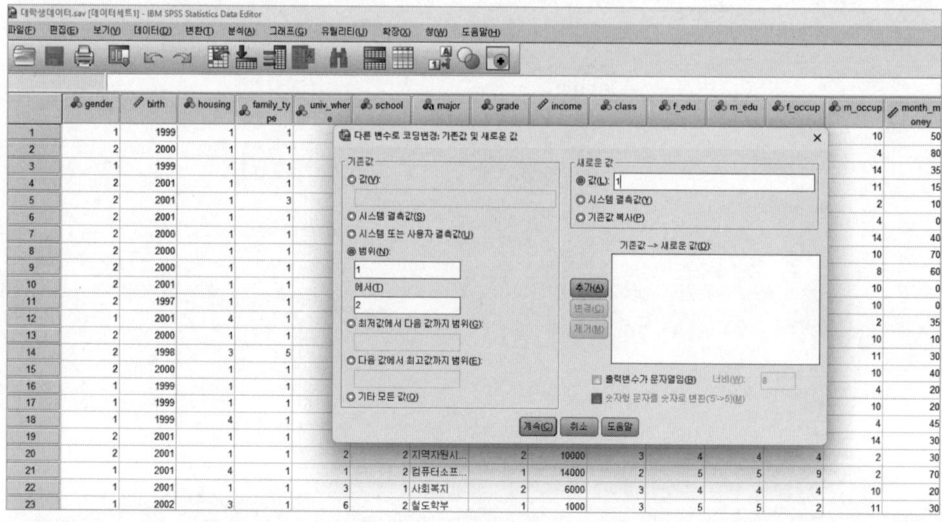

왼쪽 기존값에서 '값'을 선택하고 3을 새로운 값에 2(중)로 재코딩하기로 입력하고, 가운데의 추가 버튼을 누른다.

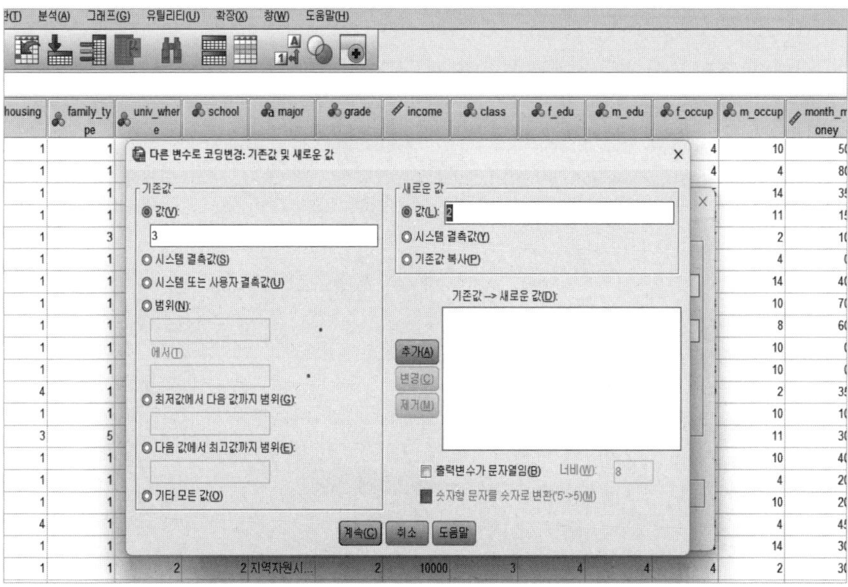

왼쪽 기존값에서 '범위'를 선택하고 4와 5를 새로운 값에 3(하)으로 재코딩하기로 입력하고, 가운데의 추가 버튼을 누른다.

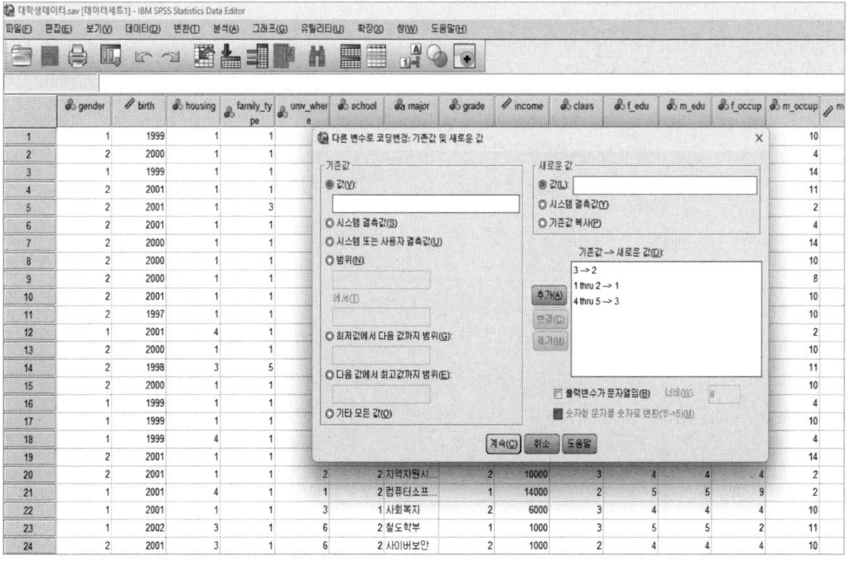

하단의 '계속' 버튼을 누르면 다음과 같은 화면을 얻는다. 오른쪽 출력변수 칸에 이름과 레이블을 입력하고 '변경' 버튼을 누른 후 오른쪽의 출력변수 자리의 '?'가 new_class로 바뀜을 확인할 수 있다.

화면 가운데에 보이는 '다른 변수로 코딩변경' 창의 왼쪽 하단에 '확인' 버튼을 누르면 다음의 출력 결과를 얻을 수 있다.

이 화면은 class 변수가 다른 새로운 변수인 new_class로 재코딩된 변수를 얻었음을 보여 준다.

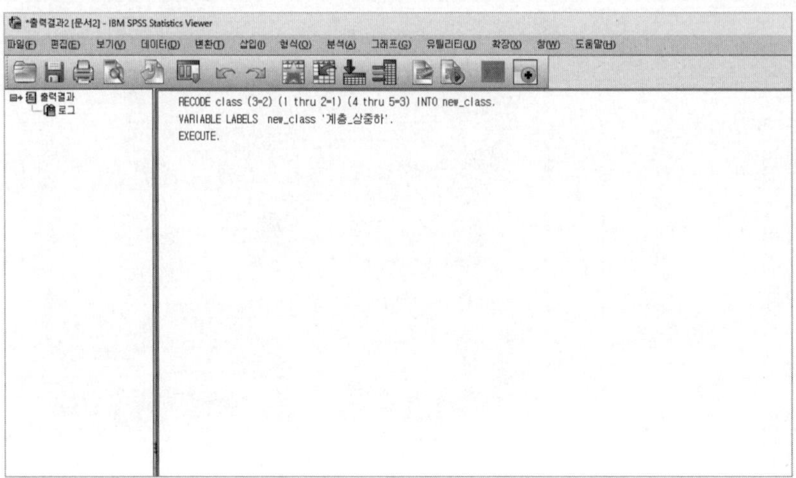

데이터 화면에서 '변수보기' 탭을 누르면 변수 목록의 가장 마지막 행에서 새로 생성된 new_class를 확인할 수 있다.

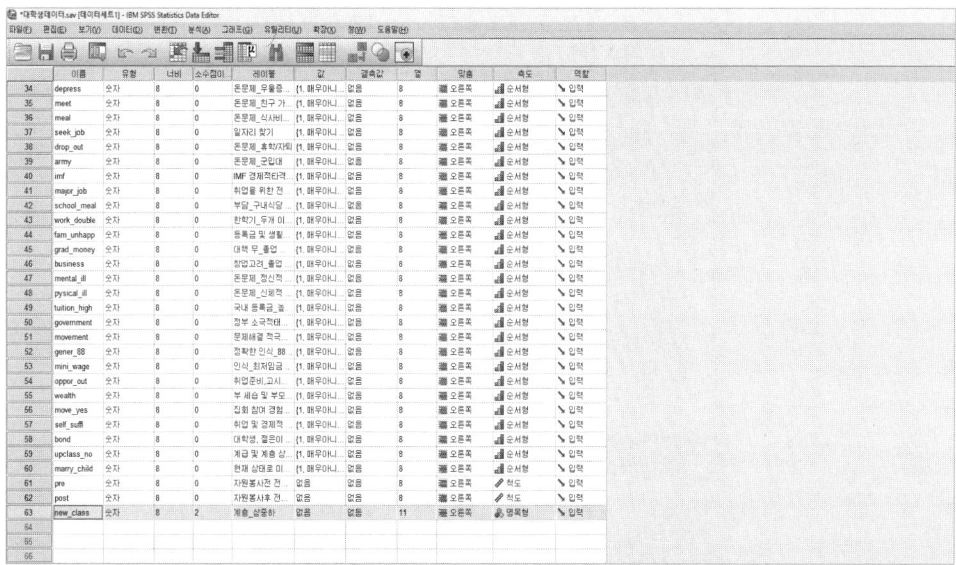

새로 생성된 new_class 변수의 '값'을 입력하기로 한다. 1=상층(1)+중상층(2), 2=중간층(3), 3=중하층(4)+하층(5)으로 재코딩 값을 입력한다.

기준값에 1을 입력하고, 레이블에 상층(1)+중상층(2)을 입력하고 '추가' 버튼을 누른다.

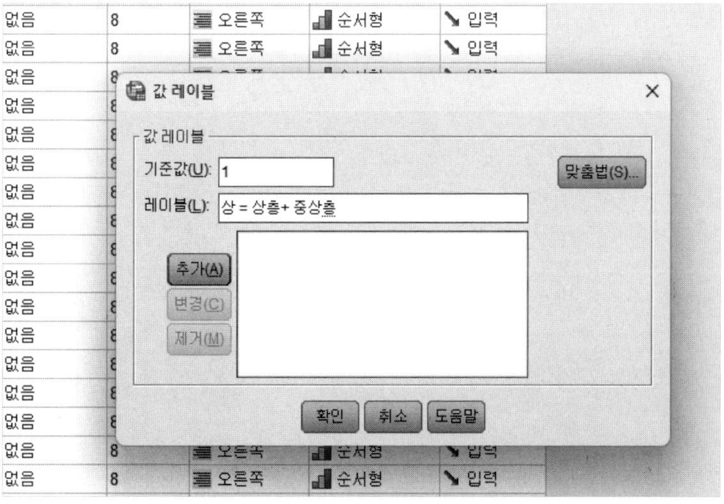

기준값에 2를, 레이블에 중간층(3)을 입력하고 '추가' 버튼을 누른다.
기준값에 3을, 레이블에 중하층(4)+하층(5)를 입력하고 '추가' 버튼을 누른다.

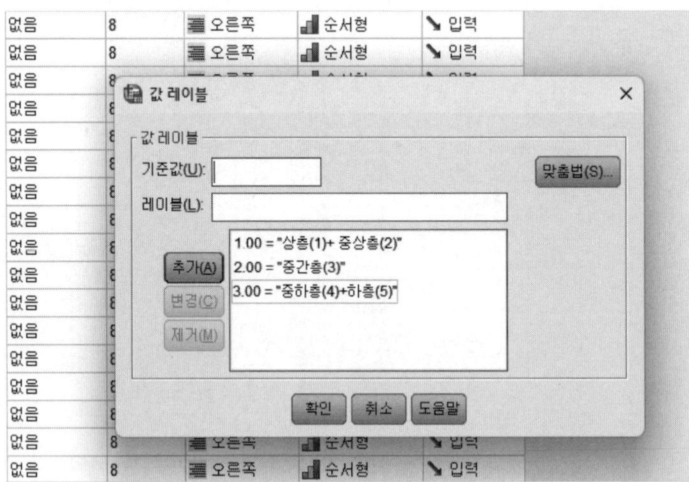

■ 실습을 위한 데이터 다운로드 주소: 블로그 자료방 ■
(https://blog.naver.com/PostList.naver?blogId=jiyoungyu&categoryNo=0&from=postList)

Chapter

4

기술통계 II : 분산도

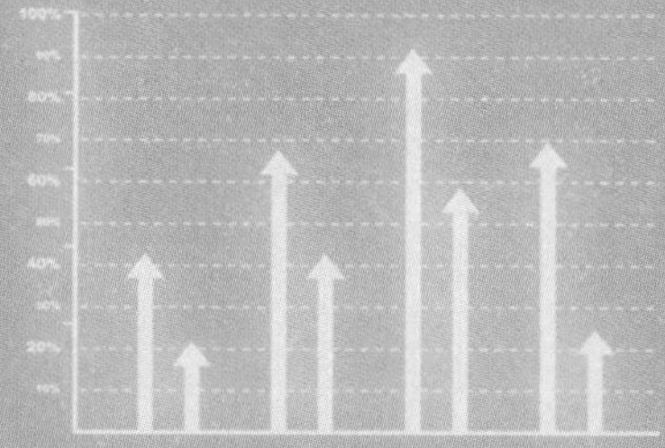

핵심 정리

◎ **분산도(dispersion)**: 집중경향치(최빈치, 중앙치, 산술평균)를 중심으로 변수값들이 얼마나 밀집 또는 분산되어 있는가의 정도

◎ **분산도의 종류**: 표준편차(s.d.: standard deviation)와 분산(variance)이 가장 일반적으로 사용되는 분산도

◎ 편차 = 그 변수값이 산술평균에서 얼마나 떨어져 있는가 = $(X_i - X)$

◎ 편차의 합은 0으로 귀결

◎ 분산 = 표준편차의 제곱

◎ 분산의 제곱근 = $\sqrt{\text{분산}}$ = 표준편차

표준편차 공식 = $s = \sqrt{\dfrac{\sum_{i=0}^{N}(X_i - \overline{X})^2}{N}}$

◎ **정규분포 곡선과 s (표준편차)와의 관계**

- 68.25% (−1s와 +1s 사이)
- 95.44% (−2s와 +2s 사이)
- 99.82% (−3s와 +3s 사이)

◎ **백분위수(percentile rank)**

- 한 학생 점수의 백분위수: 그 학생의 점수를 포함해서 그의 점수 아래에 있는 사람들이 전체 빈도의 몇 %를 차지하는가?
- 조사 대상 전체에서 한 사람의 점수가 아래로부터 몇 % 위치를 차지하는가?
- 백분위수는 상대서열
- 50백분위수 자리 = 중앙치(median: 중위수)
- 수능점수가 '하위 ( )%에 위치해 있다' 또는 '상위 ( )%에 위치해 있다'

분산도(dispersion)란 변수의 변수값들의 전체 분포에서, 집중경향치 중에서도 대개 평균(mean)을 중심으로 변수값들이 얼마나 모여 있는가 혹은 퍼져 있는가의 정도를 나타낸다. 다음의 분포를 보면 평균을 중심으로 전체 변수값들이 상대적으로 모여 있는 경우와 상대적으로 퍼져 있는 경우를 구분할 수 있다. 가운데 값은 모집단의 산술평균값이다.

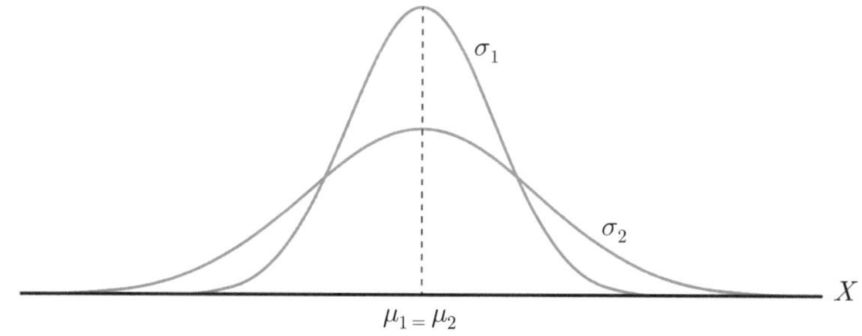

[그림 4-1] 분산도의 차이: 분산도가 상대적으로 큰 경우와 작은 경우

그렇다면 과연 어느 정도가 퍼져 있다고 할 수 있으며, 어느 정도가 모여 있다고 할 수 있을까? 기준이 되는 계산법이나 지표가 없다면, 퍼져 있거나 모여 있는 정도를 저마다 다르게 해석할 것이다. 따라서 변수값들의 분포가 산술평균값을 중심으로 좌우로 밀집된 정도 혹은 퍼진 정도를 측정할 수 있는가에 대한 계산법이 개발되어 있고, 그것이 분산도의 여러 가지 측정법이다. 분산도를 측정하는 값들은 다양한데, 대표적인 지표로는 분산, 표준편차, 평균편차, 범위, 사분편차, 사분범위 등이 있다. 여기서는 상대적으로 많이 쓰이는 분산도인 범위, 표준편차, 분산을 다루기로 한다.

1 범위

범위(range)는 분산도를 알아보는 가장 간단하고 직접적인 방법이다. 한 분포 내에서는 최고점수, 최저점수 사이의 간격을 의미한다.

범위 = 최대값 - 최소값

예를 들어 보자. A반과 B반의 시험점수 결과, 다음의 데이터만 있다고 가정해 보자.

두 반 모두 10명씩 시험을 봤지만, 최고 점수와 최저 점수만 제공된 상태이다.

> A반 시험점수(학생 수 N=10): 최고점 100점 & 최저점 30점 ⇒ A반 점수의 범위는?
>
> B반 시험점수(학생 수 N=10): 최고점 90점 & 최저점 50점 ⇒ B반 점수의 범위는?

A반의 시험 결과, 가장 시험을 잘 본 학생은 100점이었고, 점수가 가장 낮은 학생은 30점이었다. B반에서 최고점수는 90점이 나왔고 최저점수는 50점이 나왔다. 두 반을 간략하게 설명하거나 차이를 설명한다면 어떻게 하면 좋을까? A반이 상대적으로 B반보다 더 잘했다고 말할 수 있을까? 근거는 무엇일까? 두 반을 통틀어서 최고점수는 100점이며 A반에서 나왔다. 그렇지만 동시에 최저점수도 A반에서 나왔다. B반에서는 최고점수도 최저점수도 나오지 않았지만 제일 점수가 높은 학생은 90점이었고, 제일 점수가 낮은 학생은 50점이었다. 10명의 점수가 모두 제공되지 않았으므로, A반과 B반 각각의 산술평균(mean)은 계산할 수 없다. 10명의 점수가 모두 데이터로 제공되지 않으면 두 반의 점수의 분포를 온전히 파악할 수 없고, 범위를 통해서 대략적인 파악만 가능할 뿐이다.

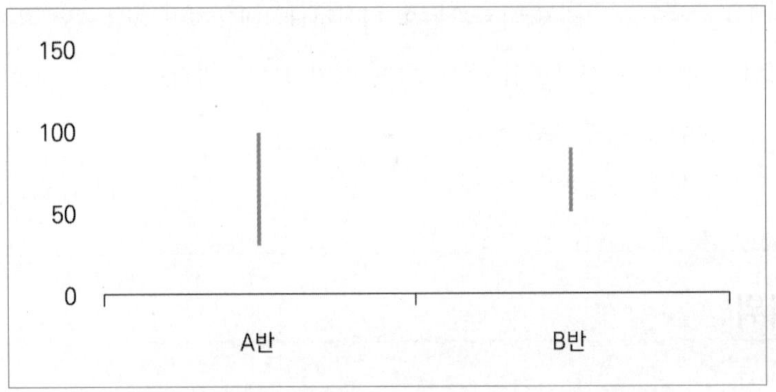

[그림 4-2] A반과 B반의 최고점수와 최저점수: 범위

이러한 경우에 쉽게 사용할 수 있는 기술통계법이자 분산도의 한 지표가 범위(range)라는 개념이다. A반의 범위는 100점 − 30점 = 70점이고, B반의 범위는 90점 − 50점 = 40점이다. 범위가 넓을수록 그 반의 최저점수와 최고점수의 격차가 크다는 의미이고, 범위가 좁을수록 그 반의 최고점수과 최저점수의 차이가 작아서, 학생들의 점수 분포가 A반보다는 균등하거나 서로 간의 격차가 적을 가능성이 크다. 그러나 두 반 모두 나머지 8명의 점수 데이터가 없기 때문에 이러한 가능성에 대해서 확신할 수는 없다. 즉, 범위(range)라는 분산도의 값은 단지 최대값과 최소값의 차이를 보여 주지만, 전체 변수값의 분포의 모여 있는 정도, 퍼져 있는 정도를 정확히 알 수 없다. 동시에 범위라는 분산도의 지표는 극단치(벗어나는 값, outlier)의 영향이 크다. 극단치의 영향을 크게 받으므로 범위는 그 값이 극단치에 의존해서 크게 달라지기도 한다. 이렇게 범위라는 값은 분산도를 대표하기에 제한적일 수밖에 없다. 따라서 범위는 사용하기 쉽고 용이한 측면이 있지만, 해석할 때는 주의할 필요가 있다.

2 표준편차와 분산

편차(deviation)란 한 변수의 자료 분포, 데이터 분포 안에서 각 값이 평균으로부터 얼마나 떨어져 있는가를 의미한다. 예를 들어, 월 소득(earning) 변수의 응답자들이 응답한 값, 데이터를 보자. 이 변수는 비율변수이자 연속변수이다. 산술평균 계산 결과 $\overline{X}$는 33, 즉 10명의 응답자의 소득 평균값은 33만 원이다.

	earning (단위: 만 원)
①	40
②	50
③	30
④	20
⑤	10
⑥	30
⑦	40
⑧	30
⑨	50
⑩	30

산술평균

$$\overline{X} = \frac{\sum_{i=0}^{N} X_i}{N}$$

$$= \frac{(40+50+30+20+10+30+40+30+50+30)}{10}$$

$$= 30$$

평균값을 얻은 후 이 변수를 집중경향치 중심으로 해석해 보자. 월 소득(earning) 변수의 최빈치는 30만 원이다. 10명 응답자 변수값 중 가장 자주 나타난 숫자는 30이고, 빈도는 4이다. 중앙치는 얼마일까? 중앙치는 값들을 오름차순으로 정리하였을 때, 가장 가운데 값이다. 정렬하면 10, 20, 30, 30, 30, 30, 40, 40, 50, 50에서 가운데 값은 두 개이고, 30과 30이다.

즉, 10명의 응답자의 월 소득의 중앙치와 최빈치는 30만 원으로 동일하고 산술평균은 33만 원으로 계산되었다. 이렇게 세 가지 집중경향치를 이용해서 월 소득 변수를 간단히 요약해 보았다.

이제는 각 값이 산술평균값으로부터 어느 정도 떨어져 있는지, 즉 평균값을 중심으로 각 값이 평균값으로부터 어느 정도 밀집되어 있는지 퍼져 있는지를 보려고 한다. 즉, 분산도를 파악해 보려 한다. 각 값은 33만 원으로부터 어느 정도 떨어져 있는지, 즉 편차를 계산할 수 있다.

〈표 4-1〉 편차와 편차의 합

각 값은 산술평균 $\overline{X}$=33, 이 평균으로부터 얼마나 떨어져 있는가(편차)? 그리고 그것의 총합(편차의 합)은 얼마인가?		
①	40	$40-33=7$
②	50	$50-33=17$
③	30	$30-33=-3$
④	20	$20-33=-13$
⑤	10	$10-33=-23$
⑥	30	$30-33=-3$
⑦	40	$40-33=7$
⑧	30	$30-33=-3$
⑨	50	$50-33=17$
⑩	30	$30-33=-3$

편차의 합 $=\sum_{i=0}^{N}(X_i-\overline{X})=7+17+(-3)+(-13)+(-23)+(-3)+7+(-3)+17+(-3)=0$

⇨ 편차를 그대로 합하면 편차의 합은 0으로 수렴함

1번 응답자의 소득은 40만 원으로 산술평균 33만 원에서 7만 원만큼 떨어져 있고, 2번 응답자의 소득은 50만 원으로 산술평균 33만 원에서 17만 원만큼 떨어져 있고, 3번 응답자의 소득은 30만 원으로 산술평균 33만 원에서 −3만 원만큼 떨어져 있다. 이것이 각 값의 편차이다. 즉, 편차는 전체 데이터 분포에서 각 값이 산술평균으로부터 떨어진 거리이다. 그렇다면 전체 분포의 편차를 파악하기 위해서는 모든 편차를 합산하면 된다. 전체 데이터 분포에서 각 값을 X로, 평균을 $\overline{X}$로 표시하면 편차는 $X-\overline{X}$가 되며 편차의 합은 다음 공식으로 구할 수 있다.

$$\text{전체 데이터에서 각 편차의 합} = \sum_{i=0}^{N}(X_i - \overline{X})$$

그러나 문제는 이렇게 편차를 그대로 합산하면 최종 합계가 0으로 수렴한다는 점이다. 편차의 기준이 되었던 산술평균값, 즉 $\overline{X}$가 각 값을 합산한 후 사례수 N으로 나눈 값이므로, 각 편차의 합을 더하면 0이 나올 수밖에 없다. 이것이 편차를 합산한 것의 본질적인 문제점이다. 각 편차를 파악하고, 전체 데이터 분포에서 모든 값의 편차의 최종값을 얻기 위해 합산했지만 그 값은 0에 수렴한다. 산술평균보다 큰 값은 양수의 편차가 나오고, 산술평균보다 작은 값은 음수의 편차가 나오니, 최종 합산은 0인 것이다. 전체 데이터 분포에서 우리가 얻고자 하는 편차는 각 값이 평균값으로부터 왼쪽이든 오른쪽이든, 즉 편차가 양수든 음수든 상관없이, 각 편차의 절대 크기에 관심이 있고, 그 값을 모두 합산한 값에 관심이 있다. 그래서 편차의 합이 0으로 수렴하는 문제를 해결하기 위해서, 즉 편차가 음수 양수인 문제를 해결하기 위해 각 편차의 절대값을 취한 후 합산하거나, 편차의 제곱을 합산한다.

〈표 4-2〉 편차의 합이 0이 되지 않도록 하는 대안 두 가지

편차의 절대값을 합산하는 방법	편차의 제곱을 합산하는 방법
$\sum_{i=1}^{N}\lvert X_i - \overline{X}\rvert$	$\sum_{i=1}^{N}(X_i - \overline{X})^2$

		편차	| 편차 |
①	40	40 − 33 = 7	7
②	50	50 − 33 = 17	17
③	30	30 − 33 =− 3	3
④	20	20 − 33 =− 13	13
⑤	10	10 − 33 =− 23	23
⑥	30	30 − 33 =− 3	3
⑦	40	40 − 33 = 7	7
⑧	30	30 − 33 =− 3	3
⑨	50	50 − 33 = 17	17
⑩	30	30 − 33 =− 3	3
합계			96

		편차	$(편차)^2$
①	40	40 − 33 = 7	49
②	50	50 − 33 = 17	289
③	30	30 − 33 =− 3	9
④	20	20 − 33 =− 13	169
⑤	10	10 − 33 =− 23	529
⑥	30	30 − 33 =− 3	9
⑦	40	40 − 33 = 7	49
⑧	30	30 − 33 =− 3	9
⑨	50	50 − 33 = 17	289
⑩	30	30 − 33 =− 3	9
합계			1410

각 편차에 절대값을 취하여 합한 결과, $\sum_{i=1}^{N}|X_i - \overline{X}|$의 값은 96이고, 각 편차의 제곱을 모두 더한 값 $\sum_{i=1}^{N}(X_i - \overline{X})^2$은 1410이다. 일단 편차를 음수값, 양수값 그대로 합산하면 0으로 수렴하는 문제는 해결되었다. 그런데 이 상태로 분산도의 지수로 쓰기에는 또 한 가지 문제점이 있다. 〈표 4–2〉에서 두 방법 모두, N=10으로 매우 적다. 만약 N이 매우 커지면, 편차의 합은 무한대로 커진다. 그렇다면 실제 그 변수의 분산도를 대표할 수 없다. 분산도가 작더라도, N이 크면 두 방법, 즉 절대값의 총합과 제곱근의 총합 두 수치 모두 비례해서 매우 커진다. 즉, 두 값 모두 이대로 사용하면 한 변수의 분산도를 올바로 대표할 수 없게 된다. 그래서 표준화(standardizing)가 필요하다. N이 클수록 $\sum_{i=1}^{N}|X_i - \overline{X}|$과 $\sum_{i=1}^{N}(X_i - \overline{X})^2$ 모두가 커지는 것을 방지하고 표준화하기 위해 두 값 모두 N으로 나누어 주면 된다. 이것을 표준화라고 한다. 절대값의 총합을 N으로 나눈 값을 평균편차라 하고, 제곱의 총합을 N으로 나눈 값을 분산이라 한다.

N이 커지면 합이 비례해서 커진다 ⇨ 표준화 필요 ⇨ 합을 N으로 나누어 준다.

<table>
<tr><td rowspan="2">평균편차 $= \dfrac{\sum_{i=0}^{N}|X_i - \overline{X}|}{N}$</td><td>분산 $= s^2 = \dfrac{\sum_{i=1}^{N}(X_i - \overline{X})^2}{N}$</td></tr>
<tr><td>표준편차(s)는 분산(s^2)의 제곱근
$s = \sqrt{\dfrac{\sum_{i=1}^{N}(X_i - \overline{X})^2}{N}}$</td></tr>
</table>

전체 데이터 분포의 분산도를 설명하는 데에는 평균편차보다는 일반적으로 분산과 표준편차가 더 많이 사용된다. 특히 분산은 이미 편차가 제곱이 된 상태이므로, 보다 단위 수준에 맞는 값인 분산의 제곱근이 필요하다. 분산의 제곱근을 표준편차라고 하는데 분산도를 대표하는 지수에는 평균편차, 분산, 표준편차 등이 있지만, 일반적으로 표준편차가 많이 사용된다. 분산은 편차를 제곱하여 모두 더한 후 이것을 전체 사례수 N으로 나누어 준 것을 말하

며 분산과 표준편차의 공식을 정리하면 다음과 같다.

분산과 표준편차 공식

$$분산 = s^2 = \frac{\sum_{i=1}^{N}(X_i - \overline{X})^2}{N} \quad \rightarrow \text{표준편차의 제곱}$$

$$표준편차 = s = \sqrt{분산} = \sqrt{\frac{\sum_{i=1}^{N}(X_i - \overline{X})^2}{N}} \quad \rightarrow \text{분산의 제곱근}$$

표준편차를 이용함으로써 우리가 얻을 수 있는 중요한 정보 중의 하나는 전체 사례에서 특정 비율에 포함되는 점수의 범위를 측정할 수 있다는 점이다. 변수값 분포의 가운데 값이 평균일 때, 전체 사례의 68.3%가 표준편차 +1과 −1 사이에 포함되며, 95.5%가 표준편차 +2와 −2 사이에, 그리고 전체 사례의 99.7%가 표준편차 +3과 −3 사이에 포함된다.

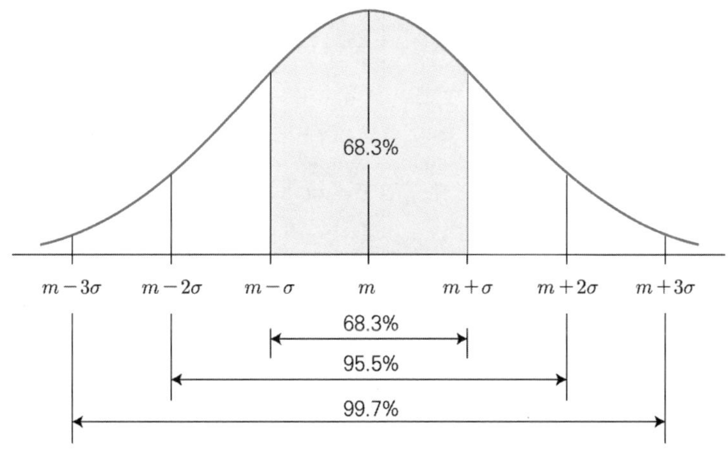

[그림 4-3] 표준편차와 사례수의 비중

분산도 지수 중에서 가장 신뢰도가 높고 안정적인 것은 표준편차(동시에 분산)이고, 따라서 전체 데이터에서 모든 변수, 그리고 그 변수들 값의 분포를 파악하기 위해서는 표준편차를 일단 구해 보는 것이 일반적이다. 범위는 최대값과 최소값을 파악한다는 점에서 제일 간단한 방법이지만 그 외에 큰 의미를 보여 주지는 않고 극단치에 영향이 크다는 점을 유념해야 한다.

3 백분위수

대학생들은 국가장학금 자격 기준에서 소득분위라는 개념을 접했을 것이다. 소득분위는 통계청이 우리나라 전체 가구를 소득수준에 따라 10%씩 10단계로 나눈 지표를 말하며, 1분위가 소득수준이 가장 낮으며 10분위가 가장 높은 소득수준이다. 소득분위는 대학생이 속한 가구가 우리나라 전체 가구 중 그 가구의 소득의 상대적인 위치가 어디인지의 의미로 해석하면 될 것이다. 또 다른 예로 대학수학능력 시험을 치른 학생들이라면, 성적표상의 백분위를 확인한 경험이 있을 것이다. 수학능력시험 결과 성적표에서 백분위와 표준점수, 등급이 어떠한 개념적 연결성이 있는지도 생각해 보자.

예시 2018학년도 대학수학능력시험 성적통지표

수험번호	성 명		생년월일	성별	출신고교(반 또는 졸업연도)		
123456789	윤대박		99.04.19	여	한국고등학교(9)		

구 분	한국사 영역	국어 영역	수학 영역	영어 영역	사회탐구 영역		제2외국어/한문 영역
			나형		세계사	경제	일본어 I
표준점수		131	137		53	64	69
백 분 위		97	95		75	93	96
등 급	1	1	2	1	4	2	1

2017. 12. 12
한국교육과정평가원장

출처: https://v.daum.net/v/20171123050117331

2023년 국가장학금 선정 시 소득분위 기준

구분	학자금 지원구간	학기별 최대지원금액	연간 최대지원금액
국가장학금 I 유형	기초/차상위	350만 원	700만 원
	기초/차상위 [신청자 본인(미혼) 서열 둘째]	전액	전액
	1분위	260만 원	520만 원
	2분위	260만 원	520만 원
	3분위	260만 원	520만 원
	4분위	195만 원	390만 원
	5분위	195만 원	390만 원
	6분위	195만 원	390만 원
	7분위	175만 원	350만 원
	8분위	175만 원	350만 원

출처: 한국장학재단(2024. 10.).

[그림 4-4] 백분위수의 실제 활용 사례: 수학능력시험 성적표와 국가장학금 소득분위

국가장학금 산정 기준인 소득분위를 이해하려면, 백분위수와 중위소득과 같은 개념을 이해해야 한다. 중위소득이라 함은 우리나라 전체 가구의 총소득을 가장 작은 값부터 가장 큰 값으로 오름차순으로 정리했을 때 가장 중간, 즉 가운데에 위치한 소득의 값을 말한다. 중위소득은 집중경향치에서 언급한 소득의 중위수 개념으로 소득을 크기순으로 나열했을 때 가장 가운데 소득값을 의미하는 것이다.

중위수를 다른 말로 50백분위수(50 percentile rank)라고 한다. 백분위수와 퍼센트는 어떻게 다를까? 백분위는 특정값의 상대적인 순위를 의미한다. 백분위수는 측정점수의 상대적인 등위이다. 백분위는 쉽게 풀이하면, 변수의 모든 값을 크기순으로 배열한 상태에서 전체 값을 100으로 보았을 때, 특정값은 하위 몇 퍼센트 자리에 있는가를 말한다. 즉, 변수의 모든 값의 전체 분포에서, 어느 한 값의 아래에 하위 몇 퍼센트가 존재하는가를 나타낸다. 사회과학통계분석에서 백분위는 기술통계 수치 중 하나이지만, 단독으로 해석되기보다는 빈도분포표의 일부, 중위수가 50백분위수라는 점, 표준점수(Z)분포에서 각 점수의 자리가 백분위수 어디에 위치하는가 등 다른 통계 수치들과 연결하거나 부가적으로 설명되는 경우가 많다.

예를 들어, 홍길동의 사회복지자료분석론 중간고사 점수가 85점이라고 원점수만 제시하면, 다른 학생들에 비하여 홍길동이 상대적으로 얼마나 잘했는지 파악할 수 없다. 그러나 홍길동의 점수가 전체 학생의 70백분위수라면 홍길동 이하의 점수를 가진 학생이 전체의 70%임을 의미한다. 홍길동의 백분위 점수는 상대적으로 상위 30%의 위치이며 하위 70%의 위치로 홍길동의 상대적인 우열을 파악할 수 있게 해 준다. 이와 같이 백분위수는 특정값 또는 특정값 이하의 점수를 지닌 분포에 있는 개별 백분율이라고 할 수 있다. 원점수 자체만으로는 우리에게 많은 정보를 제공할 수 없고 원점수의 백분위수를 제시하면 다른 점수들과 비교한 상대적인 위치를 의미하기 때문에 원점수보다 더 많은 정보를 제공한다. 즉, 백분위수는 분포 안에서 그 값의 상대적인 위치를 파악하는 것이 중요할 때 매우 유용하게 쓰일 수 있다.

과제 및 토론

• 나의 수학시험 결과와 영어시험 결과는 다음과 같다. 나의 수학점수의 백분위수, 영어점수의 백분위수를 구하고, 두 과목에서 내 점수의 상대적인 위치에 대해서 토론해 보자.

	학생 1	학생 2	학생 3	나	학생 4	학생 5	학생 6	학생 7	학생 8	학생 9	학생 10	산술평균 (mean)
수학 시험	30	50	60	80	90	50	60	40	90	90	50	69
영어 시험	50	60	80	70	80	100	30	40	60	70	70	71

	학생 4	학생 8	학생 9	나	학생 3	학생 6	학생 2	학생 5	학생 10	학생 7	학생 1
수학 시험	90	90	90	80	60	60	50	50	50	40	30

	학생 5	학생 3	학생 4	나	학생 9	학생 10	학생 2	학생 8	학생 1	학생 7	학생 6
영어 시험	100	80	80	70	70	70	60	60	50	40	30

(계산 결과와 토론 내용)

SPSS 실습 - 집중경향치와 분산도

실습 과제 관심 있는 연속변수를 선택하고, 산술평균, 중앙치, 최빈치, 표준편차, 분산 등의 기술통계값을 산출하시오.

예를 들어, 비율변수인 income(가구총소득) 변수를 선택한 경우, 다음과 같이 원하는 기술통계 값들을 얻을 수 있다.

데이터보기 화면 → 분석 → 기술통계량 → 빈도분석의 순서대로 선택하고 클릭한다.

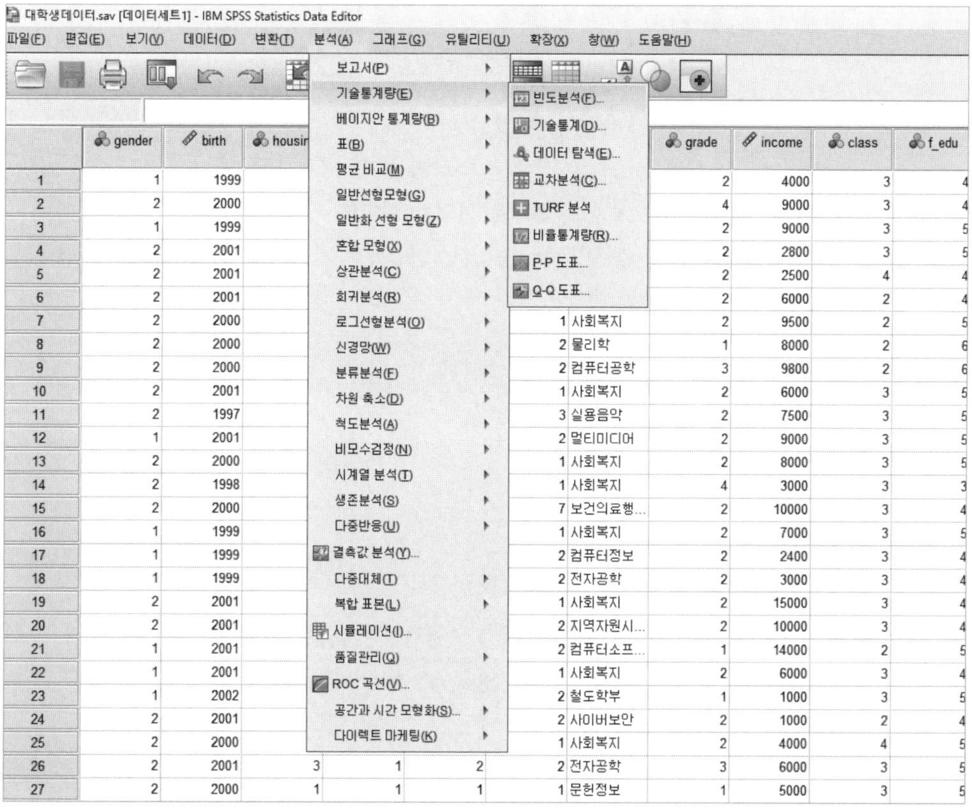

대학생데이터.sav [데이터세트1] - IBM SPSS Statistics Data Editor

파일(F) 편집(E) 보기(V) 데이터(D) 변환(T) 분석(A) 그래프(G) 유틸리티(U) 확장(X) 창(W) 도움말(H)

보고서(P) / 기술통계량(E) / 베이지안 통계량(B) / 표(B) / 평균 비교(M) / 일반선형모형(G) / 일반화 선형 모형(Z) / 혼합 모형(X) / 상관분석(C) / 회귀분석(R) / 로그선형분석(O) / 신경망(W) / 분류분석(F) / 차원 축소(D) / 척도분석(A) / 비모수검정(N) / 시계열 분석(T) / 생존분석(S) / 다중반응(U) / 결측값 분석(Y)... / 다중대체(T) / 복합 표본(L) / 시뮬레이션(I)... / 품질관리(Q) / ROC 곡선(V)... / 공간과 시간 모형화(S)... / 다이렉트 마케팅(K)

빈도분석(F)... / 기술통계(D)... / 데이터 탐색(E)... / 교차분석(C)... / TURF 분석 / 비율통계량(R)... / P-P 도표... / Q-Q 도표...

	gender	birth	housin					grade	income	class	f_edu
1	1	1999						2	4000	3	4
2	2	2000						4	9000	3	4
3	1	1999						2	9000	3	5
4	2	2001						2	2800	3	5
5	2	2001						2	2500	4	4
6	2	2001						2	6000	2	4
7	2	2000				1	사회복지	2	9500	2	5
8	2	2000				2	물리학	1	8000	2	6
9	2	2000				2	컴퓨터공학	3	9800	2	6
10	2	2001				1	사회복지	2	6000	3	5
11	2	1997				3	실용음악	2	7500	3	5
12	1	2001				2	멀티미디어	2	9000	3	5
13	2	2000				1	사회복지	2	8000	3	5
14	2	1998				1	사회복지	4	3000	3	3
15	2	2000				7	보건의료행...	2	10000	3	4
16	1	1999				1	사회복지	2	7000	3	5
17	1	1999				2	컴퓨터정보	2	2400	3	4
18	1	1999				2	전자공학	2	3000	3	4
19	2	2001				1	사회복지	2	15000	3	4
20	2	2001				2	지역자원시...	2	10000	3	4
21	1	2001				2	컴퓨터소프...	1	14000	2	5
22	1	2001				1	사회복지	2	6000	3	4
23	1	2002				2	철도학부	1	1000	3	5
24	2	2001				2	사이버보안	2	1000	2	4
25	2	2000				1	사회복지	2	4000	4	5
26	2	2001	3	1	2	2	전자공학	3	6000	3	5
27	2	2000	1	1	1	1	문헌정보	1	5000	3	5

가운데 화살표를 이용하여 income 변수를 오른쪽으로 옮긴다.

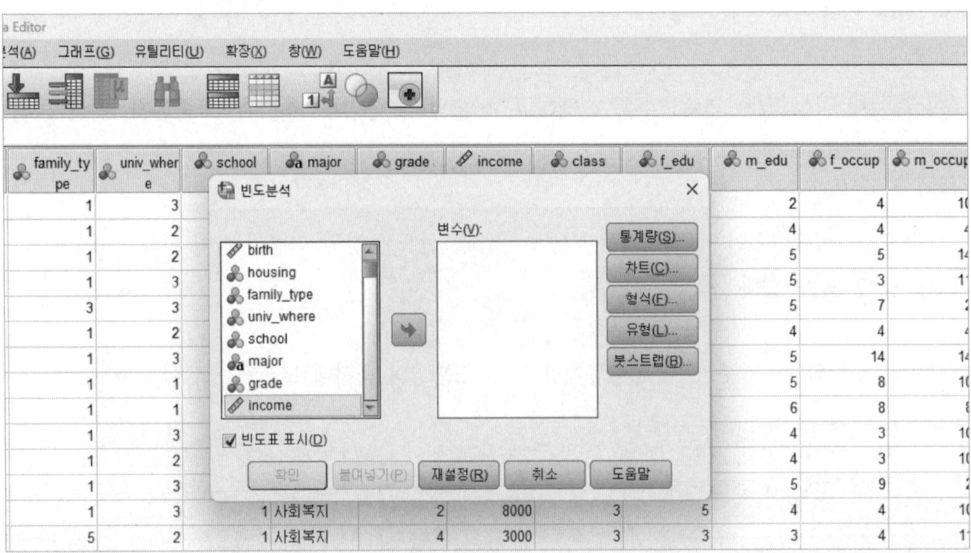

통계량을 클릭하면, 여러 가지 기술통계 옵션을 선택할 수 있다. 표준편차, 분산, 평균, 중앙치, 최빈치, 최대값, 최소값, 범위 등을 선택할 수 있다. 연구목적 및 분석 목적에 따라 융통성 있게 선택할 수 있다.

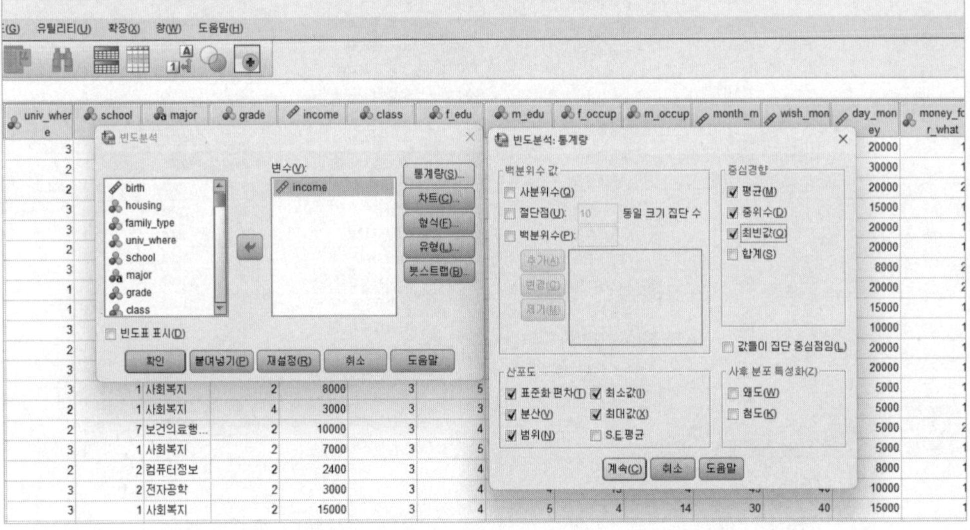

income은 비율변수이자 연속변수이므로, 빈도표와 차트는 적합한 선택이 아니다. 다음과 같이 '빈도표 표시' 선택을 해제하고, 차트에서도 '없음'을 확인한 후에 최종 '확인' 버튼을 누른다.

다음과 같은 출력물을 얻을 수 있다. 결과를 해석한다. 최빈치는 한 개 이상 나올 수 있다. income 변수도 여러 최빈값이 있고, 그중 가장 작은 값이 표시되었다고 설명이 추가된 것을 확인할 수 있다.

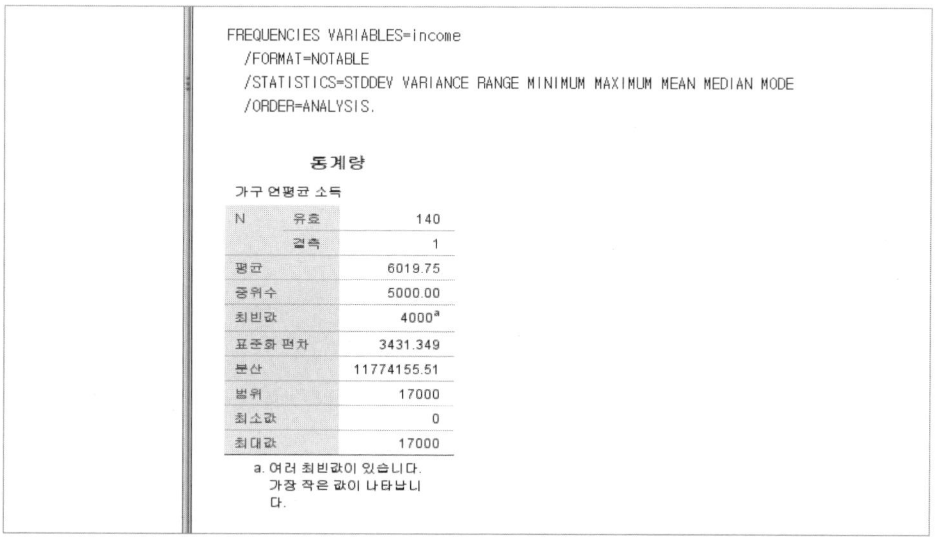

```
FREQUENCIES VARIABLES=income
  /FORMAT=NOTABLE
  /STATISTICS=STDDEV VARIANCE RANGE MINIMUM MAXIMUM MEAN MEDIAN MODE
  /ORDER=ANALYSIS.
```

통계량

가구 연평균 소득

N	유효	140
	결측	1
평균		6019.75
중위수		5000.00
최빈값		4000[a]
표준화 편차		3431.349
분산		11774155.51
범위		17000
최소값		0
최대값		17000

a. 여러 최빈값이 있습니다. 가장 작은 값이 나타납니다.

결과를 해석하고, 최빈치가 몇 개 도출되었는지, 그리고 모든 최빈치를 확인하고 싶으면 필요에 따라 '빈도표 표시'를 클릭하여 빈도표를 얻고 확인할 수 있다. 집중경향치와 분산도, 범위 등을 중심으로 분석한 기술통계 결과를 해석한다면 다음과 같다.

연구자는 비율변수이자 연속변수인 대학생이 속한 가구의 연평균 총소득인 income 변수를 요약·정리하고자 하였다. SPSS를 활용하여 집중경향치(평균, 중위수, 최빈값), 분산도(분산과 표준편차), 범위 등을 얻은 결과는 다음과 같다. 141명 중 1명이 응답하지 않아서, 유효한 총 응답은 140개로 확인되었다. 이 응답치들의 산술평균값은 약 6019.75만 원이었고, 중위수는 5000.00만 원, 최빈치는 4000만 원으로 확인되었다. 140명의 소득값을 오름차순으로 정리했을 때 가장 가운데 값이 5000만 원이라는 의미이며, 최빈치 4000은 학생들의 응답 중 가장 자주 등장한 값이 4000만 원이었음을 의미한다. 최소값은 0원, 최대값은 17000만 원(즉, 1억 7천만 원)으로 범위는 17000만 원으로 나타났다.

Chapter

5

표준점수와 정규분포

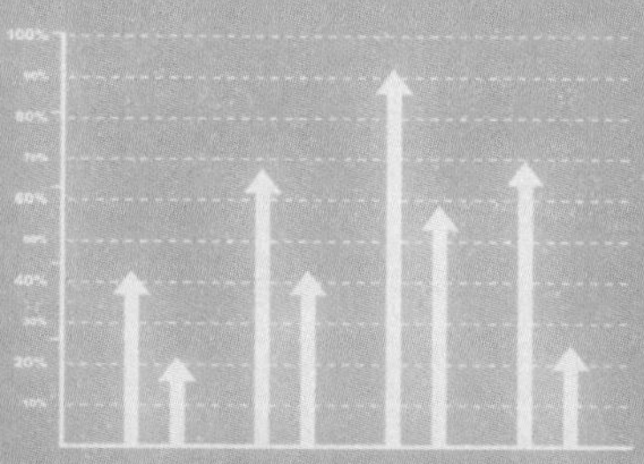

핵심 정리

◎ 표준점수 $= Z = \dfrac{(X-\overline{X})}{s}$

- 원점수를 표준화함으로써 원점수 간의 비교와 두 분포 간의 비교가 가능해짐
- 산술평균과 표준편차가 다른 두 분포에서 점수의 상대적 지위를 비교할 수 있음

◎ **정규분포(normal distribution)**

- 무한히 큰 표본(N=무한대)
- 이상적이고 이론적인 분포
- 연속적 확률분포
- 좌우대칭의 종 모양 분포
- 분포의 한가운데에 산술평균, 최빈치, 중앙치가 동일한 자리에 위치함
- 실제로 존재하는 분포가 아닌 이론적으로 존재하는 분포

◎ **표준정규분포(standardized normal distribution)**

- 정규분포상의 X축의 값을 표준점수화(Z점수화)한 분포
- 정규분포의 가운데 산술평균값의 Z값은 0이 되고, 표준편차 s가 1이 되는 분포
- 표준정규분포의 X축 상의 모든 점수는 Z점수
- 곡선 아래의 면적은 확률이며, 면적의 총합은 1이다.

1 원점수와 상대적 비교

사회복지사 1급 자격증은 시험 결과를 절대평가하여 합격과 불합격을 결정하고, 사회복지 전담공무원 공개 채용은 시·도 및 지자체별로 차이는 있지만 시험결과를 상대평가하여 합격자를 선발한다. 지원자 수가 많을수록 선발 수가 적을수록 시험 결과를 상대적으로 평가할 수밖에 없다. 우리 사회에서는 항상 합격 및 선발의 기준이 중요하고 원점수를 기준으로 원점수가 일정 수준 이상이면 모두를 합격시키는 절대적 평가로 선발하는 경우보다 상대적 평가로 선발하는 경우를 자주 경험하게 되는데 경쟁이 심화할수록 상대적 평가가 더 일반화될 수밖에 없다.

통계학적으로, 측정도구로부터 얻은 점수 혹은 수량적 자료들의 하나하나는 그 자체로는 의미를 갖기 힘들다. 측정도구는 설문지의 문항을 의미하며 그 문항에 대한 응답이 수량적 자료, 즉 데이터를 구성한다. 예를 들어, 설문지의 문항 중에서 '귀하의 지난 학기 중간고사 수학점수를 기입하시오'라는 측정도구를 통해 응답 80점을 얻었다고 해서 그 점수 하나 자체가 의미를 갖기보다는 그 점수가 전체의 평균이나 전체의 점수 분포와 비교되었을 때, 즉 상대적 위치 및 상대적 크기를 가질 때 통계학적인 의미를 갖는다.

고등학생 A는 반에서 수학시험과 영어시험을 보았다. 두 시험 모두 만점은 100점이고, 수학은 70점, 영어는 80점을 얻었다. 이 학생이 얻은 70점과 80점은 수학점수와 영어점수의 원점수(raw score)이다. 원점수를 기준으로 판단하면 이 학생은 영어점수가 수학점수보다 10점이 높으니, 이 학생은 영어시험을 더 잘 보았다고 판단할 수 있을까? 원점수를 기준으로 하면 A학생은 수학보다 영어시험을 잘 본 것이고 10점만큼 더 잘 본 것으로 판단할 수 있다. 그러나 A가 속한 반에서 다른 학생들이 수학시험이 매우 어려웠다고 말하고, 학생들 대부분이 수학보다 영어점수가 더 높았다면 A학생에 대한 시험 결과는 무슨 기준으로 평가해야 가장 정확하다고 할 수 있을까? 이렇게 상대적 비교, 상대적 우열을 판가름하기 위한 지표 중 하나로 표준점수라는 개념을 소개하기로 한다.

2 표준점수의 개념과 계산

A학생의 수학점수가 70점이고, 반 전체 학생의 수학점수 산술평균값이 65점이라면 그 평

균과 비교했을 때 +5, 즉 평균에서 5점 높다고 평가하고 전체 분포에서 평균보다 오른쪽으로 5점만큼 떨어진 곳에 위치한다. A학생의 영어점수가 80점이고, 반 전체 학생의 영어점수 산술평균값이 70점이라면 그 평균과 비교했을 때 +10, 즉 평균에서 10점 높다고 평가하고 전체 분포에서 평균보다 오른쪽으로 10점만큼 떨어진 곳에 위치한다. A학생의 반에 속한 전체 학생의 수학, 영어점수가 산술평균값을 중심으로 어느 정도 퍼져 있는가 모여 있는가를 나타내는 지표인 수학점수의 표준편차는 5, 영어점수의 표준편차는 3이라고 가정해 보자.

A학생의 수학점수와 영어점수를 각 점수 분포에서의 상대적 위치와 과목 간의 상대적 우열의 차원에서 비교해 보자. 두 과목의 원점수와 산술평균값 그리고 표준편차를 이용하여 두 점수의 상대적인 위치 및 상대적인 우열을 비교할 수 있는 점수를 표준점수라고 하며 다음과 같이 계산할 수 있다.

$$\text{표준점수}(Z) = \frac{(\text{원점수값}-\text{산술평균값})}{\text{편차의 표준값}} = \frac{(\text{편차})}{\text{표준편차}} = \frac{(X-\overline{X})}{s}$$

표준점수 Z란 산술평균치로부터 원점수가 떨어진 거리, 즉 편차를 표준편차로 나누어 원점수를 표준화한 것이다. 한 분포 내에서의 모든 점수는 이와 같은 표준점수로 환산할 수 있다. 표준점수는 Z로 표시하고 산술평균치($\overline{X}$)로부터 한 점수의 편차를 표준편차(s)로 나누어 하나의 원점수를 Z라는 표준점수로 바꾸는 과정을 Z점수로 환산한다고 한다. 표준점수 Z는 원점수마다의 다양한 분포에서 비교할 수 있도록 원점수를 표준화하는 방법이다. 표준점수 Z는 원점수나 데이터값이 산술평균에서 어느 정도 떨어져 있는지를 표준편차 대비 표준화한 값인데 Z점수가 양수이면 원점수가 평균보다 높고, 분포상 가운데 산술평균값을 중심으로 오른쪽에 자리한다. Z점수가 음수이면 원점수가 산술평균보다 낮아서, 분포상 가운데 산술평균값을 중심으로 왼쪽에 자리한다. 마찬가지로 Z점수가 0이면 원점수가 산술평균값과 동일하며, 전체 점수의 분포에서 가운데 위치함을 의미한다. Z점수가 평균보다 매우 높거나 낮으면(일반적으로 표준점수 ±2 또는 ±3 초과) 벗어나는 값(outlier)으로 검토해 볼 수 있다.

표준점수 Z를 사용하면 산술평균과 표준편차가 다를 수 있는 다양한 각각의 분포에서 각각의 원점수를 상대적으로 비교할 수 있다. 표준점수 Z는 다양한 통계분석에서 점수나 값을 표준화하는 데 자주 사용되므로 결과를 더 쉽게 해석하고 비교할 수 있다. 실제 원점수 두 가지의 표준점수를 계산하고 비교해 보자. 총 정원이 100명인 한 반에서 수학시험과 영어시험을 치렀는데 A학생은 수학점수 80점, 영어점수 70점을 얻었다. 두 과목 점수가 정규분포곡선을 이루고 있는 경우, 수학점수의 평균이 70점이고 표준편차가 10점이며, 영어점수의 경우 평균이 60점이고 표준편차가 5점이라면, A는 두 과목 중에서 어느 과목의 상대적으로 잘한 것이라 평가할 수 있을까? 두 과목의 표준점수를 계산하면 다음과 같다.

〈표 5-1〉 A학생의 수학과 영어의 원점수와 표준점수

	수학	영어
원점수	70점	70점
산술평균($\overline{X}$)	70점	60점
표준편차(s)	10점	5점
표준점수(Z) = $\frac{X-\overline{X}}{s}$	$\frac{80-70}{10}=+1$	$\frac{70-60}{5}=+2$

원점수는 수학점수가 영어점수보다 10점 높다. A학생은 영어보다 수학을 잘했다고 평가할 수 있을까? 각 시험에서 전체 점수의 평균값과 표준편차를 고려해야만 그 학생이 어느 과목에서 상대적으로 더 잘했는지를 평가할 수 있다. 표준점수로 환산하면 수학점수의 Z는 +1이고, 영어점수의 Z는 +2이다. 표준점수에 의하면 A학생은 수학보다 영어를 더 잘 본 것이다. 이렇듯 두 개 이상의 원점수를 표준점수로 환산한 후 비교할 때, 표준점수 값이 클수록 상대적 성취도가 높은 것이다.

3 표준점수의 기능과 원리

원점수를 표준점수로 환산하는 목적은 무엇일까. 원점수 자체는 높거나 낮다고 혹은 잘했거나 못했다고 절대적인 해석을 하는 것에는 한계가 있다. 만약 과목별 시험을 다수가 치렀다면 원점수 간의 절대적인 비교는 의미를 상실한다. 난이도에 따라서 어떠한 과목은 절대적으로 낮은 점수를 얻었음에도 상위권일 수 있고 어떠한 과목은 절대적으로 높은 점수를 얻었음에도 하위권일 수 있다. 경쟁이 심한 환경일수록, 전체 중 내 점수의 위치가 중요하다. 더 정확히 말하면, 전체 점수의 분포에서 내 점수의 위치가 평균을 기준으로 어디에 위치하고 있으며, 그것이 상위 혹은 하위 몇 퍼센트의 자리인지가 중요한 것이다.

두 개 이상의 원점수를 상대적으로 비교하기 위해서는 적당한 기준이 설정되어야 한다. 표준점수에서는 그 기준으로 원점수와 산술평균값 간의 차이값인 편차를 도입한 것이다. 하

나의 원점수를 해석하기 위해서는 우선 그 점수가 산술평균점보다 상회하는지, 하회하는지, 어느 정도로 일탈하는지 등 상대적인 해석이 가능해지기 때문이다. 그리고 그것을 분포의 표준편차(s)값으로 나누어 그 편차를 표준화한 것이다. 여러 분포에서 원점수들을 서로 비교하고자 할 경우 분포의 분산도가 다르면 편차 값을 직접 비교할 수 없다. 따라서 원점수와 산술평균값의 차이값인 편차를 다시 그 분포의 표준편차로 나누어 주면 원점수 간의 단위를 일원화할 수 있다. 이렇게 하면 모든 표준점수의 분포에서 가운데 값이 0, 그 분포의 표준편차가 1이 되므로 분포 간의 비교도 가능하다. 표준점수 Z는 최소값 −4에서 최대값 +4 사이의 값을 갖는다.

4 정규분포와 표준정규분포

한 변수의 전체 값들의 빈도 및 확률의 분포를 그리면 실제로 일정한 분포가 나오지 않는다. 그러나 N이 무한히 크다면 이론적으로 어떠한 분포를 기대할 수 있을까?

만약에 사례의 수에 제한이 없는 무한히 큰 표본($N=\infty$)을 선정하여 분포를 그려 보면 이상적인 분포 곡선을 얻을 수 있다. 이러한 분포는 실제에서 관찰할 수 있는 분포가 아닌 이상적이고 표준적인 분포이다. 이러한 이상적인 표준적 분포곡선을 정규분포곡선(normal distribution curve)이라고 하고 그 모양은 다음과 같다.

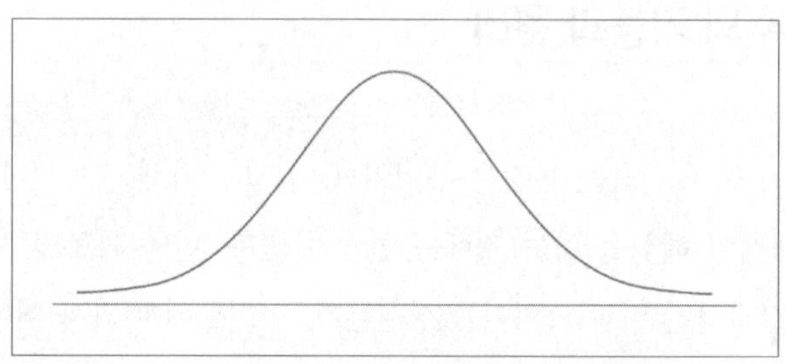

[그림 5-1] 정규분포곡선

종 모양 곡선이라고 알려진 정규분포곡선은 통계이론의 기초이다. 정규분포는 관찰값 및 원점수들이 산술평균을 중심으로 모이는 경향이 있는 연속적 확률변수이다. 통계학적으로는 확률밀도 함수 공식으로 표현할 수 있다. 확률함수이자 확률곡선이기 때문에 곡선 면적의 합은 1이다. 관찰치 대부분은 중심 근처에 있고 가운데 평균에서 왼쪽과 오른쪽 방향으로 멀어질수록 관찰치의 빈도는 점점 작아지지만 곡선은 오른쪽과 왼쪽으로 갈수록 X축에 무한대로 닿지 않고 이어진다. 정규분포곡선의 꼬리는 양방향으로 무한히 이어진다. 이러한 모양이 가지는 의미는 평균에서 멀어질수록 극단치의 확률은 감소하지만, 모든 가능한 극단치의 확률값이 실제로는 0에 도달하지 않는다는 것을 의미한다.

이렇듯 정규분포는 현실에서 실제로 관찰할 수 있는 분포는 아니다. 정규분포는 N이 무한대일 때를 가정하는 이론적인 분포이다. 정규분포 곡선은 단순성과 활용도가 높아 통계학에서만이 아니라 자연과학, 사회과학, 금융, 공학 등 다양한 분야에서 널리 사용된다. 또한 정규분포곡선은 다양한 통계검증법 및 분석모델의 기초가 된다. 정규분포곡선의 주요 특징을 정리하면 다음과 같다.

첫째, 정규분포곡선은 좌우 대칭의 종 모양이다. 정규분포곡선은 평균을 중심으로 대칭이며 가운데 수직선을 따라 곡선을 접으면 두 곡선이 일치하는 모양이다. 둘째, 산술평균, 중앙치 및 최빈치가 동일하며 가운데에 위치한다. 셋째, 가장 높은 확률은 가운데 자리에 나타난다. 즉, 정규분포곡선의 특성은 종 모양의 하나의 봉우리를 가졌고, 산술평균치, 중앙치 및 최빈치가 일치되는 좌우대칭의 분포를 이룬다. 넷째, 표준정규분포곡선 아래에 있는 면적은 확률을 나타내고 그 면적의 합은 항상 1이다. 이러한 특성으로 인해 정규분포는 통계 및 확률의 기본 개념이 되며, 실제 현상을 모델링하고 추론통계를 수행하기 위해 다양한 분야에서 자주 사용된다.

정규분포의 특징

- **대칭**: 분포는 평균을 중심으로 대칭. 곡선의 왼쪽과 오른쪽이 서로 거울상
- **종 모양 곡선**: 정규분포의 그래프는 종 모양이며 평균에서 정점에 이름. 꼬리쪽으로 점차 감소하여 수평축에 접근하지만 결코 닿지 않음
- **평균, 중앙값 및 최빈값**: 정규분포에서는 평균, 중앙값 및 최빈값이 모두 동일하며 분포의 중앙에 위치함
- **표준편차**: 분포의 퍼짐은 표준편차에 의해 결정됨. 데이터의 약 68.3%가 평균의 1 표준편차 내에 속하고, 95.4%가 2 표준편차 내에, 99.7%가 3 표준편차 내에 속함
- **점근적 특성**: 정규분포곡선의 꼬리는 수평축에 접근하지만 실제로는 닿지 않음. 이는 극값의 확률이 감소하지만 결코 0이 되지 않음을 의미함
- 정규분포는 평균(μ)과 표준편차(σ)로 완전히 설명됨. 평균은 중심의 위치를 결정하고 표준편차는 분산도를 결정함

정규분포는 모집단의 모수인 평균(μ)과 표준편차(σ)라는 두 가지 매개변수로 특징지어진다. 평균은 분포의 중심을 결정하는 반면, 표준편차는 평균 주위의 값들의 퍼짐과 모여짐, 즉 분산도를 결정한다. 표준편차가 달라지면 확률밀도함수인 정규분포곡선의 모양이 바뀐다.

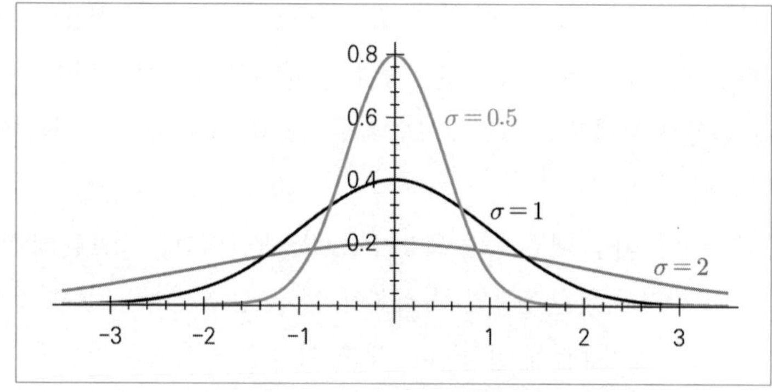

[그림 5-2] 정규분포: 가운데 평균(μ)과 표준편차(σ)

정규분포의 기본단위는 표준편차로 볼 수 있다. 정규분포는 평균을 기준으로 좌우 대칭인 확률분포이기 때문에 정규분포를 이룬다는 사실은 한 점수가 평균으로부터 표준편차의 몇 배만큼 떨어졌는지를 통해 파악할 수 있다. 이론적으로 정규분포에서 평균과 표준편차 1단위 사이에 전체 사례의 68.3%, 평균과 표준편차 2단위 사이에 전체 사례의 95.4%, 평균과 표준편차 3단위 사이에 전체의 99.7%가 포함된다.

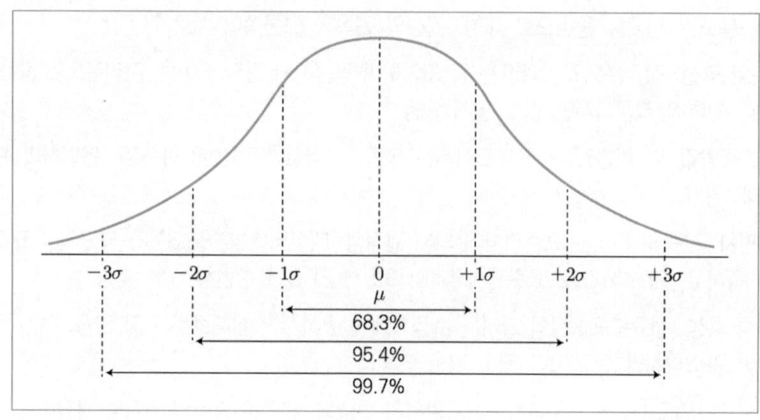

[그림 5-3] 정규분포곡선: 표준편차 단위마다 포함되는 사례의 퍼센트

정규분포 중에서 μ=0, σ=1인 정규분포를 표준정규분포(Unit Normal Distribution)라고 한다. 표준정규분포는 평균이 0이고 표준편차가 1인 정규분포의 특정 형태이다. 정규분포와 마찬가지로 하나의 봉우리를 가지고, 평균을 중심으로 좌우대칭을 이루는 점에서 정규분포와 동일하나 표준정규분포상의 모든 점수는 표준점수이며 평균이 0이고 표준편차가 1이다. 이는 정규분포의 표준화된 형태이기 때문에 여러 개의 정규분포를 서로 비교할 수 있다.

표준정규분포

- **정규분포의 특성을 모두 공유함**: 대칭, 종 모양 곡선, 점근적 특성, 면적의 총합이 1인 점은 정규분포와 표준정규분포 모두 동일함
- 표준정규분포의 평균(μ)은 0, 표준편차(σ)는 1
- 표준정규분포의 모든 값은 Z점수로 표준화된 값
- 확률밀도함수
- 정규분포의 값을 Z점수로 전환하면 표준정규분포로 변환할 수 있음

5 표준정규분포의 활용

표준정규분포는 사회과학통계분석에 널리 적용된다. 표준정규분포는 사회과학통계분석의 초석 역할을 하며 데이터 및 점수의 해석 및 분석을 위한 표준화된 기준틀을 제공한다. 데이터의 속성과 응용 프로그램을 이해하는 것은 연구자와 실무자 모두에게 중요하며, 이를 통해 정보에 입각한 결정을 내리고 데이터에서 의미 있는 통찰력을 얻을 수 있다. 활용의 다양한 측면들은 다음과 같다.

- Z-점수: Z-점수는 다양한 정규분포의 개별 관측치를 표준 정규분포로 표준화하는 데 사용된다. 이는 관측치가 분포 평균과 얼마나 많은 표준편차를 가지고 있는지를 나타낸다.
- 가설검증: 가설 테스트에서는 표준정규분포를 사용하여 임계값을 결정하고 테스트 통계를 계산하며 결과의 유의성을 평가하는 경우가 일반적이다.
- 신뢰 구간: 평균이나 비율과 같은 모집단 매개변수에 대한 신뢰 구간은 표준정규분포를

사용하여 구성되는 경우가 일반적이다.

- 회귀분석: 회귀분석에서는 잔차의 정규성을 평가하고 통계적 추론을 수행하는 데 표준정규분포가 자주 사용될 수 있다.

6 표준점수의 백분위수 환산

표준정규분포에서 X축의 값들은 모두 표준점수이기 때문에 표준정규분포는 Z분포의 하나이다. 따라서 표준정규분포상의 면적과 Z값은 Z분포를 통해 확인할 수 있다. 예를 들어, 표준정규분포에서 특정 Z점수와 평균 사이의 면적이 0.0987이라는 것은 두 점수 사이에서 특정 사건이 발생할 확률을 나타내는 것이며 확률값은 0.0987, 반올림하면 약 0.1의 확률이다.

이와 같이 만약 주어진 변수에 대한 점수들의 모집단이 정규분포를 이루고 있다면 표준점수 Z를 정규분포곡선에 비교해 봄으로써 모든 점수를 백분위수(percentile rank)로도 나타낼 수 있다. 표준점수 Z를 정규분포곡선에 비교해 봄으로써 각 점수를 백분위수로 나타낼 수 있다.

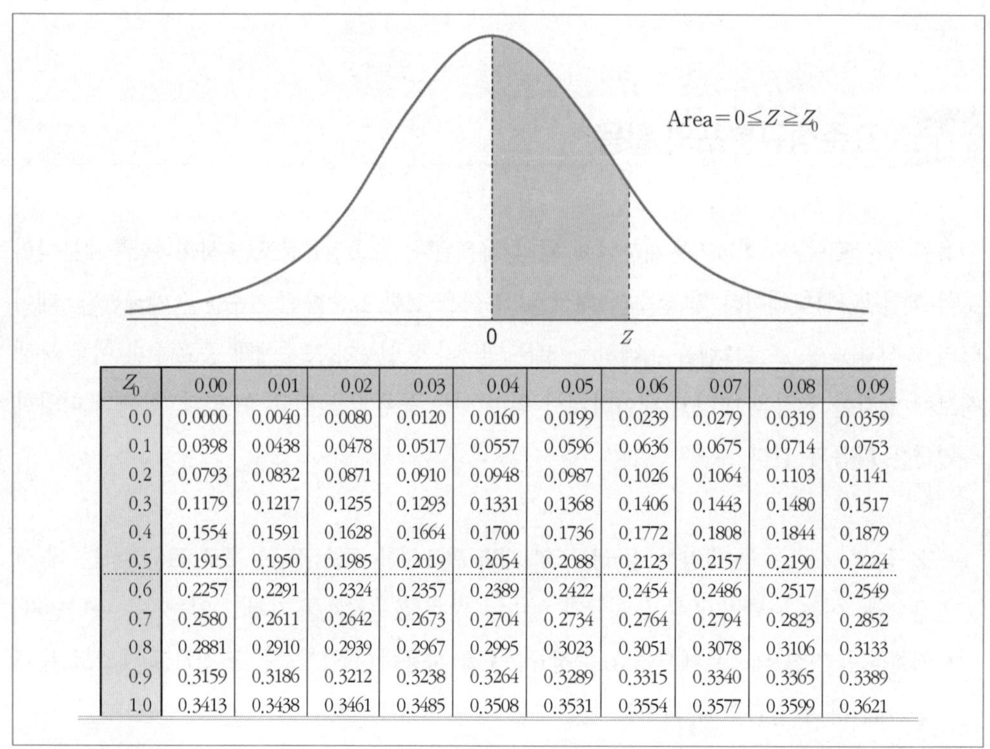

Z_0	0.00	0.01	0.02	0.03	0.04	0.05	0.06	0.07	0.08	0.09
0.0	0.0000	0.0040	0.0080	0.0120	0.0160	0.0199	0.0239	0.0279	0.0319	0.0359
0.1	0.0398	0.0438	0.0478	0.0517	0.0557	0.0596	0.0636	0.0675	0.0714	0.0753
0.2	0.0793	0.0832	0.0871	0.0910	0.0948	0.0987	0.1026	0.1064	0.1103	0.1141
0.3	0.1179	0.1217	0.1255	0.1293	0.1331	0.1368	0.1406	0.1443	0.1480	0.1517
0.4	0.1554	0.1591	0.1628	0.1664	0.1700	0.1736	0.1772	0.1808	0.1844	0.1879
0.5	0.1915	0.1950	0.1985	0.2019	0.2054	0.2088	0.2123	0.2157	0.2190	0.2224
0.6	0.2257	0.2291	0.2324	0.2357	0.2389	0.2422	0.2454	0.2486	0.2517	0.2549
0.7	0.2580	0.2611	0.2642	0.2673	0.2704	0.2734	0.2764	0.2794	0.2823	0.2852
0.8	0.2881	0.2910	0.2939	0.2967	0.2995	0.3023	0.3051	0.3078	0.3106	0.3133
0.9	0.3159	0.3186	0.3212	0.3238	0.3264	0.3289	0.3315	0.3340	0.3365	0.3389
1.0	0.3413	0.3438	0.3461	0.3485	0.3508	0.3531	0.3554	0.3577	0.3599	0.3621

[그림 5-4] Z분포

앞서 제시했던 A학생의 수학점수와 영어점수의 표준점수는 다음과 같다.

〈표 5-2〉 A학생의 수학점수와 영어점수: 표준점수 비교

	수학	영어
원점수	80점	70점
표준점수(Z) = $\frac{X-\overline{X}}{s}$	$\frac{80-70}{10}=+1$	$\frac{70-60}{5}=+2$

A학생의 원점수는 수학이 80점, 영어가 70점으로 수학이 더 높지만, 표준점수는 영어가 +2점으로 수학의 표준점수 +1점보다 높다. Z분포를 활용하여(부록의 Z분포 참조) 과목별 표준점수를 백분위수로 표시하면, 수학은 84.13백분위, 영어의 97.72백분위이다. A학생의 수학점수의 백분위수가 84.13이라는 의미는 A학생을 포함하여 A학생보다 낮은 수학점수를 받은 학생은 전체의 84.13%를 차지한다는 뜻이다. 즉, A학생보다 수학점수가 높은 학생은 전체의 15.87%를 차지한다. A학생의 영어점수의 백분위수가 97.72라는 의미는 A학생을 포함하여 A학생보다 낮은 영어점수를 받은 학생은 전체의 97.72%를 차지한다는 뜻이다. 즉, A학생보다 영어점수가 높은 학생은 전체의 2.28%를 차지한다. 즉, 원점수를 비교하면 A학생은 수학 80점, 영어 70점으로 수학의 성취도가 더 높지만, 상대적인 서열을 비교할 수 있는 백분위수를 비교하면 수학보다 영어의 성취도가 더 높다고 평가할 수 있다.

Chapter

6

추론통계를 위한 기본 개념

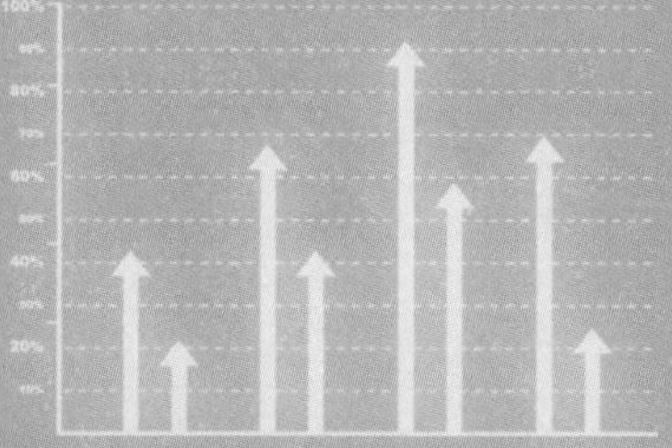

핵심 정리

◎ **가설검증의 절차**

1. 관심 있는 연구주제 및 변수 선정
2. 영가설과 실험가설 설정
3. 변수의 종류 및 연구목적에 맞는 추론통계법 결정
4. 추론통계법 공식에 의거해 추론통계값 계산(관찰치)
5. 유의수준과 자유도 결정
6. 임계치를 찾는다.
7. 관찰치와 임계치를 비교한다.
   - 관찰치 ≤ 임계치: 영가설을 채택
   - 관찰치 ≥ 임계치: 영가설을 기각하고 실험가설 채택
8. 결과를 해석하고 결론 도출

◎ **신뢰수준과 유의수준(α)**

- 유의수준 = 1 − 신뢰수준 : 일정 신뢰수준을 확보하는 수준

신뢰수준	유의수준
90%	$\alpha = 0.10$
95%	$\alpha = 0.05$
99%	$\alpha = 0.01$

- 유의수준은 임계치를 찾는 기준, 가설검증 시 용납될 수 있는 오류의 정도
- 법칙이 아닌 약속의 개념

◎ **유의수준을 0.05로 정한다는 것의 의미**

- 유의수준 0.05 = 신뢰수준 95%
- 오류의 범위를 5%로 제한해 놓은 것
- 95%의 신뢰수준을 가지고 판단하겠다는 것은 95%의 확신이 있을 때 영가설을 기각하겠다는 의미 = 5% 미만의 오류 가능성
- 5% 미만의 오류는 표본 추출 과정에서 나타날 수 있는 오류로 인정하며, 그 정도 오류는 감수하겠다는 의미
- 유의수준에 해당하는 분포상의 면적의 x축 값이 임계치이며, 이것은 영가설을 기각할지 채택할지의 기준
- 가설검증 후 결론을 내릴 때 5% 미만의 오류를 범할 수 있다는 것
- 유의수준이 영가설 기각영역, 영가설 채택영역을 결정(영가설 긍정영역 & 부정영역)

추론통계(Inferential Statistics)는 표본 데이터를 이용하여 모집단에 대한 결론을 내리고 예측을 수행하는 통계 방법을 일컫는다. 즉, 전체 모집단을 조사하는 것이 불가능하거나 비효율적일 때, 표본 데이터를 분석하여 모집단의 특성을 추정하고 가설을 검정하게 된다. 표본조사에서 나온 표본값 자체, 특정 검증법 결과 얻은 집단 간 차이, 변수 간의 관계 계수 등의 값들은 표집오차에 의해서도 발생할 수 있고 모집단에서 존재하는 차이일 수도 있다. 따라서 표본을 대상으로 특정 연구를 진행하여, 분석 결과 도출된 통계치에 차이가 발견되었다면 그 차이가 표집오차로서 우연히 생긴 것인지 아니면 통계적으로 모집단에서 존재하는 유의적 차이인지를 반드시 검증해 볼 필요가 있다.

이렇게 추론통계는 표본조사로 얻은 데이터들을 특정 검증법에 의거하여 분석한 결과로 얻은 통계값들이 표집오차로 인한 것인지 혹은 모집단에서 존재하는 특성으로 추론될 수 있는 통계적으로 유의미한 값인지 규명하는 일련의 통계적 분석법들을 말한다. 추론통계를 이해하기 위해서는 가설검증, 표집분포, 유의수준, 자유도 등이 중요하다.

1 표집분포

우리의 궁극적인 관심은 모집단에 대한 특성 추론이다. 추론통계의 목적은 모집단에 대한 가설을 세우고 그것을 검증함으로써 모집단에 대한 특징을 추론하고 가설을 규명하는 것이다. 모집단은 인구 전체, 청년인구 전체, 여성인구 전체, 노인인구 전체 등 대규모의 집단이므로 모집단을 모두 조사하는 전수조사가 현실적으로 어렵다. 그렇기 때문에 표본을 수집해서 표본조사를 수행한다. 표본조사 결과 얻은 표본값으로 모집단의 값을 추론하거나, 표본값의 차이로 모집단 값의 차이를 추론하거나, 표본에서 보이는 인과관계가 모집단에도 존재하는 인과관계인지 규명하게 된다. 추론통계는 이렇게 표본조사를 통해 얻은 표본값을 통계적으로 유의미한지 검증함으로써 모집단에 대한 특성, 값, 변수 간 관계를 추론하는 것이다. 이 추론의 과정에서 통계적 기준으로 유의수준, 신뢰수준, 자유도 등이 중요한 개념으로 활용되며 이론적인 확률밀도 함수인 확률분포를 중요하게 다루게 된다. 만약 모집단을 모두 조사하는 전수조사가 가능하다면 표본조사는 필요 없다. 전수조사가 어려운 경우에 표본조사로 대신하고 통계적 추론에 근거하여 특정한 유의수준과 신뢰수준하에서 모집단의 특성, 값, 관계 등을 추론하는 것이다.

이러한 배경에서 표집분포를 이해하고 넘어가야 한다. 연구자는 모집단의 값, 즉 모수

(parameter)를 모른다. 모수에 대한 알려진 정보가 없다고 표현하기도 한다. 그러나 우리의 궁극적인 관심은 모집단에 대한 규명에 있다. 표본은 모집단에 대한 특성을 추론하기 위해서 수집된 것이다. 연구자가 실제 알 수 있는 것, 실제 관찰할 수 있는 것은 표본분포뿐이다. 모집단의 분포는 실제 존재할 수 있으나 현실적으로 쉽게 관찰할 수 없다. 전수조사가 어렵기 때문이다. 분포의 특성을 알기 위해서는 분포의 모양, 집중경향치, 분산도라는 세 가지 정보가 필요하다. 그러나 모집단의 분포의 모양, 집중경향치, 분산도를 계산하기란 거의 불가능하다. 모집단에 대한 정보가 없기 때문에 이것을 표집분포에 의해서 추론해 낸다. 표집분포는 추론통계에 있어 핵심적인 개념이다. 추론통계의 일반적인 전략은 표집분포를 통해서 모집의 특성을 추론하는 것이다. 표집분포를 살펴보기 전에 먼저 세 가지 분포에 대한 정의를 정리하면 다음과 같다.

- **표본분포**: 실제로 존재하며 분포의 특성이 알려져 있다. 연구자에 의해서 수집되는 분포이며 모집단에 일반화하기 위해서 필요하다.
- **모집단 분포**: 존재하지만 우리가 알 수 없는 분포이다. 모집단 분포를 파악하는 것이 추론통계의 목적이다.
- **표집분포**: 가능한 모든 표본의 결과에 대한 이론적 확률분포이며 실제로 존재하지 않는 분포. 그러나 가능한 모든 표본의 결과를 포함하고 있기 때문에 특정 표본 결과의 확률을 측정할 수 있다.

출처: 오혜경, 김용석(2000).

예를 들어, 연구자가 청년인구 모집단의 연령 평균값을 추론하고자 한다. 시간과 예산 등 현실적인 한계로 인하여 전수조사가 어려워 표본조사로 표본의 연령 평균값을 얻고 그것을 통해 모집단의 평균값인지 규명하고자 한다. 우리가 추후 다른 장에서 공부하게 되겠지만 이것을 위해 선택할 수 있는 추론통계법은 단일표본 t검증법이다.

그런데, 그전에 보다 근본적으로 이해해야 할 표집분포에 대해서 생각해 보기로 하자. 연구자는 모집단에 대한 대표성을 확보하기 위해 무작위 표집법을 통해 우리나라 청년 100명을 추출하고 그들의 연령을 조사하고 평균값을 계산한다. 동일한 절차를 이용하여 또 다른 100명의 평균 연령을 계산하고 이와 같은 절차를 반복하여 가능한 모든 표본의 평균 연령을 구할 경우, 이렇게 최대한 많이 반복한 표집마다 그 분포의 모양, 평균, 표준편차를 구한다고 가정해 보자.

무작위 표집을 통해 표집을 하므로 청년 100명은 각각의 표본에서 모두 다르기도 하고 부분적으로 같기도 할 것이다. 표본마다 포함된 청년 100명은 모두 다르거나 혹은 약간의 겹침이 있고 나머지는 다르거나 할 가능성이 높다. 청년 100명을 표집할 때마다 연령 평균값은 어느 범위 내에서 대부분의 표본 연령 평균값이 포함되지만, 여전히 표본마다 각각 다를 것이다. 어떠한 표본은 — 청년인구 전체라는 모집단의 연령 평균값 μ는 여전히 모르는 값이지만 — 모집단의 평균 연령보다 높을 것이고 어떤 표본의 평균은 모집단의 평균 연령보다 낮을 것이다. 그러나 주어진 조건하에서 가능한 한 여러 번의 최대 많은 횟수로 표본을 추출하고 각 표본의 평균을 계산하고 각 표본의 평균이 일어나는 빈도를 기록한다면 표집분포가 완성될 것이다. 이러한 과정을 통해서 수없이 반복한 표집마다, 표본마다, 청년 표본의 연령 평균값을 관찰하고, 그것이 발생하는 빈도를 표시한다면 표본평균들의 분포, 즉 표집분포를 얻을 수 있으며 그 표집분포의 가운데 값, 즉 가장 자주 등장한 평균값은 모집단의 평균값에 가까워질 것이다. 결국 표본평균들의 분포, 즉 표집분포는 모집단의 평균(μ)을 중심으로 좌우대칭을 이루는 정상분포를 이룰 것이다. 또한 표집분포는 가능한 모든 표본평균의 분포를 포함하고 있기 때문에 표집분포의 평균과 표준편차는 모집단의 평균과 표준편차 값에 점점 더 가까워질 것이다. 이렇게 표집분포는 이론적이지만 모집단의 값을 추론하는 데 활용될 수 있는 수많은 표본을 반복해서 조사했다고 가정하는 표본값들의 분포라고 할 수 있다.

2 중심극한정리

표집분포는 실제로 관찰 가능하지 않은 이론적 분포이다. 표집분포는 표본을 수없이 많이 표집하는 것을 가정하는 분포인데, 현실에서는 모집단으로부터 수많은 표본을 추출하기는 어렵다. 이러한 현실적 한계를 중심극한정리로 해결할 수 있다. 중심극한정리란 표본의 크기가 클수록 표집분포는 정상분포에 가까워지며 표집분포의 평균은 모집단의 평균과 같고 표집분포의 표준편차는 모집단의 표준편차를 표본의 제곱근(루트)으로 나눈 것과 같음을 의미한다. 특히 표집분포의 표준편차를 표집오차 또는 표준오차라고 부르는데 이는 표집분포의 평균이 모집단의 평균과 같다는 것을 추정하는 데 발생할 수 있는 오차를 말한다.

- 표집분포의 표준편차 = 표집오차 = 표준오차
- **표집오차(표준오차)의 개념**: 표집분포의 평균이 모집단의 평균과 같다는 것을 추정하는 데 발생할 수 있는 오차
- **표집오차(표준오차) 공식**

$$\text{표준오차} = \frac{\sigma}{\sqrt{N}} \qquad (N\text{: 사례수, } \sigma\text{는 모집단의 표준편차})$$

표준오차의 공식을 보면 표본의 크기 N이 클수록 표준오차가 작아짐을 알 수 있다. 표준오차가 작아진다는 것의 의미는 표집분포의 평균이 모집단의 평균에 점점 접근함을 의미한다.

3 유의수준

종종 그리스 문자 알파, α로 표시되는 유의수준(significance level)은 통계적 가설 검정에서 중요한 개념이다. 가설검증의 절차에서 유의수준이라는 개념을 이해하는 것은 매우 중요하다. 그 이유는 유의수준은 영가설의 기각영역을 결정하는 판단의 기준이며 통계적으로 허용하는 오차의 가능성이기 때문이다. 유의수준 $\alpha = 0.05$의 가설검증이라는 말은 영가설을 채택하거나 기각하기로 한 결론에 대한 오류의 확률이 5% 미만이라는 의미이다. 즉, 0.05는 유의수준을 나타냄과 동시에 5%의 영가설 기각영역을 표시하기도 하는 기준이다.

유의수준은 표본의 데이터를 분석한 결과 나온 통계값이 모집단의 특성으로 추론할 수 있을지, 즉 표본조사 결과가 통계적으로 유의한지 여부를 결정하는 데 사용되는 임계값을 말한다. 이렇게 보면, 영가설을 기각할지 혹은 기각할 수 없을지(다른 말로 하면 실험가설을 채택할지 혹은 채택할 수 없을지)를 판단하는 기준이기 때문에 유의수준을 무엇으로 설정하느냐, 그리고 유의수준을 어떠한 의미로 해석하느냐는 매우 중요하다. 유의수준은 영가설이 실제로 참일 때 영가설을 기각할 확률을 나타낸다. 다음은 유의수준 관련 주요한 내용과 사용될 수 있는 실례를 간단히 요약한 것이다.

유의수준

1. **유의수준의 뜻**: 영가설이 실제로 참일 때 영가설을 기각할 확률(1종의 오류를 범할 확률)
2. **사회과학에서 유의수준으로 많이 쓰는 값**: 0.05(5%), 0.01(1%), 0.10(10%)이며 가장 일반적으로 사용되는 값은 0.05이다.
3. **가설검증절차에서 유의수준이 사용되는 과정**
   ① 표본조사 결과 얻은 데이터에서 관심 있는 변수를 선정하고 영가설과 실험가설을 기술
   ② 변수의 종류와 분석 목적에 맞는 추론통계법을 정하고 추론통계 관찰치(계산값)를 얻는다.
   ③ 영가설이 참이라는 가정하에 적어도 관찰된 결과만큼 극단적인 검정 결과를 얻을 확률인 p값을 결정한다.
   ④ p값을 유의수준 α와 비교
   ⑤ $p \leq \alpha$: H_0을 기각
   ⑥ $p > \alpha$: H_0을 기각하지 못하고 채택
4. 예
   ① 사회복지 종사자가 수행한 노인 대상 우울증 완화 프로그램이 노인들에게 효과적인지 여부를 검증하고자 함. 영가설과 실험가설은 다음과 같이 기술
   - H_0: 프로그램은 효과적이지 않았다(프로그램 전 우울증 점수와 프로그램 후 우울증 점수는 같다. 차이가 없다).
   - H_1: 프로그램은 효과적이었다(프로그램 전 우울증 점수와 프로그램 후 우울증 점수는 다르다. 차이가 있다).

   ② 결론
   - 추론통계법 중에서 종속표본 t검증을 선택하고 변수와 변수값을 이용하여 t값, t의 관찰값을 구함
   - p값 0.03
   - p값이 α=0.05보다 작으므로, 0.03 < 0.05이므로 영가설을 기각하고 실험가설을 채택
   - H_1: 프로그램은 효과적이었다. 프로그램 전 우울증 점수와 프로그램 후 우울증 점수는 차이는 표집 과정의 오차가 아닌, 모집단에서 존재하는 차이로 추정되며, 이 결론에 대한 오차의 가능성은 5%이다.

1) 유의수준과 임계치

무작위 선정을 원칙으로 하는 확률표집으로 표본을 추출했다고 해도 표본의 속성이나 특성은 모집단의 특성과 똑같을 수 없다. 표본의 값을 가지고 모집단에 대한 가설을 특정한 검증법에 의거하여 검증하여도 오차나 오류는 발생하기 마련이다. 추론통계는 오차의 가능

성을 인정하는 것이며 검증결과에 대한 결론에 대해서 100퍼센트 확신하는 것이 아니다. 특정 수준의 신뢰수준 그리고 그 신뢰수준에 의거할 때 남는 오차의 가능성을 추론통계법의 검증결과와 함께 동시에 기술한다. 유의수준이란 가설검증에서 용납될 수 있는 오류의 정도 혹은 가설검증이 오류를 범할 확률을 말한다. 유의수준은 '1−신뢰수준'과 같다.

유의수준 = 1−신뢰수준

유의수준 α = 0.10(10%) = 1-(신뢰수준 90%)
유의수준 α = 0.05(5%) = 1-(신뢰수준 95%) ⇨ 가장 많이 쓰는 유의수준
유의수준 α = 0.01(1%) = 1-(신뢰수준 99%)
유의수준 α = 0.001(0.1%) = 1-(신뢰수준 99.9%)

사회과학에서 흔히 이용되는 유의수준은 0.10, 0.05, 0.01, 0.001 등이다. 일반적으로 0.05를 많이 사용하지만, 연구자가 연구목적에 맞게 혹은 통계적 검증의 엄격성에 맞게 적절히 선택해야 한다. 연구자는 가설을 설정하고 검증방법을 결정하고 나면 연구의 목적이나 통계적 엄격성을 고려하여 유의수준을 결정할 수 있다. 유의수준은 특수한 경우가 아니면 대체로 위 네 가지 중에서 한 가지를 선택하여 사용하는 것이 무난하지만 때로는 같은 결과라 할지라도, 특정한 유의수준에서는 영가설을 기각할 수 있고, 특정한 유의수준에서는 기각할 수 없다는 것을 동시에 기술하는 것도 가능하다.

유의수준이 결정되면 주어진 표본분포(예: Z분포나 t분포)에서 영가설을 기각시킬 수 있는 영역과 기각시킬 수 없는 영역이 정해진다. 표본의 계산값(관찰치, 검증통계량)이 영가설에 설정된 모집단의 값과 큰 차이를 보인다면 영가설은 기각되어야 할 것이다. 그리고 그 차이가 커질수록 영가설의 기각에 대한 확신은 굳어질 것이다. 즉, 그 차이가 커질수록 영가설을 기각시키더라도 오류를 범할 가능성은 줄어들게 되고 그만큼 유의수준은 낮아져도 된다. 유의수준은 영가설을 기각시켰을 때 오류를 범할 확률이라는 의미도 있다(김호정, 1998).

더 엄격한 유의수준을 적용하기 위해서 0.05보다 0.01을 선택하는 등 그 값을 더 작게 한다는 말은 영가설의 기각이 잘못될 가능성을 줄인다는 뜻이다. 유의수준 0.05를 적용하면, 영가설을 기각할 수 있지만 0.01을 적용하면 영가설을 기각할 수 없을지라도, 영가설이 참인데 기각하는 1종의 오류를 줄이는 효과가 있다. 이렇게 유의수준을 무엇으로 선택하느냐에 따라

결론이 달라지고 정책적 결정에도 영향을 미칠 수 있으므로 현명한 선택이 필요하다. 혹은 동시에 두 유의수준을 제시하면서, 두 가지 결론을 동시에 제시하는 것도 가능하다.

유의수준은 영가설의 기각영역을 결정한다는 점에서 매우 중요하다. 유의수준 이내의 가설검증이라는 말은 영가설의 기각에 대한 오류의 확률이 α 이내라는 의미이다. 따라서 α는 유의수준을 나타냄과 동시에 유의수준 α하에서 영가설의 기각 가능 영역을 가리키기도 한다. 이때 위 모집단 값과 큰 차이를 나타내는 표본값들은 주어진 표본분포의 꼬리 부분에 위치하므로 꼬리 부분에서 α에 해당하는 확률의 최저값보다 절대치가 큰 값들이 바로 '유의수준 α하에서 기각 가능 영역이 되고 α의 확률변수 최저값보다 절대치가 작은 값들은 유의수준 α하에서 기각할 수 없는 영역이 된다. 그러므로 α의 확률변수 최저값이 두 영역을 구분하는 기준점이 되고 이 점을 임계치(critical value)라고 부른다.

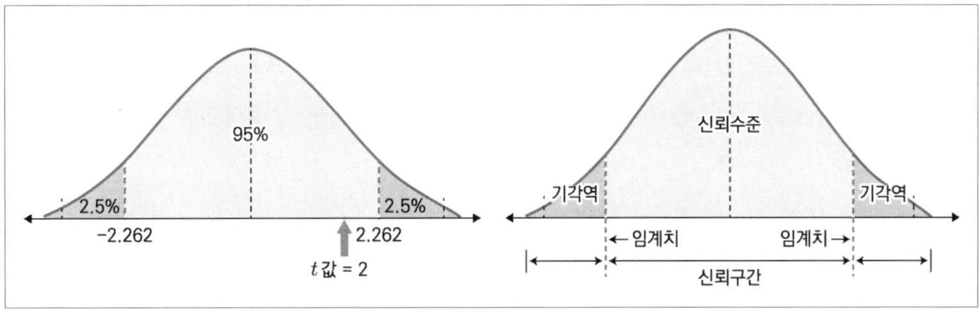

[그림 6-1] 임계치, 신뢰수준, 유의수준, 기각영역

4 가설검증

추리통계의 기능 중의 하나는 모집단의 특성에 대한 가설을 검증하는 것이다. 사회조사에서 가설을 설정하지 않는 경우도 있지만 가설을 설정하고 이를 검증하려는 경우가 대부분이다. 두 개 또는 그 이상의 통계치들 사이의 차이라든가 또는 변수 간의 관련성 계수 등이 우연적인 것인지 또는 실질적인 것인지를 표집분포와 표집오차의 원리를 적용하여 추리하는 것을 가설검증이라고 한다.

우리나라 전체 가구의 작년 연 소득의 평균값 혹은 중앙치(중위수)를 알고 싶다면? 우리나라 전체 가구의 소득을 조사하면 될 것이다. 이 경우는 전수조사이다. 이때 우리나라 전체 가구가 조사의 궁극적인 관심대상자 모집단이 된다. 이처럼 모집단은 대개 큰 규모의 집단이다. 인구주택총조사는 우리나라에서 주기적으로 실시되는 통계조사 중 하나로, 국내 인구와 주택에 관한 다양한 정보를 수집하는 것이 목적이다. 인구 특성, 가구 특성, 주택의 보유 형태, 주택 면적, 주택의 건설 연도, 가구원의 연령, 직업, 교육 수준 등의 정보를 수집한다. 그래서 인구주택총조사는 정부와 여러 기관의 정책 수립과 시행, 사회 발전에 필요한 기초자료로 활용된다. 이 조사는 전수조사로 통계청이 주관하며, 일반적으로 5년마다 한 번 실시된다. 이렇게 막대한 예산과 인력이 가능한 통계청의 인구주택총조사 정도는 전수조사가 가능한 조건이라고 할 수 있다. 우리가 언제든지 항상 모집단에 대한 전수조사를 할 수 있다면 그 결과 자체가 정답이므로, 통계학의 존재 가치가 떨어질 것이다.

그러나 대부분의 경우 현실적인 제약으로 전수조사가 불가능한 경우가 대부분이다. 현실적으로 모집단에 대한 전수조사를 할 수 없을 때 우리는 표본조사를 통해 모집단에 대한 특성을 추론한다. 이 지점에서 추론통계가 필요하다. 전수조사가 가능할 정도도 모집단의 규모가 작다면, 그것은 모집단의 연구 가치가 떨어지는 경우일 것이다. 즉, 우리나라 대학생 전체 집단은 모집단으로 가치가 있지만 천안시 대학생에 대한 조사는 상대적으로 모집단으로서의 가치가 덜하다.

다양한 추론통계 검증법 중 이 책에서는 t검증, F검증, 카이제곱 검증, 상관분석, 회귀분석 등을 설명하게 되는데, 그 전에 선행되어 이해해야 할 것이 가설검증의 원리와 절차이다. 가설검증은 추론통계법을 이해하고 그 결과를 해석하는 데 있어서 가장 중요한 부분이라 할 수 있다. 표본조사의 결과를 가지고 모집단 전체에 대한 일반적인 해석을 내리고자 할 때 반드시 가설검증의 단계가 필요하다. 추론통계는 모집단에 대한 가설을 설정한 후 표본값을 이용하여 추론통계 검증공식에 의거하여 값을 구한 후 그 값이 영가설을 기각할 정도로 통계적으로 유의미한가를 검증하는 일련의 과정을 거친다. 이것이 바로 가설검증의 절차이다.

가설검증은 하나의 연구 주제를 설정하고, 그 연구 주제를 조사 분석하기 위한 가설을 설정하는 것에서 시작한다. 가설은 모집단에 대한 가설을 말하는데, 모집단 전체에 대한 전수조사가 현실적으로 가능하지 않은 경우가 대부분이므로, 표본조사를 통해서 표본값을 얻고 그 표본값에 의거하여 모집단에 대한 가설을 검증하게 된다. 결국 표본값을 통해서 모집단의 값, 모집단의 특성, 모집단에서 변수 간의 관계를 추론하는 일련의 과정을 위해 가설검증의 절차라는 것이 동원된다.

가설검증을 적용하기 위해서는 분석하고자 하는 변수들이 확률변수여야 한다. 검증의 대상이 되는 집단은 한두 개 집단 정도로 한정되는 것이 일반적이며 검증대상의 변수는 일정한 확률로 발생하면서 그 확률에 수치가 부여될 수 있는 확률변수여야 한다. 가설검증이 적용되려면 확률변수, 특히 연속적 확률변수여야 하지만 불연속적 확률변수라고 하더라도 자료의 개수가 많고 변수의 변수값이 다양한 경우에는 가설검증을 적용한 것이 일반적이다. 대표적으로 리커트 척도로 측정된 태도값 같은 변수 분석에도 가설검증을 적용하는 것이 허용된다.

1) 가설검증의 주요 개념

① 영가설(Null Hypothesis, H_0): 연구자가 검정하고자 하는 기본 가설로, 일반적으로 '변수 간의 관련성이 없다' '효과가 없다' '평균값의 차이가 없다' 등의 형태로 기술된다. 귀무가설이라고도 한다.

② 실험가설(Alternative Hypothesis, H_1): 귀무가설과 반대되는 가설로, '변수 간의 관련성이 있다' '효과가 있다' '평균값의 차이가 있다' 등의 형태로 기술된다. 대안가설이라고도 한다.

③ 유의수준(Significance Level, α): 귀무가설을 기각할 기준이 되는 확률로, 사회과학에서 일반적으로 0.05(5%)를 많이 사용한다. 유의수준 이하의 p값이 나오면 그 값이 영가설 기각영역에 속할 정도로(대개 분포에서 기준값을 넘어서는 오른쪽 끝이나 왼쪽 끝) 표본통계값이 표집오차가 아닌, 모집단에서의 차이라고 할 정도의 값이 나왔음을 의미하며, 영가설을 기각하고 실험가설을 채택할 수 있다.

④ p값(p-value): 확률분포에서 영가설을 기각하는 기각영역의 확률분포 면적값이다. 유의수준과 함께 영가설을 기각하고 채택하는 기준이 된다.

2) 가설검증의 절차

가설검증은 연구자가 분석하려는 연구주제에 대한 가설을 설정하고 이 가설의 채택과 기각 여부를 통계적으로 판단하기 위하여 일련의 과정이다. 동시에 가설검증은 영가설을 기각할지, 기각할 수 없을지 통계적으로 추론하기 위해 통계적으로 약속한 기준과 절차이다. 약속된 기준으로는 유의수준, 신뢰수준, 임계치, 자유도 등이 있다. 추론통계법에서 활용되는 가설검증의 절차는 다음과 같이 정리할 수 있다. 모집단을 대표하는 표본을 추출하고 표본조사를 수행한 후 얻은 변수와 데이터를 활용하여 표본의 관찰값을 얻는다. 그리고 그 관찰값이 연구자가 정한 유의수준과 데이터 분포의 자유도에 의거할 때 단순히 표본조사 과정의 오차가 아니라 모집단의 특성으로 추론할 수 있을지를 결정하게 된다. 이것을 위해 모집단에 대한 영가설과 실험가설을 설정한다.

가설검증의 절차

① 관심 있는 연구주제 및 변수 선정
② 영가설과 실험가설 설정
③ 변수의 종류 및 연구목적에 맞는 추론통계법 결정
④ 추론통계법 공식에 의거해 추론통계값 계산(관찰치)
⑤ 유의수준과 자유도 결정
⑥ 임계치를 찾는다.
⑦ 관찰치와 임계치를 비교한다.
- 관찰치 ≤ 임계치: 영가설을 채택
- 관찰치 ≥ 임계치: 영가설을 기각하고 실험가설 채택

⑧ 결과를 해석하고 결론 도출

가설검증의 절차는 영가설과 실험가설을 기술하는 것에서 시작한다. 가설검증에 있어서 영가설과 실험가설을 설정하는 것은 논리적인 필요성 때문이다. 영가설을 설정하는 이유는 후건긍정의 오류(fallacy of affirming the consequent)를 피하기 위해서다. 즉, 실험가설을 참이라고 확신하는 것이 아니라, 거짓이라고 판단된 영가설을 기각했기 때문이라고 보아야 한다. 가설검증절차에서 영가설이 그릇됨을 통계적으로 추론했기 때문에, 변수 간의 차이나 관계를 긍정하는 실험가설을 채택함으로써 실험가설이 기술한 모집단에 대한 특성을 모집단에 대한 결론으로 보는 것이다. 다만 항상 이 결론의 오차 가능성은 존재한다고 가정한다. 이 지점이 바로 유의수준과 신뢰수준이라는 개념이다. 후건긍정의 오류를 범하지 않기 위하여 변수 간의 차이나 관계를 부정하는 영가설을 설정하여 이를 먼저 검토하여 실험가설을 간접적으로 채택 또는 기각하는 절차를 취한다. 여기서 영가설을 채택하는 것, 더 엄격한 의미로 영가설을 기각하지 못하는 것은 더 엄격한 의미로 실험가설을 채택하지 못하는 것을 의미한다. 이처럼 실험가설의 검증은 영가설을 설정하여 이를 채택(accept) 또는 기각(reject)함으로써 간접적으로 이루어지는 것이다. 그러므로 실험가설의 검증을 위해서는 영가설을 반드시

설정해야 한다. 가설검증의 절차 각 단계는 각 추론통계법마다 자세히 다루기로 하고, 여기서는 가설설정에 대해서 부연 설명하기로 한다.

3) 영가설과 실험가설

통계적으로 후건긍정의 오류를 피하기 위해서 가설검증절차에서는 영가설과 실험가설 두 개를 설정하기로 한다. 두 가설의 설정은 결론의 오류를 최소화함과 동시에 불변의 법칙이 아닌 통계학이 정한 학문적 약속이라고 할 수 있다. 검증하려는 가설과 그 검증하려는 가설이 기각될 경우 대신 채택하게 되는 가설이 있어야 한다는 것이며, 전자를 영가설, 후자를 실험가설이라고 한다. 영가설은 H_0로 표시하고, 실험가설은 H_1으로 표시한다. 다시 말하면 직접 검증의 대상이 되는 가설이 하나 있어야 하는데, 이 가설은 검정 결과가 채택이 되면 받아들여지는 가설이고(영가설, H_0), 검증 결과 이 가설이 채택되지 않을 경우에 대안적으로 받아들여질 가설이 하나 더 필요하다(실험가설, H_1). 전자를 영가설(null hypothesis)이라고 하고 후자를 실험가설(alternative hypothsis)이라고 한다. 영가설을 귀무가설이라고 하기도 하고, 실험가설을 대안가설, 대립가설, 조사가설이라고 표현하기도 하지만 이 책에서는 영가설과 실험가설로 통일하기로 한다.

검증 결과 영가설과 실험가설 중 어느 하나를 받아들이게 되므로 영가설과 실험가설은 상호 중첩이 없이 상호 배타적으로 기술되어야 한다. 영가설은 직접 검증을 거쳐서 그 가설을 기각할 수 있을지 기각할 수 없을지에 대한 검증을 거쳐야 하는 가설이므로 검증이 용이한 방법으로 기술되어야 한다. 기술된 영가설의 반대를 기술하면 그것이 실험가설이 된다. 일반적으로 모집단의 값을 추론하는 통계에서 영가설은 '모집단의 값은 ___(이)다'라고 기술하고, 실험가설은 '모집단의 값은 ___이 아니다'라고 기술한다. 모집단의 값을 추론하는 추론통계를 위한 가설검증의 경우는 영가설은 '모집단의 값이 ___(이)다'로 기술, 실험가설은 그 반대를 기술, 모집단에서 두 변수 간의 관계를 추론하는 추론통계를 위한 가설검증의 경우는 영가설을 '모집단에서 X 변수와 Y 변수 간에는 상호관련성이 없다(또는 상호독립적이다)'로 기술하고, 실험가설은 그 반대인 '모집단에서 X 변수와 Y 변수 간에는 상호관련성이 있다(또는 상호관련성이 있다)'로 기술한다.

각 추론통계검증법에서 영가설과 실험가설 기술의 예

(예1) 단일표본 t검증 가설의 기술
연구주제: 대학생 월 소득(전체 대학생 모집단의 월 소득 평균값 추론)
H_0: μ = 1,000,000
H_1: $\mu \neq$ 1,000,000

(예2) 독립표본 t검증 가설의 기술
연구주제: 성별에 따라 월 소득(평균)이 통계적으로 유의미한 차이가 있는가?
H_0: gender $\not\Leftrightarrow$ earning 성별은 월 소득에 영향을 미치지 않는다.
H_1: gender $\Leftrightarrow$ earning 성별은 월 소득에 영향을 미친다.

(예3) 카이제곱 검증 가설의 기술
연구주제: 두 비연속변수 간의 관계, 성별은 학자금대출 유무에 영향을 미치는가?
H_0: gender $\not\Leftrightarrow$ loan_y_n 성별과 학자금대출은 상호관련성이 없다.
H_1: gender $\Leftrightarrow$ loan_y_n 성별과 학자금대출은 상호관련성이 있다.

영가설과 실험가설 모두 모집단에 관한 기술이다. 즉, 중요한 것은 모집단에 대한 추론이다. 표본조사 결과로 얻은 표본의 데이터로 얻은 추론통계공식 값(관찰값)에 의거할 때, 그리고 통계적 기준(유의수준, 자유도) 등에 의거할 때 그 관찰값으로 모집단에 대한 영가설을 기각할 수 없어서 채택하느냐 혹은 기각할 수 있느냐가 관건이다.

예를 들어, 단일표본 t검증을 위한 영가설이, '대학생 월 소득 평균값은 50만 원이다'일 때, 실험가설은 '대학생 월 소득 평균값은 50만 원과 다르다'로 기술하기로 한다. 카이제곱 검증의 경우 영가설은 '성별 변수와 학자금대출 유무 변수 간에는 상호관련성이 없다'로 기술하면, 실험가설은 성별 변수와 학자금대출 유무 변수 간에는 상호관련성이 있다'로 기술한다.

모집단이 우리나라 전체 대학생이고 대학생의 월 소득 평균값을 추론해 내고자 한다. 대학생의 월 소득이 추론되면 청년 관련 정책에 활용될 수 있다. 단, 연구자는 현실적인 한계로 전수조사를 할 수 없으므로 대학생 표본 1천 명을 대상으로 설문조사를 진행한다. 설문조사 결과 얻은 데이터의 변수들과 변수값을 이용하여 단일표본 t검증법의 공식을 이용해 t값을 구한다. 그 t값을 관찰값이라고 하기 때문에 t_{obs}로 표시한다. 표본 수에 의존하여 나오는 자유도 값(df)과 통계적으로 정한 유의수준(α)에 맞춰 영가설 기각영역이 결정된다. 그 영역을 결정하는 것이 곧 단일표본 t검증 분포상의 x축 값, 임계값이다. 이것을 t_{crit}로 표시한다. 즉, 계산된 t_{obs}값과 t 분포표에서 찾은 영가설 기각의 기준 t_{crit}의 크기 비교를 통해 영가설 기각 여부를 결정할 수 있다. 이 절차를 통틀어 가설검증의 절차라고 할 수 있으며 이것은 통계적으로 약속한 절차이다. 이 과정의 실제 적용에 대해서는 추론통계의 각 장에서 더 자세히 설명하기로 한다.

5 자유도

추론통계법을 이해할 때, 특히 각 통계검증법과 관련된 분포를 이해할 때, 그 분포에서 영가설 기각영역을 결정하는 분포의 모양을 이해할 때 함께 고려해야 할 값이 있다. 자유도(degree of freedom)라는 개념이다. 각 추론통계법마다 자유도의 계산법은 다르다. 일반적으로 자유도의 개념은 다음과 같다.

자유도는 표본 가운데에서 자유로이 선택할 수 있는 자료의 개수이다. 표본의 숫자가 n이라면 최종 계산값이 정해져 있을 때, 한 개를 제외한 나머지는 자유롭다. 그래서 자유도는 표본 수에서 1을 뺀, $n-1$로 계산한다. 예를 들어, 모집단에서 $n=3$인 표본을 추출하되 그 표본의 합이 12가 되어야 한다면, 두 번째까지는 자유롭게 선택할 수 있지만 마지막 세 번째는 특정값이 반드시 선택되어야 한다. 즉, 두 번째까지는 3, 5로 결정했다면, 마지막 값은 합이 12이기 위해서 반드시 4가 되어야 한다. 따라서 표본 세 개 중 두 개만 자유롭고, 마지막 한 개는 정해진 값을 선택해야 한다. 그래서 $n-1$만 자유롭다는 의미에서, 자유도는 3−1=2로 계산된다.

자유도

- **정의**: 자유도는 통계를 계산할 때 자유롭게 변하는 계산값의 수. 이는 데이터의 변동성을 추정하는 데 사용할 수 있는 독립적인 정보의 양
- **중요성**: 자유도는 통계적 추론을 할 때 사용할 분포의 모양에 영향을 미치며 따라서 영가설 기각 여부를 결정하는 임계치 결정에 영향을 주는 값
- 자유도를 이해하는 것은 추론통계 검증법을 올바르게 적용하고 결과를 해석하는 데 필수적

자유도는 추론통계 검증의 단계에서 매우 중요하다. 그 이유는 두 가지로 요약될 수 있다. 첫째, 검증에 사용되는 검증법 분포의 모양에 자유도가 영향을 미치기 때문이다. 둘째, 자유도는 분포의 모양에 영향을 미치고, 동시에 영가설 기각 여부를 결정하는 데 기준이 되는 임계치에 영향을 미친다.

예를 들어, 자유도는 t분포의 모양에 영향을 미친다. 자유도가 작을수록 t분포의 꼬리는 더 두꺼워진다. 즉, t분포는 자유도가 작을수록 더 넓게 퍼진다. 자유도가 증가할수록 t분포는 정규분포에 가까워진다. 자유도는 가설 검정에 필요한 t의 임계값을 결정하는 데 사용된다. 다양한 자유도는 다양한 임계값에 해당한다. 각 추론통계검증법마다 자유도 계산법을 정리하면 〈표 6-1〉과 같다.

〈표 6-1〉 대표적인 추론통계법과 자유도

카이제곱 검증 (독립성 검증)	• $df=(r-1)\times(c-1)$ • 여기서 r은 교차표의 행 수이고 c는 교차표의 열 수	• 3개의 행과 4개의 열이 있는 교차표 (예: 3×4 테이블) • 자유도는 $df=(3-1)\times(4-1)=2\times3=6$
단일표본 t검증	• 단일 표본의 평균을 추정할 때 자유도는 $n-1$ • n은 표본의 수	(예) 10개의 관측치로 구성된 표본이 있는 경우 t분포의 자유도는 $10-1=9$
종속표본 t검증	• 한 집단에 대한 전후, 즉 대응표본 평균값 비교 시 자유도는 $n-1$ • n은 전후를 관찰한 대응 표본의 수	(예) 15명의 단일 그룹에 대한 전후 비교 시 자유도는 $15-1=14$
독립표본 t검증	• 등분산 가정(합동 분산): 자유도는 n_1+n_2-1 • n_1과 n_2는 두 그룹의 표본 크기	(예) • 독립된 두 그룹 • 그룹 1: 남성 • 그룹 2: 여성 • 그룹 1에 20개의 관측치가 있고 그룹 2에 25개의 관측치가 있는 경우 자유도는 $20+25-1=44$
분산분석 (F검증)	• $df_1=k-1$ • $df_2=n-k$	(예) • 독립된 세 그룹(소득별그룹) • 그룹 1: 상층(n=10) • 그룹 2: 중층(n=10) • 그룹 3: 하층(n=10) • $df_1=k-1=3-1=2$ • $df_2=n-k$ $=(n_1+n_2+n_3)-k=30-3=27$

다음와 같이 각 분포가 자유도에 따라 그 모양이 변화하는 것을 볼 때, 각 검증법에서 도출된 관찰값과 비교하는 임계값 자체가 자유도에 따라 그 자리가 달라질 수 있으며, 이는 자유도가 영가설에 기각 여부 결정에 매우 중요함을 알 수 있다. 그리고 자유도는 검증법마다 차이는 있지만, 주로 표본수에 의해서 결정되므로, 표본수의 변화가 자유도를 결정하고, 자유도는 임계치를 결정하게 된다.

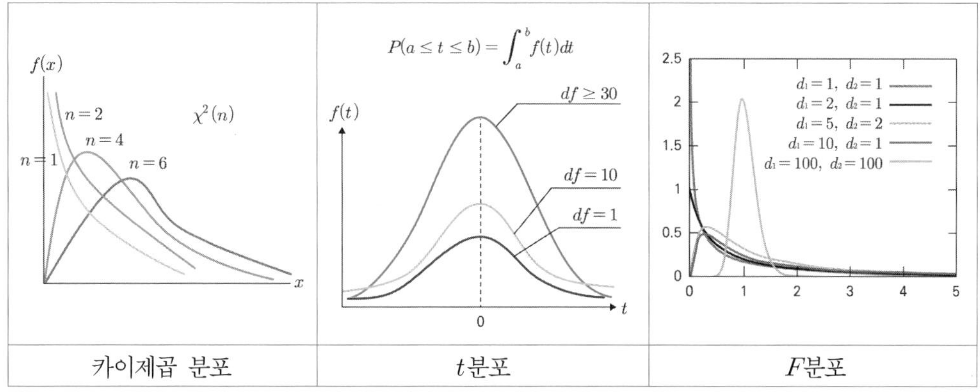

[그림 6-2] 자유도에 따라 달라지는 분포(카이제곱 검증, t검증, F검증)

Chapter

7

카이제곱 검증

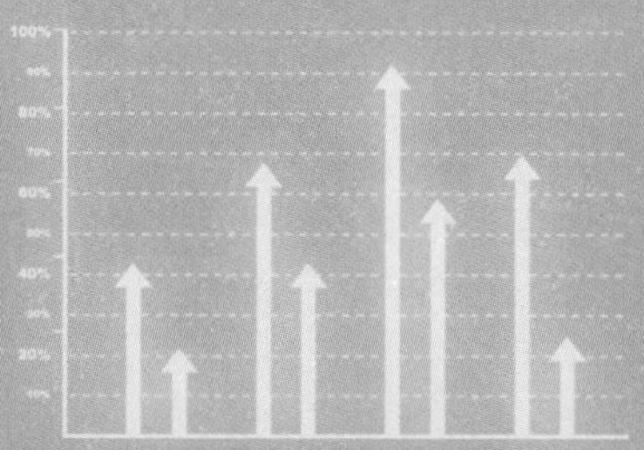

핵심 정리

◎ **카이제곱 검증의 목적**: 두 비연속변수(명목변수나 서열변수)가 상호관련성이 있는지 규명하는 것

◎ 두 변수가 상호독립적이라는 것은, 한 변수를 다른 변수의 범주로 분류했을 때, 그 변수의 특정 범주로 포함되는 확률에 영향을 주지 않는다는 것을 의미함

◎ 카이제곱 검증은 두 비연속변수의 하위범주를 교차시킨 교차표에서 한 변수의 하위범주별 빈도를 다른 변수의 하위범주별로 구분했을 때, 각 교차관계가 모집단에서 존재하는 관계인지 혹은 표집오차로 인한 차이인지 규명하는 추론통계기법

◎ **카이제곱(관찰값) 공식**: $\chi^2_{obs} = \sum_{n=1}^{N} \frac{(f_o - f_e)^2}{f_e}$

◎ **예**

- 두 비연속변수: gender와 loan_y_n
- 학자금대출 유무를 성별로 분류하는 것이 학자금대출 퍼센트에 아무런 영향을 주지 않은 응답 사례[두 변수 간의 상호관련성이 존재하지 않는 것(상호독립적)으로 보이는 응답사례]

	남성	여성	합계
학자금대출 [예]	25(50%)	25(50%)	50(50%)
학자금대출 [아니요]	25(50%)	25(50%)	50(50%)
합계	50	50	100

- 학자금대출 유무를 성별로 분류하는 것이 학자금대출 퍼센트에 차이를 보이는 사례

	남성	여성	합계
학자금대출 [예]	25(50%)	20(40%)	45(45%)
학자금대출 [아니요]	25(50%)	30(60%)	55(55%)
합계	50	50	100

- 남성과 여성의 학자금대출 비율의 차이가 표집과정의 오차인지 아니면 모집단에서 남녀 간 학자금대출 비율의 차이가 존재하는 것인지 카이제곱 검증을 통해 규명할 수 있음

◎ **카이제곱 가설검증의 절차**

1. 관심 전체 대상인 모집단의 설정 그리고 관심 있는 두 변수의 선정, 변수 간의 관계를 가설로 설정. 선정된 두 변수가 명목변수이거나 서열변수인 경우 카이제곱 검증이 가능

2. 영가설과 실험가설을 세운다.
   - 영가설(H_0): 두 변수 간의 상호관련성이 없다.
   - 실험가설(H_1): 두 변수 간의 상호관련성이 있다.

3. 추리통계법을 정한다: 두 비연속변수 간의 관계 규명을 위한 카이제곱 검증

4. 카이제곱 공식을 이용해 카이제곱 관찰값, χ^2_{obs}를 구한다.

5. 임계치, χ^2_{crit}를 찾는다[유의수준 $\alpha = 0.05$, 자유도(df) 값 적용].

6. 관찰치와 임계치를 비교한다.
   $\chi^2_{obs} \geq \chi^2_{crit}$: H_0을 기각하고 H_1을 채택
   $\chi^2_{obs} < \chi^2_{crit}$: H_0을 기각하지 못하고 H_0을 채택

1 비모수통계와 카이제곱 검증

모집단에 대한 정보, 즉 모수를 parameter라고 한다. 모수통계에서는 통계적 추정을 위해 모집단의 정규분포를 가정하고, 큰 표본, 중심극한정리 등을 기본 가정으로 한다. 그런데 모집단에 대한 이러한 정보가 충분하지 않거나 알려지지 않았을 때, 비모수통계를 활용할 수 있다. 비모수통계의 분포는 모수통계처럼 모집단의 정규분포나 모집단의 이미 알려진 정보에 의존하지 않지만 통계 값의 예측을 위한 통계량의 분포이다. 그래서 비모수통계의 장점은 모집단에 대한 가정을 하지 않기 때문에 표본이 작아도 활용 가능하고, 모수통계에 비해 적용이 쉬운 편이고 분석법 또한 복잡하지 않다. 그리고 주로 명목변수나 서열변수에 이용되기 때문에 엄격한 수학적 의미를 가지지 않는다. 그래서 그만큼 모수통계방법에 비해 가설검증의 능력이 덜 정밀할 수밖에 없다. 이 장에서 다루는 카이제곱 검증법 또한 이해하기 쉽고

활용도가 높지만, 두 변수 간의 상호관련성 정도를 정확히 대변하지 못하는 한계를 가진다.

비모수통계의 종류로는 부호검증, Mann-Whitney 검증, Krukkal-Wallis 검증, Wilcoxon 검증, 카이제곱 검증 등이 있다. 모두 명목변수이거나 서열변수일 때 쓰이는 기법이다. 모집단에 대한 가정과 정보가 없이도 비모수통계에서 중앙치를 검증하는 방법은 부호검증, 독립적인 두 집단의 동일성 검증은 Mann-Whitney 검증, 비독립적인 집단의 동일성 검증은 Wilcoxon의 순위검증, 독립적인 여러 모집단의 동일성을 검증하는 방법은 Krukkal-Wallis 검증이다. 카이제곱은 변수가 명목변수이거나 서열변수일 때, 독립적인 두 집단의 동일성 검증, 두 집단의 독립성 검증(상호관련성 없음), 한 집단의 적합성 검증을 할 수 있다.

〈표 7-1〉 비모수통계와 비교 가능한 모수통계

표본(그룹) 수	비모수통계	비교 가능한 모수통계
독립된 2개의 표본	Mann-Whitney U검증 (비연속변수)	독립표본 t검증 (종속변수가 연속변수, 집단별 평균비교)
독립된 3개 이상의 표본	Krukkal-Wallis H검증 (비연속변수)	F검증 (종속변수가 연속변수, 집단별 평균비교)
종속된 2개의 표본	Wilcoxon 검증	종속표본 t검증 (종속변수가 연속변수, 사전사후 평균비교)

카이제곱 검증은 t검증, F검증, 상관분석과 함께 가장 많이 쓰이는 가설검증의 기법이다. 특히 비교적 이해하기 쉽고, 해석 또한 복잡하지 않기 때문에 활용도가 높은 편이다. t검증과 F검증은 모수통계에 속하고, 카이제곱 검증은 비모수통계에 속한다. 비모수통계인 카이제곱 검증은 모수통계에서 요구하는 기본 요건을 충족시키지 못하는 상황에서도 적용할 수 있기 때문에 표본수가 적거나 모집단의 정규분포 조건 등이 충족되지 않아도 쉽게 이용되는 장점이 있다. 비모수통계법은 특히 모집단의 정상분포에 대한 가정을 하지 않고 주로 명목 및 서열변수 간의 관계의 가설을 검증하는 데 사용된다. 비모수통계방법은 어떤 경우에도 적용 가능하며, 대체로 명목척도나 서열척도로 얻은 변수들 사이의 차이 검증에서 많이 사용된다.

이 장에서는 비모수통계법 중 카이제곱 검증을 다룬다. 카이제곱 검증은 동질성 검증, 독립성 검증, 적합성 검증 세 가지 영역이 있는데, 여기서는 가장 많이 쓰이는 동질성 검증과 독립성 검증을 위주로 다루기로 한다. 일반적으로 비모수검증은 모수검증이 비해서 검증력이나 분석수준이 떨어지는 것으로 알려져 있다. 그러나 사회과학의 연구주제의 특성상 비율척도 또는 등간척도를 활용하기 어려운 경우가 존재해서, 명목척도 또는 서열척도 수준에서 비모수검증을 활용한다.

카이제곱 검증은 어떤 한 변수가 변하더라도 다른 변수가 동일한가를 검증하는 동일성 검증, 두 변수 간의 관련성 여부를 검증하는 독립성 검증, 그리고 분포의 적합성 여부를 검토하는 적합성 검증에 활용된다. 동일성 검증과 독립성 검증은 카이제곱 공식과 계산법은 같고, 다만 영가설 및 실험가설의 설정과 결과를 해석하는 것이 다르다. 적합성 검증은 동일성 독립성 검증과 공식가 계산법, 가설설정, 결과 해석 과정도 다르다. 여기서는 적합성 검증은 다루지 않고 가장 많이 쓰이는 두 변수 간의 독립성 검증을 다룬다.

2 카이제곱 검증

카이제곱의 독립성 검증이란 두 변수의 관계가 서로 독립적인지, 상호관련성이 있는지에 대해 검증하는 것을 말한다. 독립성 검증에서는 명목변수이든 서열변수이든 상관없이 동일하게 취급된다. 일단 두 비연속변수 간의 교차표(cross tabulation)를 얻는 것이 필요하다. 가장 간단한 교차표는 2×2 교차표로, 첫 번째 비연속변수의 하위범주가 2개, 두 번째 비연속변수의 하위범주가 2개이면 2×2 교차표를 얻을 수 있다. 데이터에서 두 비연속변수 gender(성별)와 loan_y_n(학자금대출 여부) 간의 교차 빈도를 보여 주는 표는 다음과 같다. 표는 학자금대출 여부(loan_y_n)라는 비연속변수 1과 성별(gender)이라는 비연속변수 2 간의 교차 빈도를 보여 주는 것으로, 2×2 교차표로, 셀(cell)이 4개이며, 각 셀마다 관찰빈도를 보여 주고 있다.

〈표 7-2〉 성별과 학자금대출 두 비연속변수의 교차표: 예시 1

		(비연속변수 2) 성별(gender)		합계
		여성	남성	
(비연속변수 1) 학자금대출(loan_y_n)	네(학자금대출○)	25(50%)	25(50%)	50(50%)
	아니요(학자금대출×)	25(50%)	25(50%)	50(50%)
합계		50	50	100(100%)

〈표 7-3〉 셀의 번호(편의상 부여한 번호)

		(비연속변수 2) 성별(gender)		합계
		여성	남성	
(비연속변수 1) 학자금대출(loan_y_n)	네(학자금대출○)	셀 1	셀 2	
	아니요(학자금대출×)	셀 3	셀 4	
합계				

셀(cell) 1의 관찰빈도 $f_o = 25$
셀(cell) 2의 관찰빈도 $f_o = 25$
셀(cell) 3의 관찰빈도 $f_o = 25$
셀(cell) 4의 관찰빈도 $f_o = 25$

> 한 변수, 즉 학자금대출(loan_y_n) 변수의 하위범주별 빈도(퍼센트)인 [50%, 50%]가 다른 변수, 즉 성별(gender) 범주인 여성, 남성으로 구분해서 분류한 것이 학자금대출 여부의 본래 빈도 [50%, 50%]에 영향을 주지 않았다. 두 변수는 상호 독립적이다.

여자 대학생과 남자 대학생마다 학자금대출 여부를 물었을 때, 첫 번째 교차표에서 여성들은 각각 25명, 25명이 학자금대출을 '받았다' 혹은 '받지 않았다'라고 응답했고, 남성들도 각각 25명, 25명이 학자금대출을 '받았다' 혹은 '받지 않았다'라고 응답했다. 교차표에서 보이는 실제 응답값들을 각 셀마다 빈도 표시한 것으로, 이 값들을 관찰빈도(observed frequency)라고 한다. 〈표 7-2〉는 각 셀마다 관찰빈도가 동일하게 25명으로 나온 것을 의미한다. 이 교차표의 의미는 전체 학생 100명 중에서, 학자금대출을 받은 학생이 50명(50%), 학자금대출을 받지 않은 학생이 50명(50%)인데, 그것을 성별로 나누어도 그 빈도가 변동되지 않은 것을 보여준다. 이러한 상태를 두 비연속 변수 간의 상호독립적인 상태라고 한다.

다시 말하면, 학자금대출 변수의 하위속성인 '예' '아니요' 각 범주마다 빈도가 차지하는 전체 대비 비율이 각각 50%, 50%였는데, 그것을 성별의 하위범주인 남성과 여성으로 분류한 후에도 '예' '아니요'의 비율인 50%, 50%에 영향을 주지 않았다. 두 변수가 상호독립적이라는 것은 한 변수의 범주별 빈도값을 다른 변수의 범주로 구분해서 분류하는 것이 본래의 빈도에 포함될 확률에 영향을 주지 않는다는 것을 의미한다. 다른 예를 들어 보자. 아래 교차표에 의하면 전체 100명 중 40%인 40명이 학자금대출을 받았고, 60%인 60명이 대출을 받지 않았다고 응답했다.

〈표 7-4〉 성별(X)과 학자금대출(Y) 두 변수의 교차표: 예시 2

		(비연속변수 2) 성별(gender)		합계
		여성	남성	
(비연속변수 1) 학자금대출 여부(loan_y_n)	네(yes, 학자금대출○)	10(20%)	30(60%)	40(40%)
	아니요(no, 학자금대출×)	40(80%)	20(40%)	60(60%)
		50	50	100(100%)

학자금대출 여부(loan)의 '받았다'와 '받지 않았다'는 두 범주의 빈도를 성별(gender)이라는 변수로 나누어 보았을 때, 그 범주에 속하는 빈도 및 퍼센트의 값이 달라지는 것을 보여 준다. 여성들은 10명, 40명이 각각 학자금 대출을 받았다(yes), 받지 않았다(no)라고 응답했고, 남성들은 30명, 20명이 학자금 대출을 받았다(yes), 받지 않았다(no)라고 응답했다. 성별 범주로 분류하지 않았을 때는 전체의 40%가 학자금대출을 받았음을 보여 주는 빈도수 40명을 보였으나, 여성과 남성의 범주로 나누어 보니, 여성은 전체의 20%인 10명이 대출을 받은 것으로, 남성은 전체의 60%인 30명이 대출을 받은 것으로 나타나 성별 격차를 보여 준다. 그런데 앞의 〈표 7-2〉와 〈표 7-4〉에서 보이는 성별 간 빈도의 차이값은 100명이라는 표본조사 결과일 뿐, 이 차이가 표집 과정의 오차인지 모집단에서 존재하는 성별 간 학자금대출 빈도의 유의미한 차이인지 통계적으로 규명하지 않은 상태이다. 교차표는 하위범주별로 교차되는 셀마다 관찰빈도수를 표시한 기술통계 표이며, 교차표에서 보이는 빈도의 차이 혹은 퍼센트의 차이만으로는 모집단의 차이인지 규명할 수 없다. 교차표는 표본에 대한 값일 뿐이다. 표본값만으로는 요약과 정리만 가능하다. 교차표만으로는 기술통계적 설명만 가능할 뿐, 모집단에 대한 추론을 할 수 없다. 표본값을 보여 주는 교차표에서 나타난 성별 차이가 과연 표집과정의 오차인지 모집단에서 존재하는 성별 간 차이인지 규명하기 위하여 카이제곱 검증법을 수행할 수 있다.

3 카이제곱 분포

카이제곱 분포는 연속변수의 확률분포를 형성하는 정규분포 또는 t분포와는 다르게 비연속변수인 명목변수의 항목별 빈도에서 나오는 차이 분석을 위한 분포이다. 카이제곱 공식의 원리가 기대빈도와 관찰빈도의 차이값을 제곱한 것이므로, 카이제곱의 값 자체는 항상 양수이다. 카이제곱 분포는 연속변수의 확률분포나 t값의 확률분포와는 다르게 비연속변수의 빈도 차이값의 제곱으로 이루어진 분포로, 카이제곱 분포는 자유도에 따라 매우 다른 모양을 보이지만, 일반적으로 꼬리가 오른쪽으로 긴 분포를 보이며, 특정 자유도에서는 정규분포 모양에 가까워진다(임병우 외, 2015). 카이제곱 분포는 자유도 값이 상대적으로 작을 때는 비대칭 모양으로 정점은 왼쪽 0 값에 치우진 모양을 보이고, 자유도가 커질수록 대칭 모양에 가까워진다. 카이제곱 분포의 모양은 자유도에 따라 무한히 많은 모양을 보이며, 각 모양마다 확률값도 무한히 존재할 수밖에 없다.

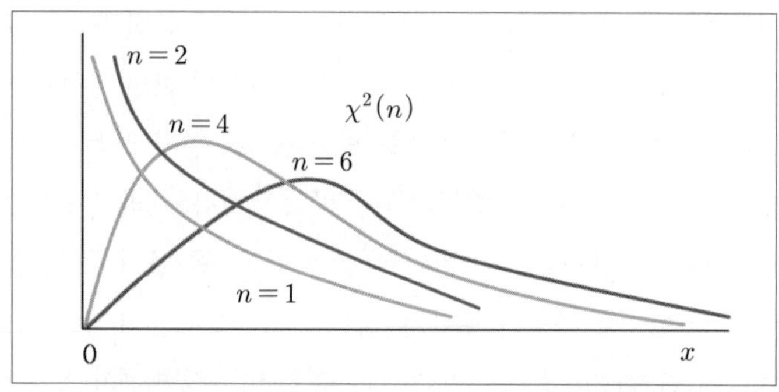

[그림 7-1] 자유도에 따라 달라지는 카이제곱 분포

4 카이제곱 가설검증 절차

카이제곱 가설검증의 절차를 정리하면 다음과 같다.

카이제곱 가설검증의 절차

① 조사의 궁극적인 대상인 모집단의 설정 그리고 관심 있는 두 변수의 선정, 변수 간의 관계를 가설로 설정. 선정된 두 변수가 명목변수이거나 서열변수인 경우 카이제곱 검증이 가능

② 영가설과 실험가설을 다음과 같이 기술

- 영가설(H_0): 두 변수 간의 상호관련성이 없다.
- 실험가설(H_1): 두 변수 간의 상호관련성이 있다.

③ 추리통계법을 정한다: 두 비연속변수 간의 관계 규명을 위한 카이제곱 검증

④ 카이제곱 공식을 이용해 카이제곱 관찰치 χ^2_{obs}를 계산

⑤ 유의수준 α = 0.05, 자유도(df) 값에 의거하여, 카이제곱 분포표에서 임계치 χ^2_{crit}를 찾음

⑥ 관찰치와 임계치를 비교한다.

$\chi^2_{obs} \geq \chi^2_{crit}$: H_0을 기각하고, H_1을 채택

$\chi^2_{obs} < \chi^2_{crit}$: H_0을 기각하지 못하고 H_0을 채택

1) 가설의 설정

카이제곱 검증에서 독립성 검증을 위한 영가설은 'X변수와 Y변수 간에 상호관련성이 없다', 실험가설은 'X변수와 Y변수 간에 상호관련성이 있다'로 설정될 수 있다. 영가설은 '성별(X)과 학자금대출 여부(Y) 간에 상호관련성이 없다', 실험가설은 '두 변수 간의 상호관련성이 있다'로 기술한다.

- H_0: 성별(X)과 학자금대출 여부(Y) 간에 상호관련성이 없다.
- H_1: 성별(X)과 학자금대출 여부(Y) 간에 상호관련성이 있다.

2) 검증방법의 결정

교차표에서 보이는 바와 같이 성별은 명목변수이고 학자금대출 유무 또한 명목변수이므로, 두 변수 간의 독립성 검증을 위해 카이제곱 검증을 실행하고 카이제곱 관찰값을 계산하기로 한다.

3) 카이제곱 관찰값

카이제곱 검증에서 영가설은 두 변수가 상호독립적이라고 설정한다. 카이제곱 관찰값(χ^2_{obs})은 카이제곱 공식을 이용하여 구한다. 카이제곱 공식을 이해하기 위해서는 관찰빈도 외에도 기대빈도를 이해해야 한다. 두 변수 간의 상호독립적인 상태를 개념화한 것이 기대빈도(expected frequency, f_e)이다. 기대빈도는 두 변수가 상호독립적이라는 상태를 측정하는 것으로, 우연에 의하여 발생하는 빈도를 말한다. 기대빈도란 한 변수의 범주별 본래 빈도 값이 한 변수에 속하는 범주별 빈도를 다른 변수의 범주로 구분했을 때도, 차이가 없는 상태, 즉 두 변수가 상호독립적인 상태를 측정하는 것을 의미하며 다른 변수로 분류해서가 아니라, 우연에 의한 각 셀의 빈도 값을 의미한다. 따라서 기대빈도는 해당 셀이 속한 열의 총 빈도와 그 셀이 속한 행의 총 빈도를 곱한 후 전체 빈도로 나누어 주면 구할 수 있고 f_e로 표시한다. 아래 공식으로 계산된 기대빈도는 한 변수의 빈도가 다른 변수의 영향을 받지 않는다는 가정에 맞는 이론적 빈도를 나타내며 두 변수가 상호독립적인 상태를 대변한다.

$$\text{기대빈도} = f_e = \frac{(\text{해당 셀이 속한 열의 총 빈도}) \times (\text{해당 셀이 속한 열의 총 빈도})}{(\text{전체 빈도})}$$

〈표 7-5〉 성별(X)과 학자금대출(Y) 두 변수의 교차표: 관찰빈도

		(비연속변수 2) 성별(gender)		합계
		여성	남성	
(비연속변수 1) 학자금대출 여부(loan_y_n)	네(학자금대출○)	① 10(20%)	② 30(60%)	40(40%)
	아니요(학자금대출×)	③ 40(80%)	④ 20(40%)	60(60%)
		50(100%)	50(100%)	100(100%)

실제로 관찰된 빈도를 관찰빈도(f_o)라고 한다. 카이제곱 원리는 모든 셀의 관찰빈도와 기대빈도의 차이가 기대빈도에 비하여 어느 정도의 차이인가를 측정한 값이고, 모든 셀의 값을 모두 합한 값이다. 모든 셀의 관찰빈도와 기대빈도의 차이값을 그대로 합하면 0 값에 수렴하므로, 제곱의 총합을 사용한다. 우연에 의해서 발생하는 빈도이자 두 변수가 상호독립적인 상태를 나타내는 기대빈도와 실제 관찰된 관찰빈도를 이용하여 카이제곱 관찰값을 아래 공식으로 구할 수 있다.

$$\chi^2_{obs} = \sum_{n=1}^{N} \left[\frac{(f_o - f_e)^2}{f_e} \right]$$

만약 영가설이 참이라면, 즉 두 변수의 관계가 상호독립적이라면 기대빈도와 관찰빈도의 차이가 거의 없다는 것을 의미한다. 그러나 기대빈도와 관찰빈도의 차이값이 크고, 모든 셀에서 차이값의 총합이 크면 클수록 카이제곱 관찰값은 커질 것이며, 카이제곱 관찰값이 클수록 영가설을 기각하고 실험가설을 채택할 가능성이 커질 것이다. 카이제곱 관찰값의 계산과정은 다음과 같다.

〈표 7-6〉 셀의 관찰빈도와 기대빈도를 이용한 카이제곱 관찰값의 계산과정

	관찰빈도(f_o)	기대빈도(f_e)	$(f_o - f_e)$	$(f_o - f_e)^2$	$\frac{(f_o - f_e)^2}{f_e}$
셀 1	10	$\frac{50 \times 40}{100} = 20$	-10	100	$\frac{100}{20} = 5$
셀 2	30	$\frac{50 \times 40}{100} = 20$	10	100	$\frac{100}{20} = 5$
셀 3	40	$\frac{50 \times 60}{100} = 30$	10	100	$\frac{100}{30} = 3.33 \cdots$
셀 4	20	$\frac{50 \times 60}{100} = 30$	-10	100	$\frac{100}{30} = 3.33 \cdots$

$$\text{카이제곱 관찰값} = \chi^2_{obs} = \sum_{n=1}^{N} \left\{ \frac{(f_o - f_e)^2}{f_e} \right\} = 5 + 5 + 3.33 + 3.33 = 16.66 \cdots$$

4) 유의수준 결정 & 자유도 계산

카이제곱 분석에서 자유도는 두 변수 간의 교차표에서 행 수와 열 수를 이용하여 구할 수 있다.

카이제곱의 자유도

자유도 $= df =$ (행 개수 - 1) × (열 개수 - 1)

앞의 예에서 행은 2개, 열은 2개이므로 자유도 $df = (2-1) \times (2-1) = 1$로 계산된다. 카이제곱은 관찰빈도와 기대빈도 차이의 제곱값을 기대빈도로 나누기 때문에 범주(칸)의 수에 따라 카이제곱 분포의 값이 칸 개수나 열 개수에 따라 확연히 달라질 수밖에 없다. 즉, 자유도란 범주인 칸의 수나 열의 수에 의하여 달라진다고 할 수 있다. 자유도란 하나의 모수치 추정에 사용하는 독립적인 정보의 수를 말한다. 다시 말해 카이제곱 교차표에서 범주 숫자의 하나를 제외한 나머지 범주 수는 자동적으로 결정된다. 이러한 자유도는 카이제곱 분포에 영향을 주게 될 뿐만 아니라 통계적 유의도를 만족하는 카이제곱의 값, 즉 임계치가 달라

지게 한다. 앞서 카이제곱 분포에서 설명한 대로, 자유도가 커질수록 카이제곱 분포는 정규분포곡선 모양에 가까워진다.

5) 결과의 해석 및 결론

앞의 예에서, 카이제곱 관찰값 χ^2_{obs}가 31.66이고 유의수준이 0.05이며, 자유도는 $df = (2-1) \times (2-1) = 1$이므로 카이제곱 분포에서 임계치를 찾으면 χ^2_{crit}은 3.841이다. χ^2_{crit}과 χ^2_{obs}의 값을 비교하면 다음과 같은 결론을 내릴 수 있다.

$\chi^2_{obs} \geq \chi^2_{crit}$: H_0을 기각하고 H_1을 채택

카이제곱 관찰값이 카이제곱 임계치보다 커서, 관찰값이 카이제곱 분포의 영가설 기각영역에 속하므로, 영가설을 기각하고 실험가설을 채택한다. 따라서 카이제곱 검증 결과, 모집단에 대한 결론은 성별(gender) 변수와 학자금대출(loan_y_n)은 두 변수 간의 상호관련성이 존재한다고 추론될 수 있다. 95% 신뢰수준과 0.05 유의수준이란 조건은 이 결론에 대해 95% 확신하며, 5%의 오차 가능성이 있음을 의미한다.

과제와 토론

1. 아래 과제를 개인 혹은 조별로 수행하세요. 필요한 값을 계산하고, 그 결과를 해석하고 토론하시오.

   ① 사회복지학과 학생들의 지난 학기 사회복지자료분석론 시험점수 결과 데이터를 활용하시오. stat_score 변수를 생성하고 시험점수 data를 SPSS에 입력하시오.

   ② SPSS에서 시험점수 구간을 3개 구간으로 나눈 새로운 변수를 생성하시오(SPSS). (시험점수 구간은 교수와 수강생이 토론해서 결정합니다.)

   ③ 변수 1을 성별로 설정하고, 변수 2를 시험점수(3개 구간으로 re-coding한 변수)로 설정하고 영가설과 실험가설을 기술하시오.

   ④ 변수 1인 수강생 성별(gender)과 변수 2인 시험점수(stat_score) 구간 간의 교차표를 만들고, 카이제곱 관찰값을 계산하시오. 유의수준 α는 0.05를 사용하고, 자유도를 계산하시오. 카이제곱 분포표에서 카이제곱 임계치를 찾고 그 결과를 해석하시오.

SPSS 실습 - 카이제곱 검증

실습 과제 카이제곱 검증을 수행하려고 한다. 적절한 두 변수를 선택하고, 가설을 세운 후 카이제곱을 수행하고 결과를 해석하시오.

성별(gender)과 학자금대출 여부(loan_y_n)라는 두 비연속변수 간의 관련성을 카이제곱 검증을 통해 규명하고자 한다.

- 영가설: 성별과 학자금대출 여부는 관련성이 없다. gender ↮ loan_y_n
- 실험가설: 성별과 학자금대출 여부는 관련성이 있다. gender ↔ loan_y_n

데이터보기 화면 → 분석 → 기술통계량 → 교차분석의 순서대로 선택하고 클릭한다.

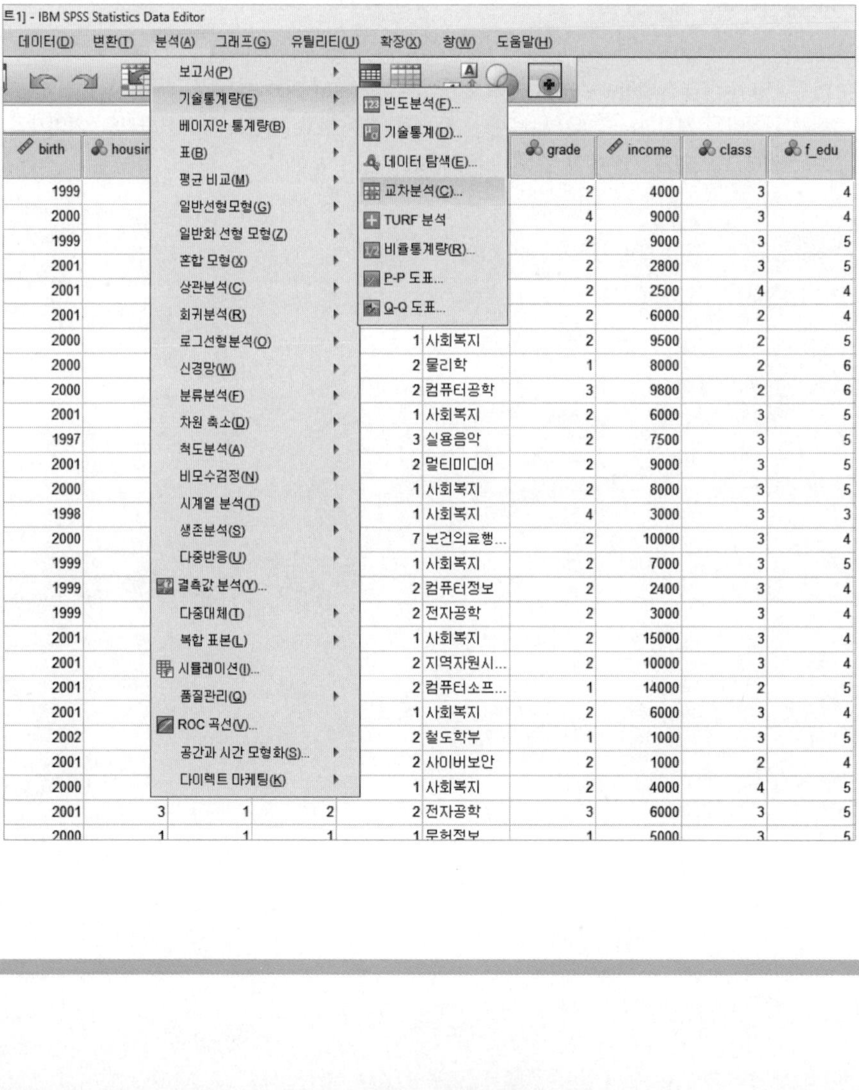

창이 나타나면, 왼쪽의 변수목록에서 중간의 화살표를 눌러 오른쪽으로 '행' 칸에 loan_y_n를 보내고, '열' 칸에 gender를 보낸다.

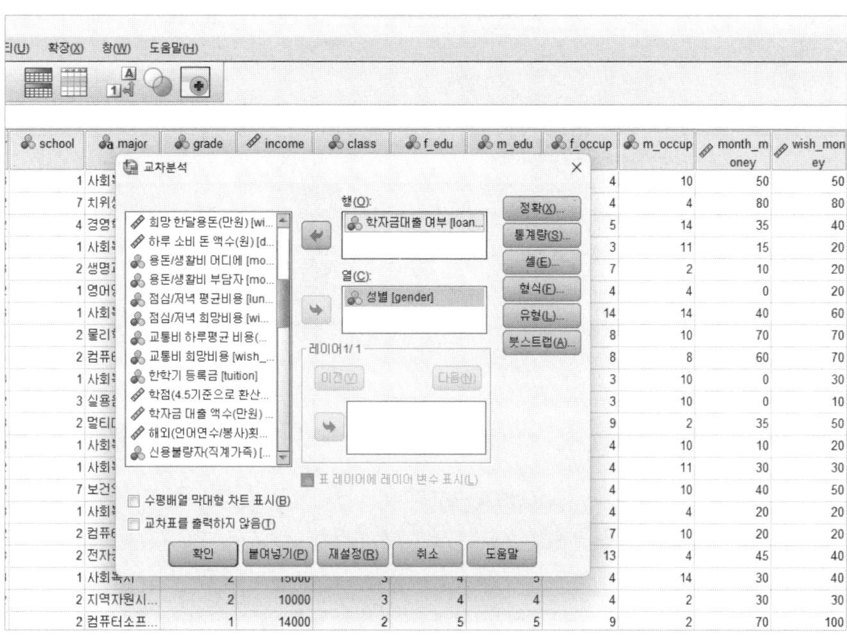

통계량 버튼을 클릭하고, 카이제곱을 선택한다(✔).

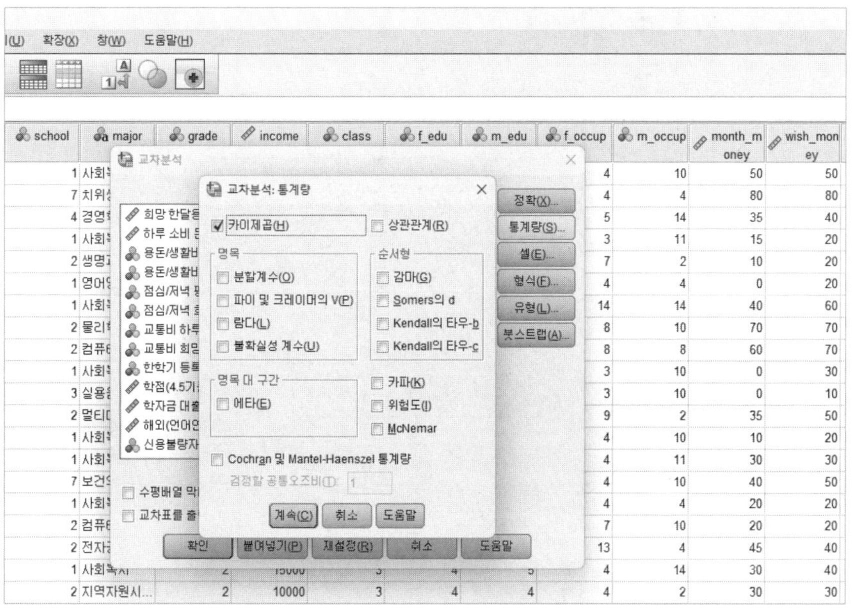

셀(cell) 버튼을 클릭하고, 관측빈도, 기대빈도, 열 퍼센트 등을 선택한다. 이 선택은 연구자가 융통적으로 분석 목적에 맞게 달리할 수 있다.

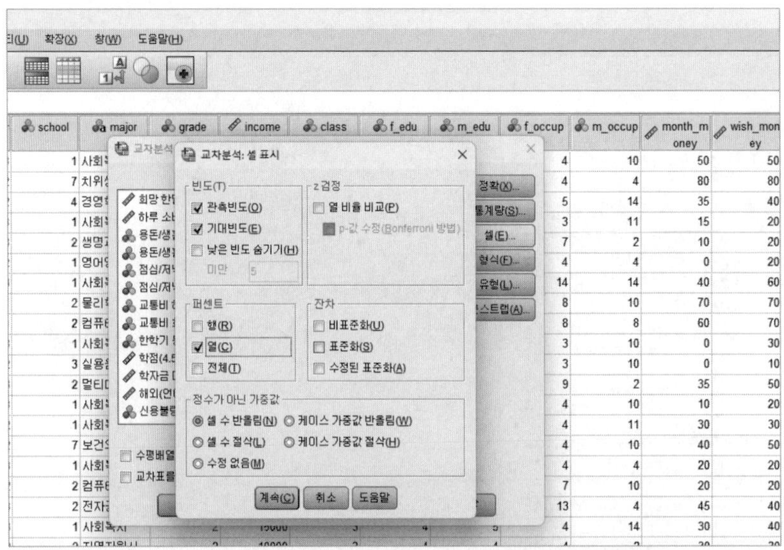

계속 버튼을 누르고, 확인 버튼을 누르면, 다음과 같은 SPSS 카이제곱 출력 결과를 확인할 수 있다.

통계표를 바탕으로 카이제곱 검증 결과를 해석한다. 결과를 해석한 예시는 다음과 같다.

연구자는 다음과 같은 연구가설을 세울 수 있다. 모집단에서 성별에 따라 학자금대출 여부가 차이를 보일 수 있으며 따라서 영가설과 실험가설은 다음과 같이 기술할 수 있다.

- 영가설: 성별과 학자금대출 여부는 관련성이 없다. gender ↮ loan_y_n
- 실험가설: 성별과 학자금대출 여부는 관련성이 있다. gender ↔ loan_y_n

카이제곱 값을 얻기 전에 생성한 결과물인 교차표를 보면, 표본의 대략적인 성별 관찰빈도와 기대빈도를 확인할 수 있다. 관찰빈도에 의하면 전체 141명 응답자 중 남학생은 52명, 여학생은 89명이었다. 남학생 52명 중 11명인 21.1%는 학자금대출을 받았고, 39명인 75.0%는 학자금대출을 받지 않았다. 여학생 89명 중 10명인 11.2%는 학자금대출을 받았고, 79명인 88.8%는 학자금대출을 받지 않았다. 즉, 상대적으로 남성일수록 여성보다 학자금대출을 받은 비율이 높았다. 그러나 이것은 표본값으로 모집단에서 유의미한 성별 차이인지 추가 규명이 필요하다. 카이제곱 관찰값을 구함으로써 이 성별 차이가 모집단의 차이인지 아니면 표집오차인지 규명할 수 있다. 두 번째 결과 표에 의하면 카이제곱 값은 6.334이고 자유도는 2, p값은 0.042이다. p값, 즉 임계치에 해당하는 표본분포의 면적값인 p값이 0.042로 유의수준 0.05보다 작으므로 영가설을 기각하고 실험가설을 채택한다. 최종적 결론은 영가설, 즉 성별과 학자금대출 여부는 유의미한 통계적 관련성이 발견되었다.

Chapter

8

t검증

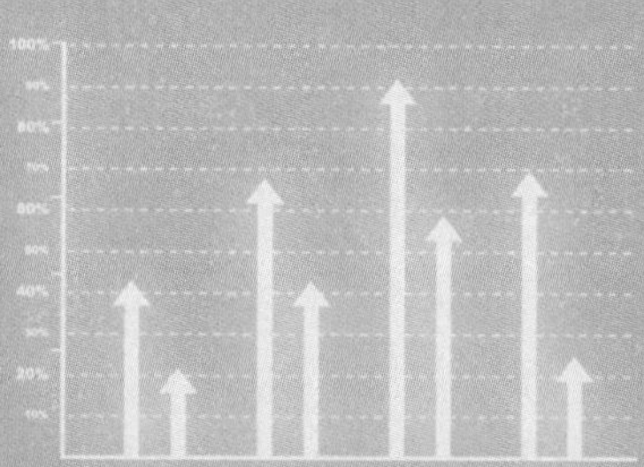

핵심 정리

◎ 독립표본 t검증(Independent samples t-test)

		t검증법 공식, 자유도 공식
변수 요건	• 변수 1: 비연속변수 (요건: 하위범주 2개. 하위범주가 3개 이상인 비연속변수라면 변수의 재코딩을 통해 두 집단으로 재구분한 후 두 집단 간의 평균값을 비교할 수 있음) • 변수 2: 연속변수	t검증법 공식: $t_{obs} = \frac{\overline{X_1} - \overline{X_2}}{\sqrt{\left(\frac{s_1}{\sqrt{n_1}}\right)^2 + \left(\frac{s_2}{\sqrt{n_2}}\right)^2}}$ 자유도: $df = (n_1 - 1) + (n_2 - 1) = n - 2$ $(n = n_1 + n_2)$
독립변수 · 종속변수	• 독립변수: 비연속변수 • 종속변수: 연속변수	
검증 목적	• 두 독립집단 간 평균비교 • 두 변수 간의 통계적 관련성 추정(표집오차인가, 모집단의 차이인가) • 변수 1의 하위속성인 그룹 1과 그룹 2의 변수 2의 평균값을 비교하고 그 값의 차이가 통계적으로 유의미한지를 규명	

◎ 종속표본 t검증(Paired samples t-test)

• 하나의 표본(동일집단)을 대상으로 사전검사, 사후검사를 실시하여 사전 사후 간에 연속변수의 평균값(mean)에 차이가 존재하는지 규명하는 추론통계법

예	• 동일 집단에 우울증 완화 프로그램 시행 후 전후 우울증 평균값 비교 • 어르신 100명을 대상으로 프로그램 시행 후 생활만족도 점수 전후 비교 • 청년 기본소득을 받은 전후 평균값 비교: 청년의 경제적 여유 평균점수 전후 비교
공식 (개념)	종속표본 t검증 관찰치= $t_{obs} = \frac{\left(\frac{\sum D}{n}\right)}{\text{표준오차}} = \frac{\left(\frac{\sum D}{n}\right)}{\frac{S_D}{\sqrt{n-1}}} = \frac{\overline{X}_D}{\frac{\sqrt{\frac{\sum D^2 - \frac{(\sum D^2)}{n}}{n}}}{\sqrt{n-1}}}$
자유도	$n-1$

영가설	실험가설
• 사전 사후 평균값에는 차이가 존재하지 않는다. • 독립변수는 종속변수에 영향을 미치지 않았다. • 개입 P는 종속변수에 영향을 미치지 않았다.	• 사전 사후 평균값에는 차이가 존재한다. • 독립변수는 종속변수에 영향을 미쳤다. • 개입 P는 종속변수에 영향을 미쳤다.

통계는 기술통계와 추리통계로 분류하기도 하지만, 모수통계(parametric statistics)와 비모수 통계(non-parametric statistics)로 구분하기도 한다. 모수통계는 몇 가지 기본 가정을 충족시켜야 한다. 첫째, 모수 통계는 모집단의 분포가 평균을 중심으로 좌우대칭을 이루는 정규분포여야 한다. 둘째, 모집단의 분산이 동일해야 한다. 셋째, 분석에 사용되는 변수가 연속변수여야 한다.

t검증, F검증 등의 통계기법들은 모집단의 속성에 의존하는 검증법으로 모수통계라고 한다. 모수통계 중에서도 집단 간 평균 차이 검증법으로는 t검증법과 F검증법(ANOVA)가 있다. t검증법 중 독립표본 t검증과 종속표본 t검증, F검증은 집단 간 평균 비교가 목적이다. F검증은 목적은 모집단의 3개 이상 집단 간의 평균 차이가 존재하는지 규명하는 것이 목적이지만 원리 자체는 집단 간 분산과 집단 내 분산을 이용해서 규명하는 것이기 때문에 분산분석(analysis of variance: ANOVA)이라고 부른다. F검증은 규명하는 원리가 분산 원리이지만 목적은 모집단에서 세 개 이상의 집단 간 평균값의 차이가 존재하는지, 존재한다면 어느 집단 간에 존재하는지 규명한다.

t검증의 종류는 세 가지이다. 단일표본 t검증(one sample t-test), 독립표본 t검증(independent samples t-test), 종속표본 t검증(paired samples t-test)인데, 분석하는 변수의 종류 및 검증 목적마다 세 가지 검증법을 구분할 수 있어야 한다. 참고로 모수(parameter)는 모집단의 값을 의미하며, 모집단의 평균값은 μ로 표시하고 표본의 평균값은 $\overline{X}$로 표시한다.

1 t검증의 세 가지 종류

t검증은 표본의 평균값, 산술평균(mean, $\overline{X}$)을 이용해서 모집단의 평균값을 검증하거나 집단 간 평균값의 차이를 규명하는 평균분석 기법이다. t검증은 ① 단일표본 t검증, ② 독립표본 t검증, ③ 종속표본 t검증이 있다.

〈표 8-1〉 t검증의 세 가지 종류

	자유도	목적 및 원리
단일표본 t검증	$n-1$	• 평균비교(모집단 평균과 표본의 평균) • μ와 $\overline{X}$의 비교 • 모집단의 평균값 μ와 표본의 평균값 $\overline{X}$의 차이 규명
독립표본 t검증	$(n_1-1)\times(n_2-1)$	• 평균비교(독립된 두 집단의 평균값 비교) • $\overline{X_1}$과 $\overline{X_2}$의 비교 • 표본집단 1의 평균값 $\overline{X_1}$과 표본집단 2의 평균값 $\overline{X_2}$의 차이($\overline{X_1}-\overline{X_2}$)를 통해 이 차이가 모집단에서 집단 간의 평균값의 유의미한 차이로 볼 수 있는지 규명
종속표본 t검증	$n-1$	• 평균비교(동일집단에 사전 사후 평균값 비교) • $\overline{X}_{pre}$와 $\overline{X}_{post}$의 비교 • 동일집단에 프로그램 및 독립변수라 할 수 있는 개입 발생 • 프로그램이나 개입 전후 평균값 비교 • 사전 평균값 $\overline{X}_{pre}$와 사후 평균값 $\overline{X}_{post}$의 차이($\overline{X}_{post}-\overline{X}_{pre}$)를 통해 이 차이가 모집단에서 집단 간의 평균값의 유의미한 차이로 볼 수 있는지 규명

〈표 8-2〉 t검증과 F검증 비교

	평균을 비교하는 t검증과 F검증		
	종속표본 t검증 (동일집단, 사전/사후)	독립표본 t검증 (두 집단, 평균1과 평균2)	F검증 (ANOVA: 분산분석) (세 집단, 평균1, 평균2, 평균3)
검증 목적	• 사전 사후의 연속변수의 평균값이 차이가 존재하는지 규명	• 그룹 1과 그룹 2의 평균값의 차이가 존재하는지 규명	• 그룹 1, 2, 3 등 세 개 이상 집단 간 평균값의 차이가 존재하는지 규명
변수 요건	• 연속변수(사전, pre, t_1) • 연속변수(사후, post, t_2)	• 비연속변수(하위 두 개) • 연속변수	• 비연속변수(하위 세 개 이상) • 연속변수
독립·종속	• 독립변수: 개입 P • 종속변수: 연속변수	• 독립변수: 비연속변수 • 종속변수: 연속변수	• 독립변수: 비연속변수 • 종속변수: 연속변수

2 t검증의 자유도

자유도는 표본에서 자유롭게 변할 수 있는 점수의 수를 의미한다. 한 집단의 표본의 평균값이 정해져 있다면, $n-1$개는 자유롭지만 나머지 1개의 값은 고정되어 있다. 표본의 수가 10개이고, 평균값이 정해져 있다면, 9개 값은 자유롭고, 나머지 1개는 정해진 값을 선택해야 한다.

단일표본 t검증에서는 한 집단의 표본을 다루므로, 자유도는 $n-1$이다. 예를 들어, 100명의 사회복지학과 학생의 월평균 소득(earning)의 평균값($\overline{X}$)을 얻고, 그 값이 전체 모집단의 평균값(μ)과 차이가 있는지 규명하고자 할 때, 자유도는 평균값이 고정되어 있을 때 $n-1$개 값이 자유롭다. 자유도는 100−1=99이다. 독립표본 t검증에서는 독립된 두 표본을 다루므로, 자유도는 집단 1의 자유도는 n_1-1이고, 집단 2의 자유도도 n_2-1이다. 독립표본 t검증의 자유도는 $(n_1-1)+(n_2-1)$, 즉 n_1+n_2-2가 된다. 표본 100명의 사회복지학과 학생의 월평균 소득을 두 독립된 집단, 여학생 집단과 남학생 집단의 평균값의 차이를 계산하고, 그 차이값이 모집단에서의 차이인지 규명하려고 한다. 여학생 60명, 남학생 40명이라면, 자유도는 여학생은 59명의 월소득 값이 자유롭고, 남학생의 39명 월소득의 값이 자유롭다. 즉, 자유도는 (60−1)+(40−1)=98이다.

3 t분포

t검증을 위한 t분포표는 부록에 첨부되어 있다. t분포는 연속적이고 종 모양의 분포이면서 가운데 값이 0인 좌우대칭 모양이지만 표준정규분포와 완전히 같지는 않다. t분포는 표준정규분포곡선과 비슷하지만 중앙이 정규분포곡선보다 납작하며 양끝이 다소 올라가 있다. t분포는 자유도에 따라 모양이 달라지며 자유도가 커질수록, 즉 N값이 커질수록 정규분포에 가까워진다. 사례수가 30 미만일 때, 사례수가 증가하면 t값은 현저하게 줄어든다. 그런데 사례 수가 30이 넘으면 t값의 변화는 미미하고 정규분포와 비슷해진다(임병우 외, 2015). 다음 그림은 확률밀도 함수인 t분포의 함수를 보여 주고, 자유도에 따라서 모양이 달라지는 것을 알 수 있다. 자유도에 따라 t분포의 모양이 달라진다는 것은, 자유도에 따라 영가설을 기각하는 임계치가 달라짐을 의미한다. 따라서 가설검증의 단계에서 자유도를 유념하는 것

은 매우 중요하다. 그리고 결국 자유도는 사례수, 표본수로 결정되는 값이므로, 표본수를 일정 수준 이상으로 설정하는 것이 중요함을 시사한다.

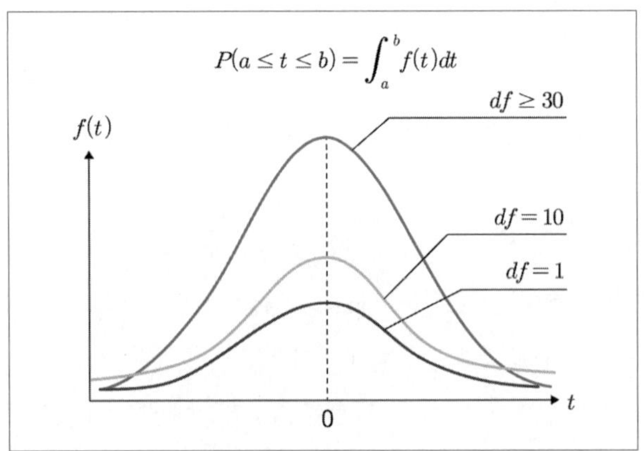

[그림 8-1] 자유도에 따라 달라지는 t분포: 확률밀도함수

4 단일표본 t검증

단일표본 t검증은 표본에서 얻은 표본 평균값이 과연 모집단의 평균값과 같은지 규명하는 것이 목적이다. 모집단의 평균과 표본의 평균 간의 차이를 분석하는 데 사용된다. 예를 들어, 연구자가 기숙사에서 생활하는 학생의 평점과 전체 학생의 평점 간의 차이가 있는지에 관심이 있어 아래와 같은 자료를 얻었다고 가정해 보자.

〈표 8-3〉 모집단과 분포의 평균과 표준편차

	모집단(전체 학생)	기숙사(N=30)
평균	2.00	2.58
표준편차	정보 없음	1.23

〈표 8-3〉의 자료를 보면 Z검증에서 다루었던 사례와 차이가 있다. Z검증의 사례에서는 모집단의 표준편차가 제시되었던 반면, 본 사례에서는 모집단의 표준편차를 모르고 대신 표본의 표준편차가 제시되었다. 이와 같이 모집단의 표준편차를 알지 못하는 경우 t검증을 사용하게 된다. 독립표본 t검증의 t값은 다음과 같은 공식으로 구할 수 있다.

$$t = \frac{\overline{X} - M}{\frac{S}{\sqrt{N-1}}} = \frac{2.58 - 2.00}{\frac{1.23}{\sqrt{29}}} = \frac{0.58}{0.23} = 2.52$$

계산된 t값을 가지고 모집단의 평균과 표본의 평균의 차이가 없다는 영가설을 검증하기 위해서 먼저 유의수준을 정하고 자유도를 계산한다. 일반적인 경우처럼 유의수준을 0.05로 하고 자유도가 30−1=29일 때의 t값을 부록에 있는 t 분포표를 이용해서 찾아보면 2.045이다. 따라서 영가설이 기각되어 '전체 학생의 평점과 표본의 평점은 같지 않다'라고 결론지을 수 있다.

5 독립표본 t검증

하위속성이 두 개이자 두 집단인 비연속변수와 연속변수 간의 관계를 규명하는 두 집단 간 평균값의 비교이므로 적용하는 추론통계법은 독립표본 t검증이다. 두 독립표본 t검증은 연구자가 하위범주가 두 개를 가진 비연속변수 하나와 평균값을 비교할 연속변수 하나를 선정하면 이해하기 쉽다. 하위속성이 두 개이자 두 개 집단인 비연속변수 하나를 독립변수로, 연속변수 하나를 종속변수로 설정하면 독립표본 t검증을 쉽게 연습해 볼 수 있다.

1) 독립표본 t검증 가설검증의 절차

① 가설의 설정

독립표본 t검증에서 영가설과 실험가설은 여러 형태로 기술할 수 있다. 영가설은 '두 집단의 평균값이 같다', 실험가설은 '두 집단의 평균값이 같지 않다(차이가 있다)'로 기술한다. 이 경우 두 집단의 평균값은 모집단의 평균값을 의미하므로, 표본의 평균값인 $\overline{X}$가 아닌 μ를 사용한다.

H_0: $\mu_1 = \mu_2$ 독립된 두 집단의 평균값은 같다.
H_1: $\mu_1 \neq \mu_2$ 독립된 두 집단의 평균값은 같지 않다.

H_0: $\mu_1 = \mu_2$ 남성(집단 1)과 여성(집단 2)의 월급 평균값에는 차이가 없다.
H_1: $\mu_1 \neq \mu_2$ 남성(집단 1)과 여성(집단 2)의 월급 평균값에는 차이가 있다.

영가설과 실험가설을 기술했으면, 표본조사 결과 얻은 표본의 데이터로 성별(gender)이 월급(salary)에 영향을 미치는지, 따라서 여성과 남성의 월급 평균값(표본값) 차이가 표집과정의 단순한 오차가 아니라 모집단에 존재하는 차이인지 규명하고자 한다. 즉, 그룹 1의 평균값과 그룹 2의 평균값의 차이 $\overline{X}_1 - \overline{X}_2$가 오차 대비 어느 정도인지, 즉 이 차이가 표집과정의 오차인지 모집단에서 존재하는 통계적으로 유의미한 차이인지를 규명하는 것이 목적이다.

② t 관찰값(t^2_{obs}) 구하기

독립표본 t검증 공식은 두 집단 간의 평균값의 차이가 표준오차 대비 어느 정도인지를 원리로 한다. 그래서 독립표본 t검증 공식은 집단 1의 평균과 집단 2의 평균의 차이를 표준오차로 나눈 값이다.

$$\text{공식: } t = \frac{\text{집단 1의 평균값} - \text{집단 2의 평균값}}{\text{전체의 표준오차}} = \frac{\overline{X}_1 - \overline{X}_2}{\text{전체의 표준오차}}$$

$$\text{각 집단의 표준오차} = \frac{\text{각 집단의 표준편차}}{\sqrt{\text{사례수}}} = \frac{s}{\sqrt{n}}$$

$$\text{전체의 표준오차} = \sqrt{\sum(\text{각 집단의 표준오차})^2} = \sqrt{\left(\frac{s_1}{\sqrt{n_1}} + \frac{s_2}{\sqrt{n_2}}\right)^2}$$

성별(gender) 변수로 구분되는 집단 1(남성)과 집단 2(여성)로 구분하면 다음 〈표 8-4〉와 같다. 독립표본 t검증의 예로, 비연속변수가 gender이고, 연속변수가 salary인 경우를 보자.

〈표 8-4〉 독립표본 t검증의 예

<table>
<tr><th colspan="2">선택한 두 변수</th><th colspan="4">집단 1(남자) & 집단 2(여자)</th></tr>
<tr><th>gender
(비연속 변수)</th><th>salary
(연속변수, 단위: 만 원)</th><th colspan="2">남자</th><th colspan="2">여자</th></tr>
<tr><td>1(남)</td><td>30</td><td colspan="2">30</td><td colspan="2">20</td></tr>
<tr><td>2(여)</td><td>20</td><td colspan="2">40</td><td colspan="2">40</td></tr>
<tr><td>1(남)</td><td>40</td><td colspan="2">50</td><td colspan="2">30</td></tr>
<tr><td>1(남)</td><td>50</td><td>집단 1 평균
$\overline{X_1}$</td><td>$\frac{(30+40+50)}{3}$
=40(만 원)</td><td>집단 2 평균
$\overline{X_2}$</td><td>$\frac{(20+40+30)}{3}$
=30(만 원)</td></tr>
<tr><td>2(여)</td><td>40</td><td>집단 1 표준편차
s_1</td><td>8.165</td><td>집단 2 표준편차
s_2</td><td>8.165</td></tr>
<tr><td>2(여)</td><td>30</td><td>n_1</td><td>3</td><td>n_2</td><td>3</td></tr>
<tr><td>n</td><td>6</td><td></td><td></td><td></td><td></td></tr>
</table>

〈표 8–4〉와 같이 기술 통계치가 주어질 경우 가설검증에 필요한 표준오차는 다음 공식을 이용하여 구한다. 앞의 공식의 과정을 통하여 구한 성별 표준오차 및 전체 표준오차는 다음과 같다.

$$\text{집단 1 남자 표준오차} = \frac{8.165}{\sqrt{3}} = 4.71$$

$$\text{집단 2 여자 표준오차} = \frac{8.165}{\sqrt{3}} = 4.71$$

$$\text{전체의 표준오차} = \sqrt{(4.71)^2 + (4.71)^2} = 6.67$$

표본조사 결과 얻은 t의 관찰값을 다음과 같이 구한다.

$$t_{obs} = \frac{40 - 30}{6.67} = 1.50$$

③ 유의수준 결정 & 자유도 계산

공식을 사용하여 구한 t 관찰값은 1.50이다. 다음 단계로 유의수준 결정과 자유도 계산이 필요하다. 독립표본 t검증은 자유도가 각 집단마다 한 수치를 제외하고는 자유롭다는 자유도의 개념을 적용하면, $(n_1 - 1) + (n_2 - 1)$으로 얻을 수 있다. 앞서 제시한 표본값의 경우 여성 3명, 남성 3명이므로 자유도는 (3−1)+(3−1)=6−2=4이다. 유의수준은 연구자가 연구목적 및 통계적 엄격성에 맞춰 결정하는데, 여기서는 0.05를 사용하기로 한다. 관찰치 t_{obs}가 1.50이고 t분포표에서 자유도 4, 유의수준 0.05에 맞는 임계치 t_{crit}는 2.776이다(부록의 t분포표 참조).

④ 결과의 해석 및 결론

독립표본 t검증 결과, 관찰치가 임계치보다 작으므로 영가설을 채택한다. 여성, 남성 두 집단의 월급(salary) 평균값의 차이 10만 원은 표집과정의 오차로 추정되며, 모집단에서 존재하는 통계적으로 유의미한 두 집단 간의 차이로 보이지 않는다. 결론적으로 영가설, 즉 두 집단 간 평균은 동일하다($\mu_1 = \mu_2$)고 추론된다. 모집단에서 독립된 두 집단의 평균값은 차이가 존재하지 않는 것으로 추정된다. 그리고 이 검증의 결론은 유의수준 0.05를 적용하였으므로 이 결론에 대해서는 95%의 신뢰도와 5%의 오류 가능성이 존재함을 의미한다.

관찰치와 임계치의 비교

- 1.5(관찰치) $\leq$ 2.776(임계치)
- $t_{obs} \leq t_{crit}$: t_{obs}가 t분포상의 기각영역에 포함되지 않음

가설검증의 결론

- 영가설을 기각하지 못함. 영가설을 채택
- 여성과 남성 두 집단의 월급(salary) 평균값의 차이 10만 원은 표집과정의 오차로 추정되며, 모집단에서 존재하는 통계적으로 유의미한 두 집단 간의 차이로 볼 수 없음
- 결론적으로 영가설을 채택하며 독립된 두 집단의 평균값은 차이가 존재하지 않는 것으로 추정됨
  $$\mu_1 = \mu_2$$
- 단, 이 결론에 대해서는 95%의 신뢰도, 5%의 오류 가능성이 존재함

6 종속표본 t검증

독립표본 t검증은 기본 원리가 평균 비교법으로, 독립적인 두 모집단에서 각각 표본을 추출한 다음, 두 그룹의 동일값 평균치의 차이가 표집과정의 오차인지 두 모집단 간에 존재하는 차이인지를 검증하는 것이었다. 예를 들어, 여성과 남성의 월 소득 평균값이 차이, 여성과 남성의 경력연수 평균값의 차이, 한국인과 비한국인 집단 간의 연 소득 평균값의 차이 등이 독립표본 t검증으로 검증 가능한 평균 비교 가설이다. 독립표본 t검증은 중첩이 없는 독립된 두 집단 간에 동일한 연속변수의 평균값 차이 여부를 검증하는 것이라고 할 수 있다.

반면 종속표본 t검증(paired samples t-test)은 이와 유사하게 t검증을 통하여 두 집단 간 차이 검증을 하면서도, 검증통계량의 산출과정이 조금 다르다. 하나의 표본집단을 대상으로 상이한 두 상황 간에 차이값을 검증하거나, 어떠한 개입이나 사건을 중심으로 그 표본의 사전 평균값($\overline{X}_{pre}$)과 사후 평균값($\overline{X}_{post}$)의 차이가 표집과정의 오차인지 혹은 사건 전후에 평균값의 차이가 모집단에 존재하는 차이인지 규명하는 것이다. 종속표본 t검증을 활용할 수 있는 예로, 노인 우울증 완화 프로그램 실행 전후 대상 노인들의 우울증점수 평균값 비교, 여성 취업촉진프로그램 참여 전후 모집단의 취업률의 변화 등이 있다. 종속표본 t검증은 평균 비교법이지만, 동일한 모집단에 대한 평균 비교법이라는 점에서 독립표본 t검증과 구별된다.

1) 종속표본 t검증: 가설검증의 절차

① 가설의 설정

종속표본 t검증에서 영가설과 실험가설은 여러 형태로 기술할 수 있다. 영가설은 '사전 사후 평균값이 동일하다', 실험가설은 '사전 사후 평균값이 동일하지 않다'로 기술한다. 여기에서 평균값은 모집단의 평균값을 의미하므로, 표본의 평균값인 $\overline{X}$ 가 아닌 μ를 사용한다. 예를 들어, 노인이라는 동일 표본 집단을 대상으로 우울증 완화 프로그램을 수행한 후 우울증의 사전 점수와 사후 점수를 조사했다고 가정하자.

H_0: $\mu_{pre} = \mu_{post}$ 사전 사후 평균값은 같다.
H_1: $\mu_{pre} \neq \mu_{post}$ 사전 사후 평균값은 같지 않다.

H_0: $\mu_{pre} = \mu_{post}$ 노인의 우울증 점수(사전)과 노인의 우울증 점수(사후)의 평균값에는 차이가 없다.
H_1: $\mu_{pre} \neq \mu_{post}$ 노인의 우울증 점수(사전)과 노인의 우울증 점수(사후)의 평균값에는 차이가 있다.

② 검증방법의 결정과 t 관찰값

영가설과 실험가설을 기술했으면 추론통계 검증법을 결정하고 관찰값을 계산한다. 특정 상황 전후 혹은 프로그램 개입 전후 검증하고자 하는 변수값의 평균의 사전 사후 차이값(D)이 표집과정에서 발생한 오차인지 아니면 모집단에 존재하는 사전 사후 평균값의 차이인지 규명하고자 한다. 동일 표본에 대한 사전 사후 평균값의 차이 검증으로 종속표본 t검증을 적용하고 그 관찰값을 계산한다. 노인이라는 한 표본 집단을 대상으로 우울증 완화 프로그램을 수행한 후 우울증의 사전 점수와 사후 점수를 조사한 결과 다음과 같다. 프로그램 수행 사전 점수와 수행 사후 점수의 차이값을 D로 계산한다.

〈표 8-5〉 프로그램 수행, 사전 사후 종속표본 t검증 관찰값 계산 절차

표본	우울증 점수 (사전)	우울증 점수 (사후)	D	$D-\overline{D}$	$(D-\overline{D})^2$
1	10	10	0	3	9
2	11	10	−1	2	4
3	11	11	0	3	9
4	15	14	−1	2	4
5	16	10	−6	−3	9
6	17	10	−7	−4	16
7	20	15	−5	−2	4
8	20	16	−4	−1	1
9	20	19	−1	2	4
10	25	20	−5	−2	4
		$\sum D$	−30	합계	64
		$\overline{D}$	$-\frac{30}{10}=-3$		

$\overline{D}$의 평균을 $\mu_{\overline{D}}$, $\overline{D}$의 표준편차를 $S_{\overline{D}}$, D의 표준편차를 S_D라고 하면 각 값에 대한 공식은 다음과 같다.

$$\mu_{\overline{D}} = \mu_{pre} - \mu_{post}$$

$$S_{\overline{D}} = \frac{S_D}{\sqrt{n}}$$

$$\text{D의 표준편차} = S_D = \sqrt{\frac{\left\{\sum(D-\overline{D})^2\right\}}{n-1}} = \sqrt{\frac{64}{10-1}} = 2.67$$

$$\text{종속표본 } t\text{검증 관찰치} = t_{obs} = \frac{\overline{D}-\mu_{\overline{D}}}{S_{\overline{D}}} = \frac{\overline{D}-(\mu_{pre}-\mu_{post})}{\frac{S_{\overline{D}}}{\sqrt{n}}} = \frac{-3-0}{\frac{2.67}{\sqrt{10}}} = -1.625$$

③ 유의수준 결정 & 자유도 계산

관찰치를 얻으면 다음 단계로 유의수준 결정과 자유도 계산이 필요하다. 종속표본 t검증은 동일 표본이므로 자유도(df)는 $n-1$로 계산한다. 예로 제시한 표본값의 자유도는 10−1=9이다. 유의수준은 연구자가 연구목적 및 통계적 엄격성에 맞춰 결정하는데, 여기서는 0.05를 사용한다. 관찰치 t_{obs}가 −1.625이고 t분포표에서 양측검증의 경우 자유도 9, 유의수준 0.05에 해당하는 임계치 t_{crit}는 2.262이다. 관찰치가 음수가 나온 것은 개입 프로그램 후 우울증 점수의 감소를 의미하는 것으로, 양측검증의 경우 그 값의 절대값과 임계치의 비교가 가능하다.

④ 결과의 해석 및 결론

종속표본 t검증 결과, 관찰치가 임계치보다 작으므로 영가설을 채택한다. 우울증 완화 프로그램 사전 사후의 우울증 점수 표본 평균값의 차이는 표집과정의 오차로 추정되며, 모집단에서 존재하는 통계적으로 유의미한 사전 사후평균값을 차이로 볼 수 없다. 모집단의 사전 사후 평균값은 동일한 것으로 추정된다. 유의수준 0.05를 적용하였으므로 이 통계적 추론에는 95%의 신뢰도 및 5%의 오류 가능성이 존재함을 의미한다.

관찰치와 임계치의 비교

- 1.625(관찰치) $\leq$ 2.262(임계치)
- $t_{obs} \leq t_{crit}$: t_{obs}가 t분포상의 기각영역에 포함되지 않음

가설검증의 결론

- 영가설을 기각하지 못함. 영가설을 채택
- 우울증 완화 프로그램 사전 사후의 우울증 점수 표본 평균값의 차이는 표집과정의 오차로 추정되며, 모집단에서 존재하는 통계적으로 유의미한 사전 사후의 차이로 볼 수 없음
- 결론적으로 영가설을 채택한다. 모집단의 사전 사후 평균값은 동일한 것으로 추정됨
  $\mu_1 = \mu_2$
- 유의수준 0.05를 적용했으므로, 이 결론에 대해서는 95% 신뢰도, 5%의 오류 가능성이 존재함

과제 및 토론

- 독립표본 t검증을 수행하려 한다.
- 분석하고자 하는 변수를 두 개 선정하시오.
- 영가설과 실험가설을 세우시오.
- t_{obs} 값을 계산하고, 계산과정을 보이시오.
- 가설검증의 절차에 맞춰, 결과를 해석하시오(유의수준 $\alpha = 0.05$).

	독립표본 t검증: 가설검증의 절차
변수 선정	변수 1 변수 2
영가설과 실험가설 기술	영가설 실험가설
t_{obs} 값 계산	
유의수준과 자유도	유의수준 자유도(df)
t_{crit} 값(t 분포 이용)	
결론 및 해석	

SPSS 실습 - 독립표본 t검증

실습 과제 독립표본 t검증을 수행하려고 한다. 적절한 두 변수를 선택하고, 가설을 세운 후 독립표본 t검증을 수행하고 결과를 해석하시오.

비연속변수인 성별(gender)과 연속변수인 월 소득(월급)(salary) 변수를 선택하고 다음과 같은 가설을 세운다.

H_0: $\mu_1 = \mu_2$ 남성(집단 1)과 여성(집단 2)의 월급 평균값에는 차이가 없다.

H_1: $\mu_1 \neq \mu_2$ 남성(집단 1)과 여성(집단 2)의 월급 평균값에는 차이가 있다.

두 독립된 모집단에서 salary의 평균값의 차이가 존재하는지 규명하고자 독립표본 t검증으로 가설을 검증하려고 한다.
데이터보기 화면 → 분석 → 평균 비교 → 독립표본 T검정을 선택한다.

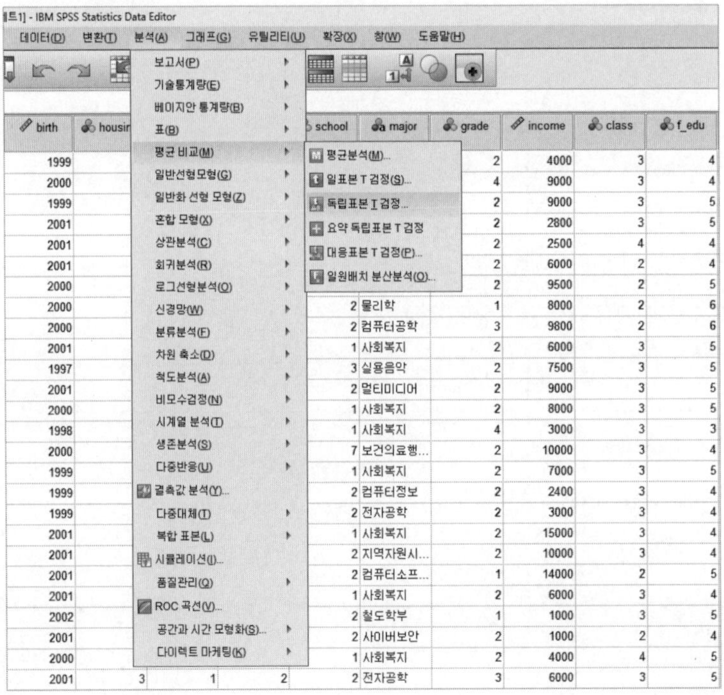

화면에서 집단 변수 칸에, gender(성별) 변수를 이동시키면 변수 옆에 (? ?)라는 표시를 확인할 수 있다.

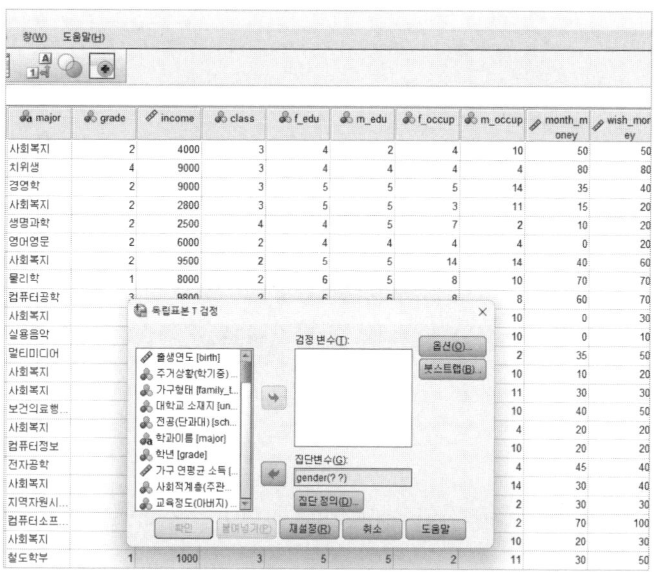

하단에 '집단 정의' 버튼을 클릭하면, 다음과 같은 화면에서, 집단 1에 코딩값 1(여성)과 집단 2에 코딩값 2(남성)를 입력한다.

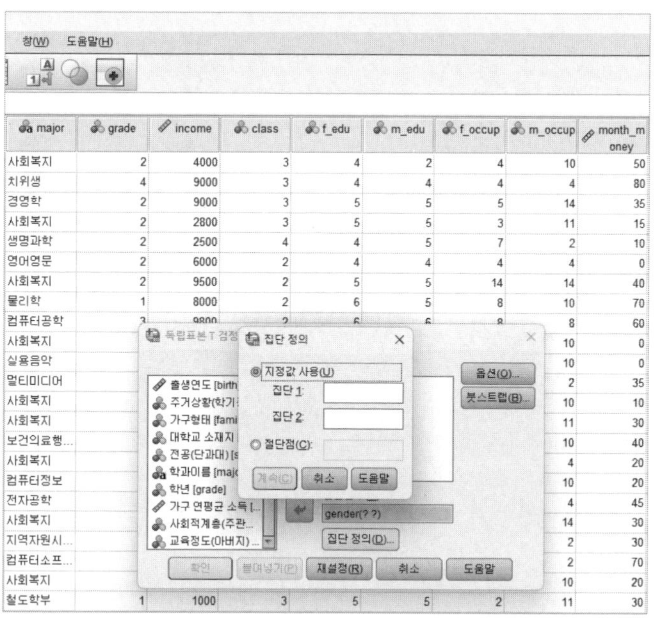

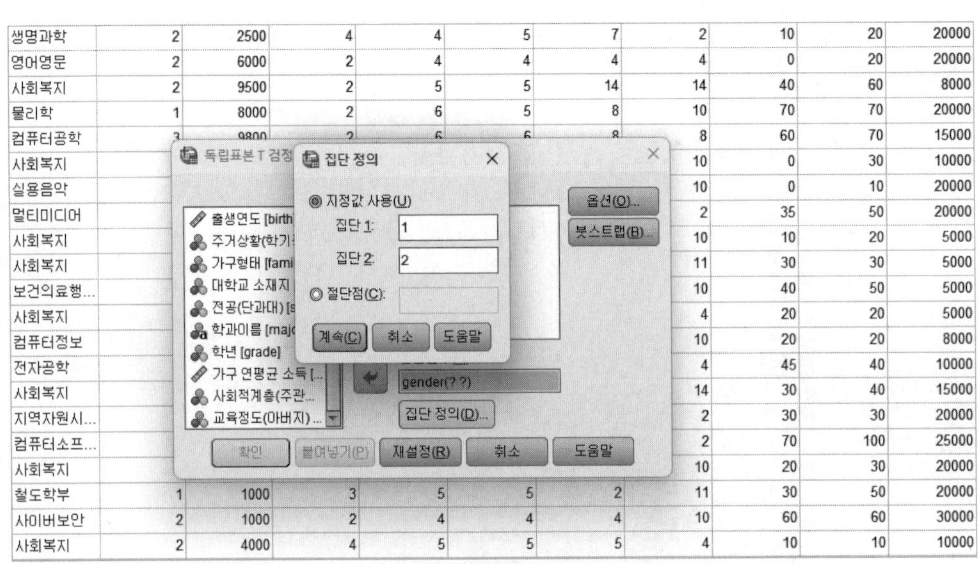

입력한 후 '계속' 버튼을 클릭하면, gender 열에 (? ?)가 (1 2)로 바뀜을 다음과 같이 확인할 수 있다.

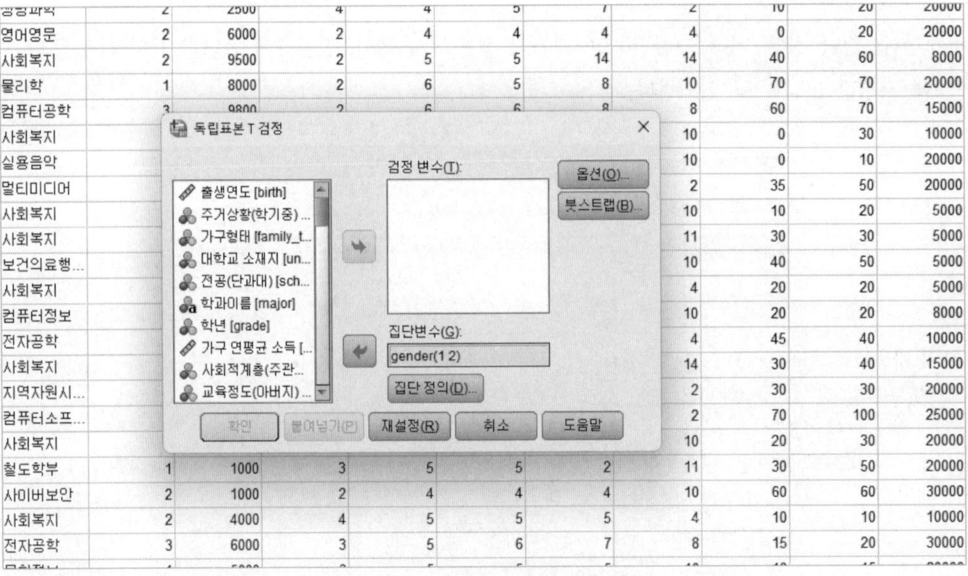

종속변수로 설정한 변수 salary를 왼쪽 칸에서 선택하고 가운데 화살표 버튼을 눌러서 검정 변수 박스로 보낸다.

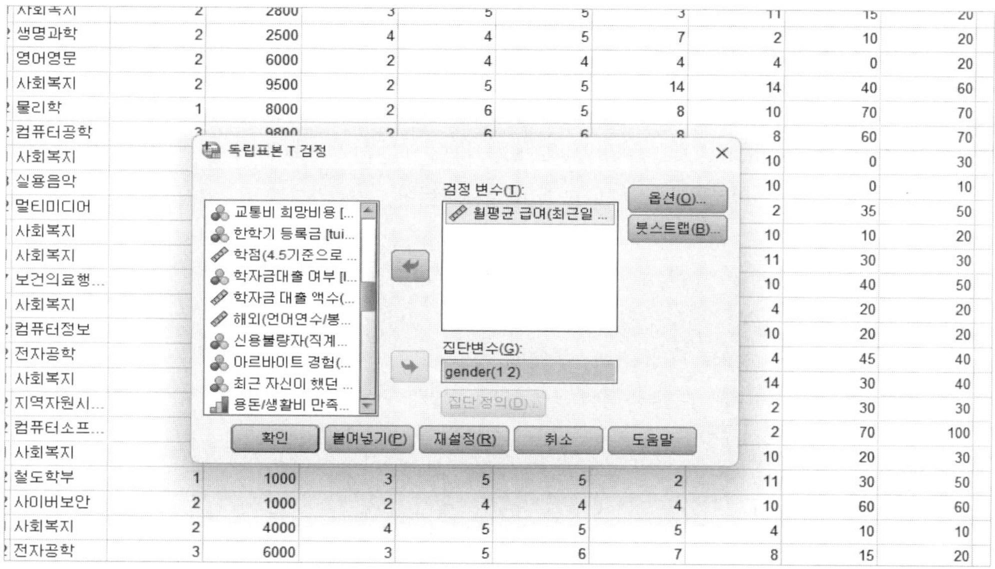

다음과 같은 출력 결과물을 얻을 수 있다.

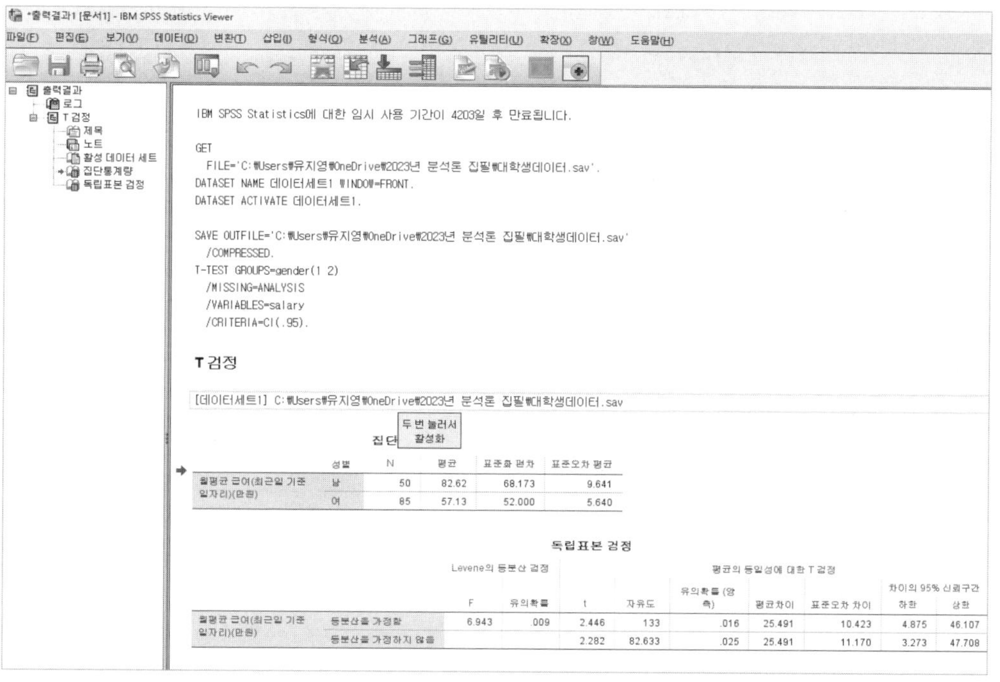

결과에 대한 해석의 예시는 다음과 같다.

연구자는 비연속변수인 성별(gender)과 연속변수인 월 소득(월급)(salary) 간의 관련성이 존재하는지, 모집단에서 남성과 여성 두 독립된 집단 간의 월급 평균값의 차이가 존재하는지 규명하고자 한다.

H_0: $\mu_1 = \mu_2$ 남성(집단1)과 여성(집단2)의 월급 평균값에는 차이가 없다.

H_1: $\mu_1 \neq \mu_2$ 남성(집단1)과 여성(집단2)의 월급 평균값에는 차이가 있다.

SPSS 분석 결과에서 보이는 기술통계값, 표본값은 남성은 50명으로 월급 평균값이 82.62만 원이고, 여성은 총 85명이 응답하였는데 이들의 월급 평균값은 57.13만 원이다. 표본값에 의하면 남성이 여성보다 약 26만 원 가량 높은 것으로 나타나는데, 이 성별 차이가 표집오차 때문인지 모집단에서도 존재하는 유의미한 차이인지 독립표본 t검증을 통해 규명하고자 SPSS를 활용해 독립표본 t검증을 수행한 결과, t값은 2.446이고, 이것의 p값은 0.016이다. p값이 유의수준 0.05보다 작으므로, 이 t값은 영가설 기각 영역에 포함된다. 따라서 영가설을 기각하고 실험가설을 채택한다. 결론적으로 말하면 성별 변수는 월급 변수와 관련성이 있고 성별에 따라 월급의 평균값에 차이가 존재하는 것으로 추론된다.

Chapter

9

분산분석

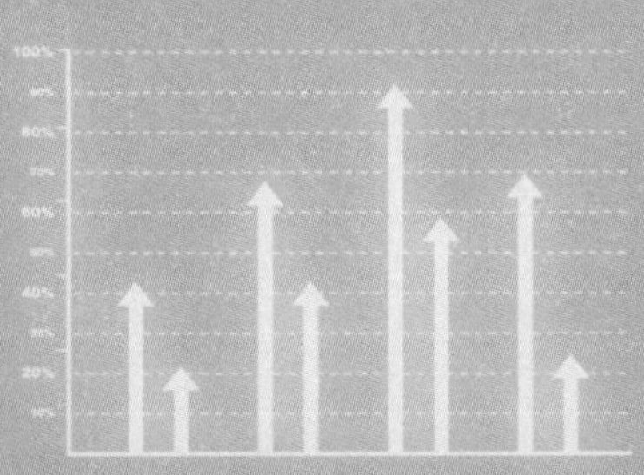

핵심 정리

◎ ***F*검증 = 분산분석, ANOVA(Analysis of Variance)**

- 비연속변수(하위그룹 세 개 이상) & 연속변수
- 집단 간 평균차이 검증
- *t* 검증을 통해 평균비교를 여러 번 실시하는 번거로움, 오류 가능성 증가를 방지하기 위해 사용하는 검증법
- 목적은 세 개(이상) 집단 간의 평균 차이가 존재하는지 규명하는 데에 있지만, 공식과 원리는 집단 간 분산과 집단 내 분산의 비교

- **영가설**: 세 모집단의 평균값은 동일하다(차이가 없다).
- **실험가설**: 세 모집단의 평균값은 동일하지 않다(동일하지 않은 경우는 여러 개의 경우의 수가 존재함).

$$H_0:\ \mu_1 = \mu_2 = \mu_3$$
$$H_1:\ \sim(\mu_1 = \mu_2 = \mu_3)$$
$$\mu_1 \neq \mu_2 \neq \mu_3$$
$$\mu_1 = \mu_2 \neq \mu_3$$
$$\mu_1 \neq \mu_2 = \mu_3$$

$$F \text{ 공식} = \frac{\text{mean square between group}}{\text{mean square within group}} = \frac{MS_b}{MS_w}$$
$$= \frac{\dfrac{SS_b}{k-1}}{\dfrac{SS_w}{n-k}}$$
$$= \frac{\dfrac{(\overline{X_1} - \overline{\overline{X}})n_1 + (\overline{X_2} - \overline{\overline{X}})n_2 + (\overline{X_3} - \overline{\overline{X}})n_3}{k-1}}{\dfrac{\sum(X_1 - \overline{X_1})^2 + \sum(X_2 - \overline{X_2})^2 + \sum(X_3 - \overline{X_3})^2}{n-k}}$$

- 분산분석의 자유도: $df_1 = k-1,\ df_2 = n-k$

1 분산분석이란

분산분석 혹은 변량분석인 F검증이라는 이름은 이 검정법을 개발한 피셔(R. A. Fisher)의 이름에서 유래했다. 모집단의 특성을 추론하는 추론통계로서, F검증은 모집단의 집단 간의 평균 비교가 목적이지만, 통계 원리 자체는 분산의 비교이다. 분석의 원리상 분산을 이용하는 것이지, 추론통계인 F검증의 목적은 모집단에서 집단 간 평균값의 차이가 존재하는지 규명하는 것이다.

모집단에서 집단 간 평균값의 차이가 존재하는지, 즉 다시 말하면 표본값에서 보이는 집단 간 평균값의 차이가 통계적으로 유의미한지 규명하는 추론통계는 t검증이 있었다. t검증도 집단 간 평균값을 비교하는 것이고, F검증도 집단 간 평균값을 비교하는 것이다. 두 방법의 차이는, 비교하는 집단이 두 개이면 t검증을 사용하고, 세 개 이상이면 F검증을 사용한다. 단, t검증의 원리는 집단 간 평균값을 차이를 이용하고, F검증은 집단 간 그리고 집단 내 분산값의 차이를 이용하는 원리이다. t검증은 t값 공식 자체에 평균값이 이용되고 F검증은 F값 공식에 분산값이 이용된다. 그래서 F검증은 분산분석이다. 그렇다면 집단이 세 개 이상일 때, 왜 t검증보다 F검증을 사용해야 할까? 예를 들어 보자.

<table>
<tr><td>변수 1</td><td>class_new</td><td>응답자의 주관적 판단에 의한 계층
(재코딩한 변수)</td><td>비연속변수
(명목변수)</td><td>1: 상층 2: 중층 3: 하층</td></tr>
<tr><td>변수 2</td><td>income</td><td>작년 가구 연 소득</td><td>연속변수
(비율변수)</td><td>연속적 숫자</td></tr>
<tr><td colspan="5">상층, 중층, 하층 연 소득 평균값에는 차이가 존재하는가?
(표본평균값 $\overline{X}$ 간의 차이)
그리고 그 차이는 통계적으로 유의미한가?
(표집오차가 아니나, 모집단의 평균값 μ 간의 차이인가?)
→ F검증으로 규명
F의 관찰값$= F_{obs} = \dfrac{\text{집단 간 분산}}{\text{집단 내 분산}}$</td></tr>
</table>

F공식은 집단 간 분산을 집단 내 분산으로 나눈 값으로, 집단 간 분산이 클수록 그리고 집단 내 분산이 작을수록 계산값으로 얻는 F_{obs} 값이 커지고 영가설을 기각할 가능성이 커지는 원리이다. 예를 들어, class_new 변수는 상층(1), 중층(2), 하층(3)으로 코딩되어 있다. 각 계층 집단마다 연속변수인 income(가구 전체 연 소득)의 평균값의 차이가 존재하는지, 그리고 그 차이가 통계적으로 유의미하여 모집단의 차이로 추정할 수 있는지 규명해 보고자 한다. 영가설과 실험가설을 세워 보자.

- 영가설: (모집단에서) 세 계층 간 연 소득 평균값은 동일하다(차이가 없다).

$$H_0 : \mu_1 = \mu_2 = \mu_3$$

- 실험가설: (모집단에서) 세 계층 간 연 소득 평균값은 동일하지 않다(차이가 있다).

$$H_1 : \sim (\mu_1 = \mu_2 = \mu_3)$$

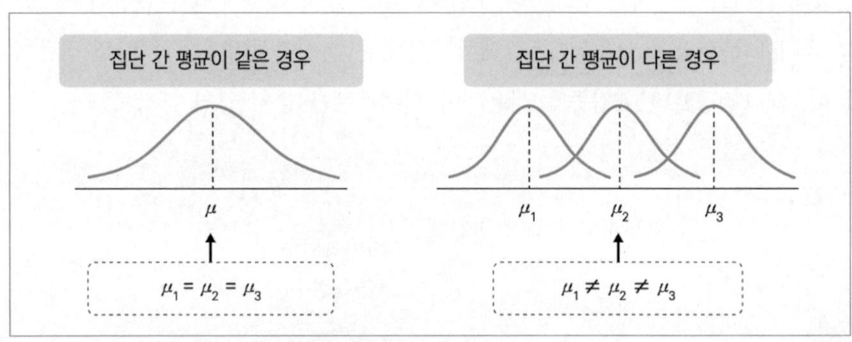

[그림 9-1] 집단 간 평균이 같은 경우 vs. 집단 간 평균이 다른 경우
[모집단의 평균값, $(\mu_1 = \mu_2 = \mu_3)$]

평균값의 차이가 존재하는지에 대한 규명이므로, 두 집단마다 t검증을 실행해서 비교하는 방법이 있을 수 있다. 그러나 이를 t검증을 이용하여 분석한다면 t검증은 두 집단만을 비교할 수 있기 때문에 경우의 수마다 상층–중층, 상층–하층, 중층–하층으로 t검증을 세 번 실시해야 한다. 여러 번 t검증을 반복할 수 있다. 그러나 몇 가지 문제점이 있다. 첫째, t검증을 여러 번 반복해야 하므로 불편하고 번거롭다. 세 집단인 경우는 세 번 수행하면 되지만, 집단이 네 집단 이상이 되면, t검증을 두 집단이 나오는 경우의 수마다 매우 여러 번 실시해야 한다. 둘째, t검증을 여러 번 반복하다 보면 통계적 오류의 가능성이 축적된다. 제1종 오

류와 관계되어 더 큰 문제를 제기한다. 일반적으로 대부분의 연구에서 제1종 오류를 범할 확률은 .05로 설정하는데 이는 통계적으로 유의미하지 않은 결과를 유의미한 것으로 받아들이는 오류를 말한다. t검증을 여러 번 실시하면 검증을 할 때마다 제1종 오류가 증가하여 유의미하지 않은 결과를 유의미한 결과로 받아들이는 오류가 커지는 문제가 제기된다.

종합적으로 말하면, 세 집단 이상을 비교할 경우에는 t검증을 여러 번 수행하는 것보다는 분산의 차이를 원리로 이용하되 3개 이상의 집단 간 평균비교를 할 수 있는 F검증을 사용하는 것이 더욱 통계적으로 오류를 최소화하는 방안이다. 변량분석을 이용하기 위해서는 각 표본이 정규집단으로부터 나온 것이며 이들 각 모집단은 동일한 분산을 갖는다는 것을 가정한다. 그러나 충분한 표본크기라면 정규성의 가정은 불필요하며 따라서 카이제곱 검증과 같은 비모수검증법과는 달리 표본크기를 충분히 크게 갖추는 것이 중요하다고 하겠다.

2 분산분석의 원리

F검증의 원리는 집단 간 분산과 집단 내 분산을 비교하는 것이다. 앞서 제시한 F검증의 계산 공식은 다음과 같다.

$$F\text{의 관찰값} = F_{obs} = \frac{\text{집단 간 분산}}{\text{집단 내 분산}}$$

집단 내의 차이가 비교해서 집단 간의 차이가 클 경우 변량분석을 위한 영가설, 즉 집단 간의 차이가 없다는 영가설을 기각할 가능성이 높아진다. 그러나 역으로 집단 간의 차이가 작고 집단 내의 차이가 클 경우 영가설을 기각할 가능성은 낮아진다.

다음 그림의 왼쪽은 집단 내 분산은 상대적으로 작고, 집단 간 분산은 큰 경우를 보여 준다. 오른쪽은 집단 내 분산이 상대적으로 크고, 집단 간 분산이 작은 경우를 보여 준다. 분산분석을 수행할 경우, 계산된 F값은 왼쪽의 경우라면 상대적으로 큰 값을 얻을 것이고, 오른쪽은 F값이 작게 도출될 것이다. 집단 간 분산과 평균값의 위치가 왼쪽일 경우는 F의 관찰값이 클 것이며, 그 관찰값이 F분포상 임계치보다 커서 집단 간 평균값의 차이가 없다는 영가설이 기각될 가능성이 크다.

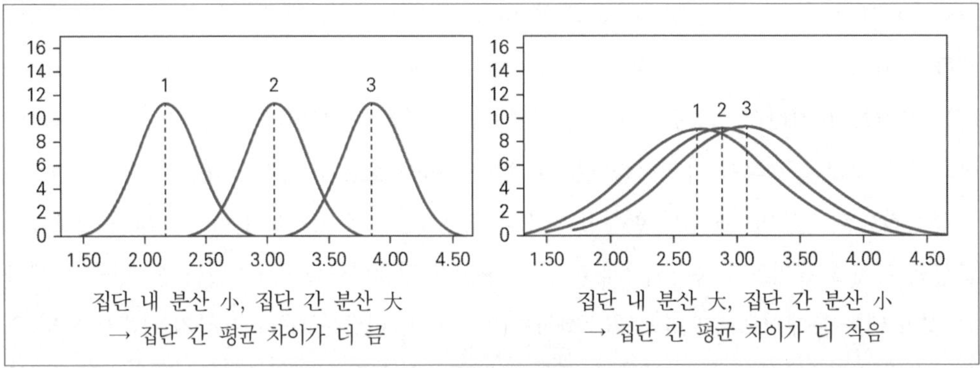

[그림 9-2] 집단 내 분산은 작고 집단 간 분산은 큰 경우 vs. 집단 내 분산은 크고 집단 간 분산은 작은 경우

분산분석에서 분자인 집단 간 분산이 분모인 집단 내 분산보다 현저히 크다는 것은 F관찰값(F_{obs})이 현저히 큼을 의미한다. 현저히 크다는 것의 기준은 바로 임계치 값 이상이라는 것, 즉 정해진 유의수준일 때 F관찰값이 F임계치보다 같거나 클 때, 혹은 F값의 p값이 유의수준보다 작거나 같을 때를 말한다. 이 기준에 맞을 때 영가설을 기각하게 되고 집단 간 분산이 집단 내 분산보다 현저히 크며, 그것이 표집과정의 오차가 아니라 모집단의 특성이라고 추론할 수 있는 것이다. 임계치는 자유도 값이 결정되면 F분포에서 결정되는 값으로, F분포의 성격 및 특성을 이해할 필요가 있다.

3 F분포의 특성

F분포란 두 가지 자유도 $df_1 = k-1$, $df_2 = n-k$와 $F = \dfrac{MS_b}{MS_w}$ 값들이 이루는 분포를 가리킨다. F분포는 정규분포가 아닌 정적분포로 나타난다. t분포와 마찬가지로 F분포도 표본의 크기에 영향을 받는다. 그러나 F분포는 집단 수에도 영향을 받는다는 점에서 t분포와 다르다.

F분포는 두 분산의 비율에 관한 분포라는 점에서 다른 확률분포에 비해 특징적인 성격을 갖고 있다. 그 특성은 다음과 같다. F분포는 연속적 확률변수로서, 대체로 오른쪽 꼬리분포를 이룬다. 두 가지 자유도 값 df_1과 df_2에 따라 F분포의 형태가 다양하게 변한다. 두 번째 자유도인 $df_2 = n-k$가 클수록, 즉 자료의 개수가 많을수록 정규분포 모양에 가까워진다.

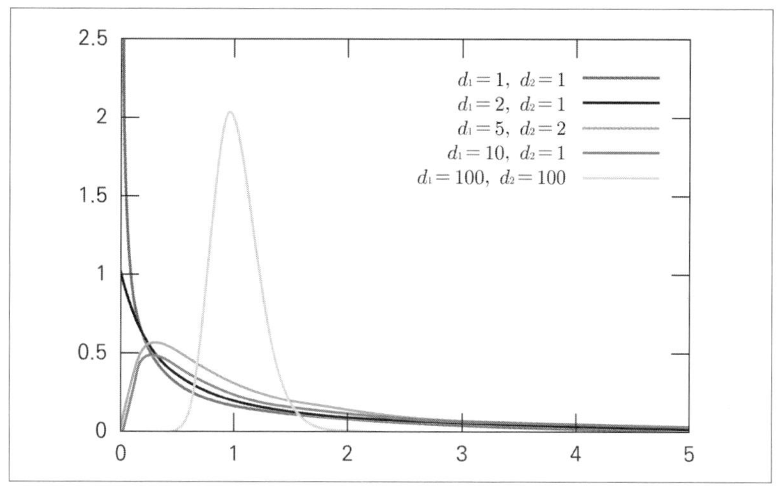

[그림 9-3] 두 가지 자유도에 따른 F 분포의 모양 변화

F의 분자와 분모는 모두 분산값이므로 F값의 범위는 항상 양수이며, 따라서 분포표의 X축도 양의 값만이 나타난다. F값은 0과 무한대(∞)와 같거나 그 사이값을 갖는다($0 \le F \le \infty$). F분포 곡선과 X축 사이의 면적은 항상 1이다.

F분포 그림에 의하면 분자의 자유도 $df_1 = k-1$는 같더라도 분모의 자유도 $df_2 = n-k$가 커질수록 분포의 중심이 우측으로 이동한다. 즉, 집단의 수는 동일하더라도 자료의 수(n)가 커질수록 F분포의 중심이 조금씩 오른쪽으로 이동함을 알 수 있다. 이렇게 되면 일정한 유의수준을 기준으로 할 때, F값의 임계치 F_{crit}는 왼쪽으로 조금씩 이동하게 되므로 그 값은 점점 작아진다. 즉, 자료의 수가 많을수록 계산된 F_{obs} 값이 상대적으로 작아도 영가설을 기각할 수 있다는 것을 함의한다. 이것은 분모의 자유도(df_2)가 같고 분자의 자유도(df_1)가 커져도 동일하게 나타난다. 즉, 자료의 총 개수가 같다면 집단의 개수가 클수록 영가설 기각 여부를 결정하는 임계치 F_{crit}는 작아진다.

4 F값의 계산

분산분석은 세 집단 이상의 평균 차이 검증법이다. 분산분석의 목적은 평균 차이 검증이지만 집단 간 분산과 집단 내 분산 값을 이용한다. 집단 간 분산과 집단 내 분산을 비교하여 집단 간 분산이 집단 내 분산보다 현저히 크다고 판명될 때, 그리고 그 차이가 표집오차가 아니라 통계적으로 모집단에서 유의미한 차이라고 판단될 때, 집단 간 평균 차이가 있다고 결론을 내리게 된다. 이러한 과정에서 분산분석도 다른 검증법과 마찬가지로, 영가설과 실험가설의 기술, F 관찰값의 계산, 유의수준 결정과 자유도 계산, F 임계치를 F분포에서 찾기, SPSS상의 p값의 해석 등의 과정을 거친다. F값을 구하는 공식은 집단 간 분산을 집단 내 분산으로 나눈 값으로, 자세한 계산 공식을 정리하면 다음과 같다.

$$F\text{의 관찰값} = F_{obs} = \frac{\text{집단 간 분산}}{\text{집단 내 분산}}$$

$$= \frac{\text{mean square between group}}{\text{mean square within group}} = \frac{MS_b}{MS_w}$$

$$= \frac{\dfrac{SS_b}{k-1}}{\dfrac{SS_w}{n-k}} = \frac{\dfrac{(\overline{X_1} - \overline{\overline{X}})n_1 + (\overline{X_2} - \overline{\overline{X}})n_2 + (\overline{X_3} - \overline{\overline{X}})n_3}{k-1}}{\dfrac{\sum(X_1 - \overline{X_1})^2 + \sum(X_2 - \overline{X_2})^2 + \sum(X_3 - \overline{X_3})^2}{n-k}}$$

F의 관찰값인 F_{obs}는 집단 간 분산(between group variance)을 집단 내 분산(within group variance)으로 나눈 값이다. 개념적으로는 집단 내 분산에 비해서 집단 간 분산이 얼마나 큰지를 측정하는 것이며, 집단 내 분산에 비해 집단 간 분산이 상대적으로 크다면, F값은 커질 것이다.

먼저 분자의 계산법과 의미를 보자. 집단 간 분산은 각 집단의 평균에서 전체 평균값을 빼고 이를 제곱하여 집단크기와 곱한 후 모두 더한 값을 SS_b(sum of square between groups), 집단 간 제곱의 합이라고 한다. 이 SS_b 값을 $k-1$로 나눈 값을 평균적 의미가 있다고 해서 집단 간 제곱의 평균이라고 부르고, MS_b(mean square between groups)로 표시한다.

F값의 분모는 집단 내 분산이다. 집단 내 분산은 각 집단마다 개별값에서 집단의 평균값을 빼고 이를 제곱한 후 집단마다 합산한다. 이 값을 SS_w(sum of square within groups), 집단

내 제곱의 합이라고 한다. 이 SS_w 값을 $n-k$로 나눈 값을 평균적 의미가 있다고 해서 집단 내 제곱의 평균이라고 부르며 MS_w(mean square within groups)라고 표시한다.

집단 간 분산의 자유도는 '집단 수 − 1'로 $k-1$이며, 집단 내 분산의 자유도는 '전체 사례 수 − 집단 수'로 $n-k$이다. 분자의 SS_b과 분모의 SS_w을 계산한 후 각 분산을 분자 분모의 해당 자유도로 나누게 되면 MS_b과 MS_w을 구할 수 있고, 그 비율로 F의 관찰값(F_{obs})을 구할 수 있다. 집단 간 분산과 집단 내 분산을 자유도로 나누는 것은 모집단의 분산을 보다 정확하게 추정하기 위한 것이다. 자유도로 나누는 효과를 정리하면 다음과 같다.

집단 간 제곱 합과 집단 내 제곱 합을 각각의 자유도로 나누는 효과

- 모집단 분산에 대한 편견 없는 추정치를 제공할 수 있음
- 분자 분모의 차이를 표준화하여 의미 있는 비교가 가능
- 본질적으로 자유도에 따라 나누면 분산의 척도가 적절하게 조정되어 집단 간 및 집단 내 분산을 정확하고 공정하게 비교할 수 있음

F값 계산의 예시

- **비연속변수**: class_new(상층, 중간층, 하층: 집단 1, 집단 2, 집단 3)
- **연속변수**: month_money(한 달 용돈, 단위: 만 원)

사례	집단 1의 개별값 X_1	집단 2의 개별값 X_2	집단 3의 개별값 X_3
1	49	56	54
2	52	57	52
3	52	57	56
4	53	60	50
5	49	60	53
각 집단별 평균값	$\overline{X_1}=51$	$\overline{X_2}=58$	$\overline{X_3}=53$
전체 평균값	$\overline{\overline{X}}=\frac{\overline{X_1}+\overline{X_2}+\overline{X_3}}{k}=\frac{51+58+53}{3}=54$		

사례	$(X_1 - \overline{X_1})$	$(X_2 - \overline{X_2})$	$(X_3 - \overline{X_3})$
1	49−51=−2	56−58=−2	54−53=1
2	52−51=1	57−58=−1	52−53=−1
3	52−51=1	57−58=−1	56−53=3
4	53−51=2	60−58=2	50−53=−3
5	49−51=−2	60−58=2	53−53=0
	$\sum(X_1 - \overline{X_1})^2 = 14$	$\sum(X_2 - \overline{X_2})^2 = 14$	$\sum(X_3 - \overline{X_3})^2 = 20$

	제곱의 합(SS)	자유도(df)	제곱의 평균 (MS)
집단 간	$(\overline{X_1} - \overline{\overline{X}})n_1 + (\overline{X_2} - \overline{\overline{X}})n_2 + (\overline{X_3} - \overline{\overline{X}})n_3 =$ $(51-54)\times 5 + (58-54)\times 5 + (53-54)\times 5 = 30$	$k-1=2$	15
집단 내	$\sum(X_1 - \overline{X_1})^2 + \sum(X_2 - \overline{X_2})^2 + \sum(X_3 - \overline{X_3})^2 =$ 14+14+20=48	$n-k=15-3=12$	4
	$F_{obs} = \frac{15}{4} = 3.75$		

5 분산분석 가설검증의 절차

1) 가설의 설정

분산분석의 영가설과 실험가설은 다음과 같이 기술할 수 있다. 본래 검증의 목적이 집단 간 평균차이를 규명하는 것이므로 영가설은 '집단 간 평균값은 동일하다', 실험가설은 영가설의 부정, '아니다(~)'를 표시하여 기술한다. 영가설 및 실험가설에서 규명하려는 평균값은 모집단의 평균값을 의미하므로, 표본의 평균값인 $\overline{X}$가 아닌 μ를 사용한다.

$$H_0:\ \mu_1 = \mu_2 = \mu_3$$

$$H_1:\ \sim\ (\mu_1 = \mu_2 = \mu_3)$$

실험가설[~ $(\mu_1 = \mu_2 = \mu_3)$]은 아래 중 하나이거나, 하나 이상의 경우에 해당될 수 있다.

$$\mu_1 \neq \mu_2 \neq \mu_3$$

$$\mu_1 = \mu_2 \neq \mu_3$$

$$\mu_1 \neq \mu_2 = \mu_3$$

2) F관찰값 계산

영가설과 실험가설을 기술했으면 추론통계 검증법을 결정하고 관찰값을 계산하고자 한다. 세 개 이상 집단 간 평균차이를 규명하기 위하여 F검증법, 즉 분산분석을 선택한다. 집단 내 분산에 비해서 집단 간 분산의 크기를 기준으로 할 때 그 차이가 표집과정에서 발생한 오차인지 아니면 모집단에 존재하는 통계적으로 유의미한 차이로 볼 수 있는지 F의 관찰값을 구해서 규명할 수 있다.

예를 들어, 대학생이 주관적으로 판단한 계층(class_new) 변수로 상층, 중간층, 하층 집단에서 그들의 한 달 용돈의 평균차가 존재하는지 규명하기 위해 F의 관찰값을 F값 공식을 활용해 계산한다. 앞서 세 집단의 사례에서는 F값이 3.75로 도출되었다.

3) 유의수준 결정과 자유도 계산

F의 관찰치를 얻으면 다음 단계로 유의수준 결정과 자유도 계산이 필요하다. 유의수준은 0.05로 정하며, 자유도는 분모의 자유도 $n-k=15-3=12$와 분자의 자유도 $k-1=3-1=2$로 도출되었다. 부록의 F 분포표를 참조하면 임계치는 3.80이다.

4) 결과의 해석 및 결론

분산분석인 F검증의 결과, 관찰치가 임계치보다 작으므로 영가설을 채택한다. 세 집단의 표본 평균값의 차이는 표집과정의 오차로 추정되며, 모집단에서 존재하는 통계적으로 유의미한 차이로 볼 수 없다. 모집단의 세 집단 평균값은 동일한 것으로 추정된다. 유의수준 0.05

를 적용하였으므로 이 통계적 추론은 95%의 신뢰도 및 5%의 오류 가능성이 존재함을 의미한다.

관찰치와 임계치의 비교

- 3.75(관찰치) $\leq$ 3.80(임계치)
- $F_{obs} \leq F_{crit}$: F_{obs} 가 F 분포상의 기각영역에 포함되지 않음

가설검증의 결론

- 영가설을 기각하지 못함. 영가설을 채택
- 표본 평균값의 차이는 표집과정의 오차로 추정되며, 모집단에서 존재하는 통계적으로 유의미한 집단 간 평균차로 볼 수 없음
- 결론적으로 영가설을 채택한다. 세 집단의 평균값은 동일한 것으로 추정됨

$$\mu_1 = \mu_2 = \mu_3$$

- 유의수준 0.05를 적용했으므로, 이 결론에 대해서는 95% 신뢰도, 5%의 오류 가능성이 존재함

6 분산분석의 사후검증

F검증을 통해 집단 간의 차이가 있는 것이 밝혀졌을 때 어떤 집단들 간의 차이가 통계적으로 유의미한지 알 수 없다. 즉, F검증 결과, F의 관찰값이 F의 임계값보다 커서, 영가설을 기각하고 실험가설을 채택한 경우는 모집단 세 집단의 평균값이 동일하다의 반대라는 것만 검증된 것이다. 즉, 다음과 같이 실험가설은 세 집단의 세 평균값이 동일하다는 영가설을 기각하였고 세 집단의 평균값이 모두 같지 않지만, 어느 집단끼리 평균값이 다른지, 혹은 세 집단의 평균값이 동시에 모두 다른지는 규명하지 않은 단계이다.

$$H_1: \sim (\mu_1 = \mu_2 = \mu_3)$$

실험가설[~ $(\mu_1 = \mu_2 = \mu_3)$]은 다음 중 하나이거나, 하나 이상의 경우에 해당될 수 있다.

$$\mu_1 \neq \mu_2 \neq \mu_3$$
$$\mu_1 = \mu_2 \neq \mu_3$$
$$\mu_1 \neq \mu_2 = \mu_3$$

따라서 F검증은 t검증과 달리, 사후검증(Post-Hoc Test)이 추가로 필요하다. 예를 들어, 1, 2, 3 세 집단의 비교라면 사후검증은 1과 2, 2와 3 그리고 1과 3 간의 차이가 유의미한지를 밝혀야 할 것이다. 사후검증을 위한 방법으로 LSD(Lease Significant Difference), Tukey's HSD(Honestly Significant Difference), Sheffe법을 가장 많이 사용한다. 표본의 수가 같다면 LSD를 사용하며, F값에 대한 판정의 요인에 대한 비교가 사전에 설계되지 않은 채 측정되었다면 Tukey's HSD를 사용한다. 표본의 수가 다르거나 두 개 이상의 표본을 비교할 때는 Sheffe를 사용한다(임병우 외, 2015). 사후검증을 실시하기 위한 조건으로 F검증 통계적으로 유의미해야 한다. 이 조건이 충족된 후 사후검사를 실시하는 것이 의미가 있다. 유의미하지 않으면 사후검사를 실시해도 유의미한 결과가 나타나지 않는다. 여기서는 가장 많이 쓰이는 Tukey's HSD만 다루기로 한다.

1) Tukey's HSD

Tukey 검증법은 단일값을 계산하여 유의함에 필요한 집단평균 간의 최소 차이를 결정하게 되는데 이 값을 HSD(Honestly Significant Difference), 실제 유의 차이 검증이라고 부른다.

$$\text{Tukey's HSD} = q\sqrt{\frac{MS_w}{n}}$$

q: 부록에서 찾는 값, MS_w: 집단 내 분산, n=표본 크기

Tukey 검증법은 집단마다 표본의 크기가 동일해야 한다. q의 값을 찾기 위해서는 전체 집단 내의 개수(k)와 MS_w의 자유도를 알아야 하고 유의수준을 선택해야 한다.

세 집단이 있고, 평균값이 각각 14, 10, 9인 경우를 예로 들어 보자.

〈표 9-1〉 집단 간 평균값의 차이 값

		집단 3	집단 2	집단 1
		9	10	14
집단 3	9	0	1	5
집단 2	10		0	4
집단 1	14			0

Tukey 검증법은 다음과 같은 순서로 실행한다.

① q를 찾는다. 유의수준과 집단 내 자유도를 기준으로 부록에서 찾는다.
② HSD 값을 계산한다.
③ 집단 간의 평균의 차이가 HSD 값보다 크면 그 집단 간 차이를 통계적으로 유의미하다고 추론한다.

과제 및 토론

- F 검증을 수행하려 한다.
- 분석하고자 하는 변수를 두 개 선정하시오.
- 영가설과 실험가설을 세우시오.
- F_{obs} 값을 계산하고, 계산과정을 보이시오.
- 가설검증의 절차에 맞춰, 결과를 해석하시오(유의수준 $\alpha = 0.05$).

	F검증: 가설검증의 절차
변수 선정	변수 1 변수 2
영가설과 실험가설 기술	영가설 실험가설
F_{obs} 값을 계산	
유의수준과 자유도	유의수준 자유도(df)
F_{crit} 값(F분포 이용)	
결론 및 해석	

SPSS 실습 - 분산분석

실습 과제 분산분석을 수행하려고 한다. 적절한 두 변수를 선택하고, 가설을 세운 후 F검증을 수행하고 결과를 해석하시오.

앞부분 실습에서 class_new[주관적으로 판단한 계층변수 class를 1(상), 2(중), 3(하)의 3개의 하위속성으로 변환한 새 변수]를 새로 생성하였다. 비연속변수인 계층(class_new)과 연속변수인 월 소득(월급)(salary) 변수를 선택하고 다음과 같은 가설을 세운다.

H_0: $\mu_1 = \mu_2 = \mu_3$ 계층의 세 집단 간의 한 달 용돈 평균값에는 차이가 없다.

H_1: ~ $(\mu_1 = \mu_2 = \mu_3)$ 계층의 세 집단 간의 한 달 용돈 평균값에는 차이가 있다.

데이터보기 화면 → 분석 → 평균비교 → 일원배치 분산분석

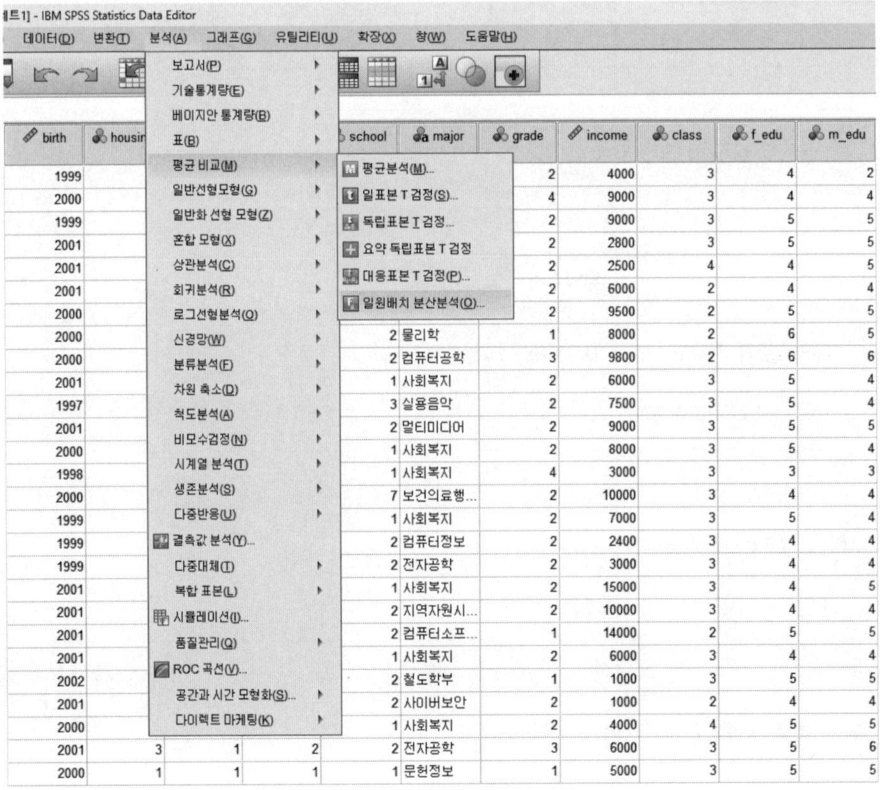

트1] - IBM SPSS Statistics Data Editor

데이터(D) 변환(T) 분석(A) 그래프(G) 유틸리티(U) 확장(X) 창(W) 도움말(H)

보고서(P)
기술통계량(E)
베이지안 통계량(B)
표(B)
평균 비교(M)
일반선형모형(G)
일반화 선형 모형(Z)
혼합 모형(X)
상관분석(C)
회귀분석(R)
로그선형분석(O)
신경망(W)
분류분석(F)
차원 축소(D)
척도분석(A)
비모수검정(N)
시계열 분석(T)
생존분석(S)
다중반응(U)
결측값 분석(Y)...
다중대체(T)
복합 표본(L)
시뮬레이션(I)...
품질관리(Q)
ROC 곡선(V)...
공간과 시간 모형화(S)...
다이렉트 마케팅(K)

평균분석(M)...
일표본 T 검정(S)...
독립표본 T 검정...
요약 독립표본 T 검정
대응표본 T 검정(P)...
일원배치 분산분석(O)...

birth	housin			school	major	grade	income	class	f_edu	m_edu
1999						2	4000	3	4	2
2000						4	9000	3	4	4
1999						2	9000	3	5	5
2001						2	2800	3	5	5
2001						2	2500	4	4	5
2001						2	6000	2	4	4
2000						2	9500	2	5	5
2000				2	물리학	1	8000	2	6	5
2000				2	컴퓨터공학	3	9800	2	6	6
2001				1	사회복지	2	6000	3	5	4
1997				3	실용음악	2	7500	3	5	4
2001				2	멀티미디어	2	9000	3	5	5
2000				1	사회복지	2	8000	3	5	4
1998				1	사회복지	4	3000	3	3	3
2000				7	보건의료행...	2	10000	3	4	4
1999				1	사회복지	2	7000	3	5	4
1999				2	컴퓨터정보	2	2400	3	4	4
1999				2	전자공학	2	3000	3	4	4
2001				1	사회복지	2	15000	3	4	5
2001				2	지역자원시...	2	10000	3	4	4
2001				2	컴퓨터소프...	1	14000	2	5	5
2001				1	사회복지	2	6000	3	4	4
2002				2	철도학부	1	1000	3	5	5
2001				2	사이버보안	2	1000	2	4	4
2000				1	사회복지	2	4000	4	5	5
2001	3	1	2	2	전자공학	3	6000	3	5	6
2000	1	1	1	1	문헌정보	1	5000	3	5	5

종속변수 칸에 month_money(한 달 용돈) 변수를, 요인 칸에 class_new(계층_상중하) 변수를 보낸다.

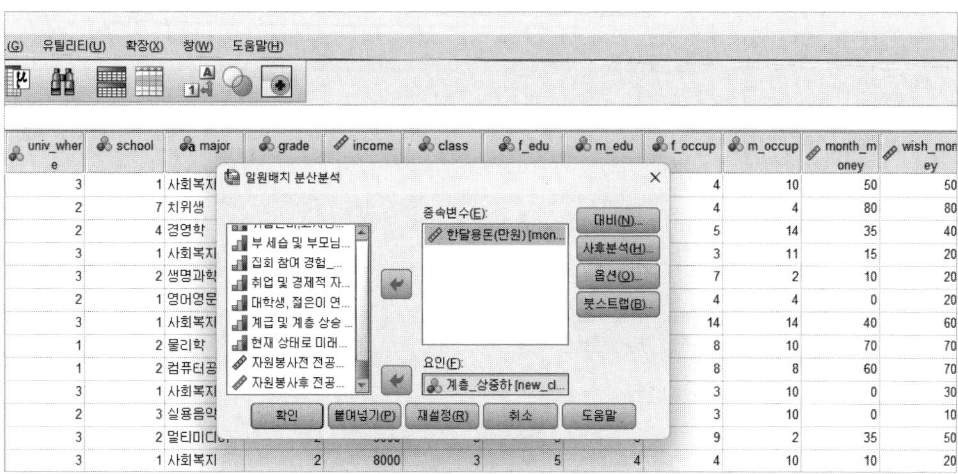

오른쪽 '사후분석' 버튼을 누르고, 일원배치 분산분석 창이 열리면, 등분산을 가정함에 해당하는 다양한 사후분석 중에서 'Tukey 방법'을 체크한다.

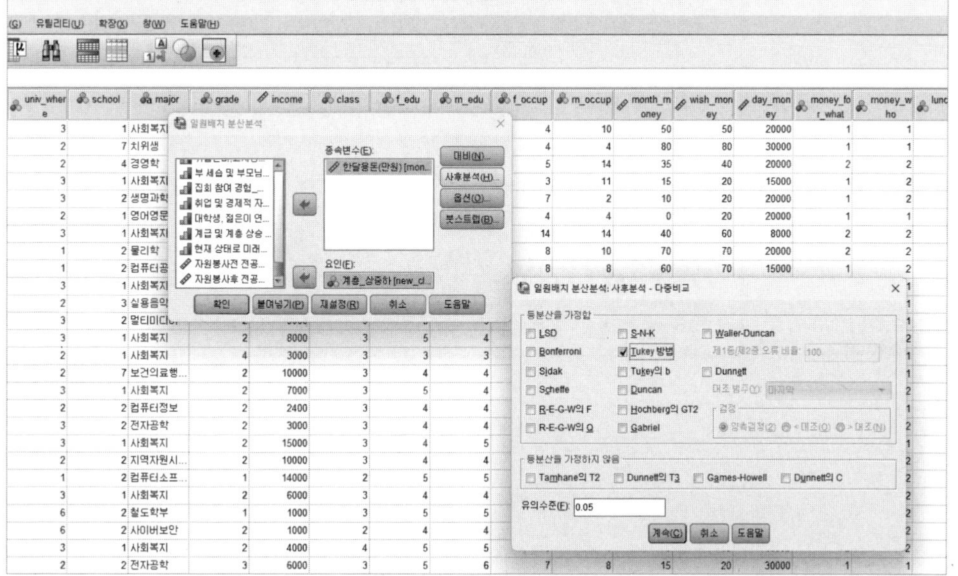

다음과 같은 출력 결과를 얻는다. 결과를 가설검증 절차에 맞춰 해석한다.

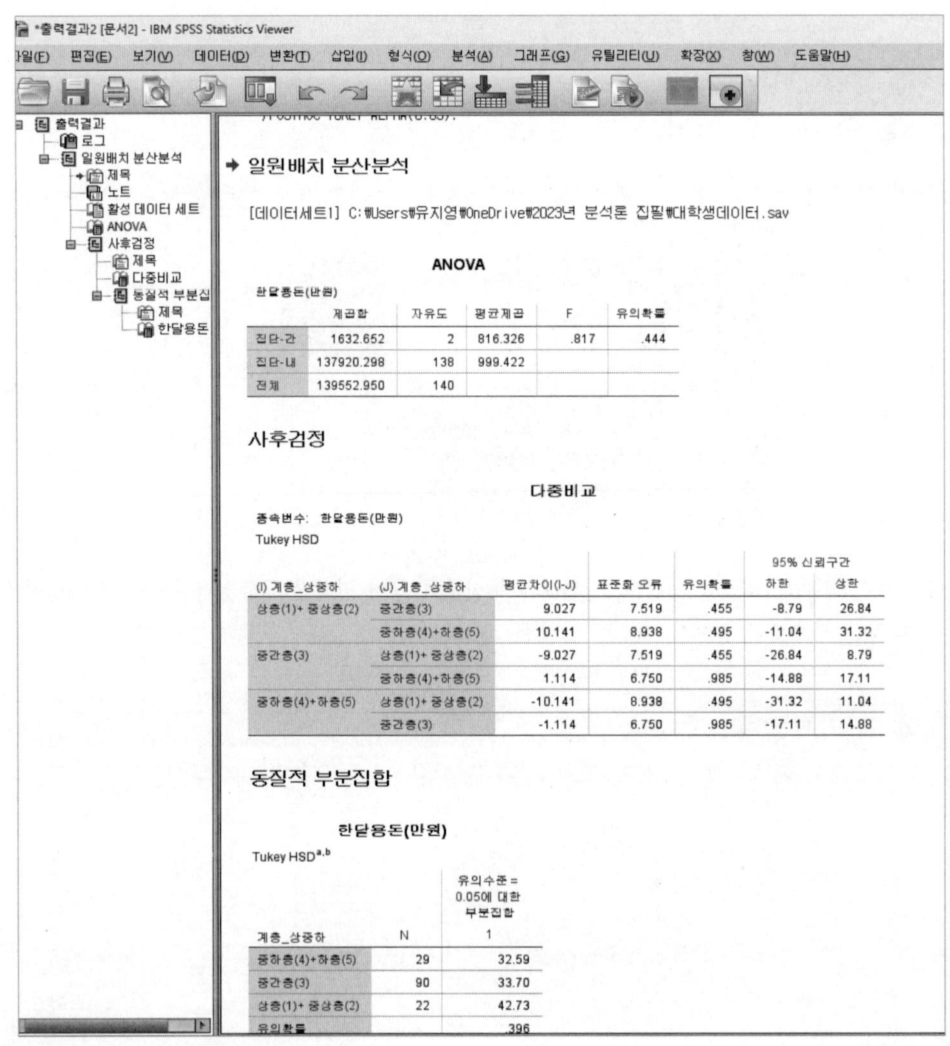

*출력결과2 [문서2] - IBM SPSS Statistics Viewer

일원배치 분산분석

[데이터세트1] C:\Users\유지영\OneDrive\2023년 분석론 집필\대학생데이터.sav

ANOVA

한달용돈(만원)

	제곱합	자유도	평균제곱	F	유의확률
집단-간	1632.652	2	816.326	.817	.444
집단-내	137920.298	138	999.422		
전체	139552.950	140			

사후검정

다중비교

종속변수: 한달용돈(만원)

Tukey HSD

(I) 계층_상중하	(J) 계층_상중하	평균차이(I-J)	표준화 오류	유의확률	95% 신뢰구간 하한	95% 신뢰구간 상한
상층(1)+ 중상층(2)	중간층(3)	9.027	7.519	.455	-8.79	26.84
	중하층(4)+하층(5)	10.141	8.938	.495	-11.04	31.32
중간층(3)	상층(1)+ 중상층(2)	-9.027	7.519	.455	-26.84	8.79
	중하층(4)+하층(5)	1.114	6.750	.985	-14.88	17.11
중하층(4)+하층(5)	상층(1)+ 중상층(2)	-10.141	8.938	.495	-31.32	11.04
	중간층(3)	-1.114	6.750	.985	-17.11	14.88

동질적 부분집합

한달용돈(만원)

Tukey HSD[a,b]

계층_상중하	N	유의수준 = 0.05에 대한 부분집합 1
중하층(4)+하층(5)	29	32.59
중간층(3)	90	33.70
상층(1)+ 중상층(2)	22	42.73
유의확률		.396

분석 결과를 해석한 예시는 다음과 같다.

연구자는 대학생의 계층별 한 달 용돈 평균값에 차이가 존재하는지 규명하기 위해서 비연속변수인 계층(class_new)과 연속변수인 월 소득(월급)(salary) 변수를 선택하였다. 계층변수는 class인데 주관적 판단에 의거한 계층변수이고, 다섯 개 하위속성(코딩값 다섯 개)으로 구성되었는데, 그것을 세 개의 하위속성으로 변환한 class_new 변수를 사용하였다. class_new 변수는 1-(상층+중상층), 2-(중간층), 3-(중하층+하층)이 변수값으로 구성되어 있다.
영가설과 실험가설은 다음과 같다.

H_0: $\mu_1 = \mu_2 = \mu_3$ 계층의 세 집단 간의 한 달 용돈 평균값에는 차이가 없다.
H_1: ~ $(\mu_1 = \mu_2 = \mu_3)$ 계층의 세 집단 간의 한 달 용돈 평균값에는 차이가 있다.

SPSS에서 분산분석을 수행한 결과, 집단 간 MS_b는 816.326이고 집단 내 MS_w는 999.422이다. 따라서 F값은 0.817로 계산되었고, 이에 해당하는 p값은 0.444이다. p값이 유의수준 0.05보다 크므로, 결론적으로 영가설을 기각할 수 없고, 영가설을 채택한다. 모집단에서 대학생의 계층별로 한 달 용돈의 평균값의 차이가 존재한다고 볼 수 없다. 두 번째 표의 Tukey의 HSD 분석 결과 또한 집단 간 평균의 차이값이 해당하는 p값이 모두 유의수준 0.05보다 커서, 모든 집단 간 평균값의 차이가 통계적으로 유의미하다고 볼 수 없다.

Chapter

10

상관분석

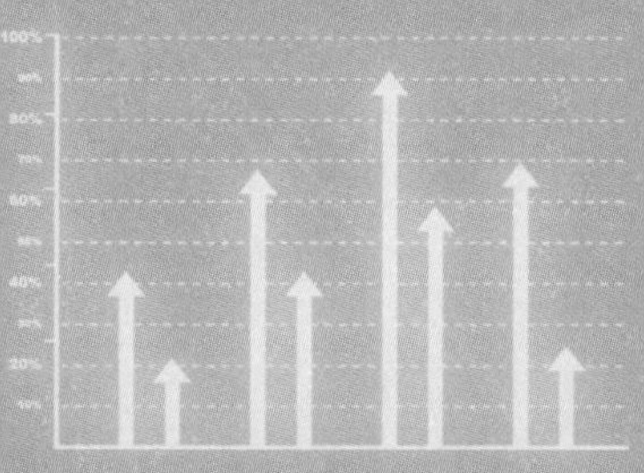

핵심 정리

이 장에서는 다양한 상관분석 중 연속변수 간의 상관관계를 규명하게 하는 피어슨 상관계수를 중심으로 다룬다.

◎ 상관분석이란?

- 두 연속변수 간의 상호관련성을 규명
- 인과관계를 규명하는 것은 아님(인과관계 분석을 위한 추론통계는 회귀분석)
- 회귀분석의 사전 선행 단계로 볼 수 있음
- 기술통계인 산점도로 대략적인 파악 → 피어슨 상관계수를 구해서 변수 간의 관계 규명

◎ 산점도와 피어슨 상관계수

- 산점도는 두 변수 간의 관계를 보여 주는 점들을 도표에 나타낸 것
- 상관분석은 일반적으로 산점도를 먼저 검토함
- 피어슨 상관계수와 p값을 얻은 후 통계적인 유의미성 해석

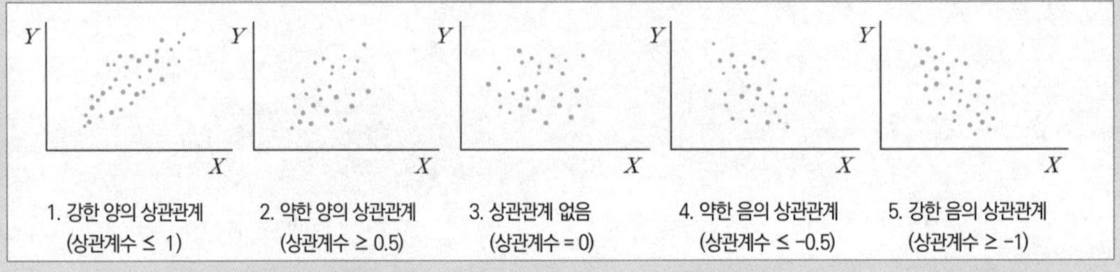

1. 강한 양의 상관관계 (상관계수 ≤ 1)
2. 약한 양의 상관관계 (상관계수 ≥ 0.5)
3. 상관관계 없음 (상관계수 = 0)
4. 약한 음의 상관관계 (상관계수 ≤ -0.5)
5. 강한 음의 상관관계 (상관계수 ≥ -1)

◎ 피어슨 상관계수

- 공식의 개념적 의미: $\dfrac{X\text{와 } Y\text{의 함께 변하는 정도}}{\text{표준오차}} = \dfrac{X\text{와 } Y\text{의 공변량}}{\text{표준오차}}$
- 피어슨 상관계수 공식: $\dfrac{X\text{와 } Y\text{의 공변량}}{(X\text{의 } s)(Y\text{의 } s)} = \dfrac{\sum_{i=1}^{N}\{(X_i-\overline{X})\times(Y_i-\overline{Y})\}}{\sqrt{\sum_{i=1}^{N}(X_i-\overline{X})^2}\sqrt{\sum_{i=1}^{N}(Y_i-\overline{Y})^2}}$
- $-1 \leq \gamma \leq +1$
- 피어슨 상관계수는 −1(최소값)과 +1(최대값) 사이의 값
- 상관계수: 변수 간의 상호관련성의 정도를 보여 주는 계수
- 한 변수가 달라짐에 따라 다른 변수의 값들이 달라진다면, 모집단에서 두 변수 간에 유의미한 상관관계가 있는지 상관분석을 통해서 규명할 수 있음

◎ **피어슨 상관계수의 크기와 방향**

- 상관계수가 음수값일 때: 음(-)의 관계(negative relationship)
  → X가 증가할 때 Y는 감소하는 관계
  → X가 감소할 때 Y는 증가하는 관계

- 상관계수가 양수값일 때: 양(+)의 관계(positive relationship)
  → X가 증가할 때 Y는 증가하는 관계
  → X가 감소할 때 Y는 감소하는 관계

그러나 관계의 존재 여부 그리고 그 관계의 방향과 크기 등 상관관계에 대한 결론은 상관계수 값 자체만이 아니라, 상관계수 값이 과연 통계적으로 유의미한지를 판단할 수 있는 p값으로 판단

상관분석은 두 변수 간의 인과적 관계를 규명하기 전 사전단계로 두 변수가 통계적으로 유의미하게 서로 함께 변화하는지를 규명하는 추론통계법이다. 상관분석을 통해 도출된 상관계수는 두 변수 간의 상호관련성의 방향과 크기를 나타낸다. 그러나 그 계수를 두 변수 간의 인과적 관계로 해석하지는 않는다. 따라서 X와 Y 간의 상관계수 값은, $X \leftrightarrow Y$로 설정했을 경우와 $Y \leftrightarrow X$로 설정했을 경우 값이 같다. 그래서 상관분석은 연구자의 입장에서 두 변수 간의 관련성이 존재함을 가정하긴 하지만, 어느 쪽이 원인적이고, 어느 쪽이 결과적인지 아직 구분이 명확하지 않을 때, 혹은 인과적 관계가 중요하지 않은 관계일 때 활용할 수 있다. 이 분석은 두 변수 간의 선형적 상관성을 파악하며, 한 변수가 변할 때 다른 변수도 함께 어떻게 변하는지를 알려 준다. 상관분석에서 주의할 점은 상관관계는 인과관계를 의미하지 않으며, 두 변수 간의 연관성이 있더라도 그에 대한 원인과 결과를 명확히 설명할 수는 없다. 즉, 모집단에서 두 변수 간의 선형관계를 규명하지만, 어떤 변수가 왼쪽에 있는 원인적 독립변수인지, 어떤 변수가 오른쪽에 있는 종속변수인지 가정하지 않고, 서로 간의 상호관련성만을 규명한다.

인과관계를 파악하려면 실험설계를 하거나 회귀분석을 시도해 볼 수 있다. 상관분석과 단순회귀분석은 변수 간의 선형 관계를 가정하면서 두 변수 간의 관계를 보여 주는 계수값을 얻고, 동시에 그 관계가 모집단에서 유의미한 관계인지 규명하는 추론통계 기법이다. 차이점은 상관분석은 두 변수 간의 관계의 크기와 방향을 규명하고, 단순회귀분석은 두 변수 간의 인과관계를 규명한다.

상관분석	X(변수 1) ↔ Y(변수 2) 상호관련성 규명
회귀분석	X(독립변수) → Y(종속변수) 인과적 관계 규명

상관분석은 조사론에서, 특정한 측정도구(예를 들면, 특정 개념을 측정하는 리커트 척도)의 신뢰도를 검증하는 여러 방법 중 검사–재검사법에서 언급된 것도 기억할 수 있을 것이다. 한 번 검사한 측정도구의 결과값과 다시 측정했을 때 검사한 결과값이 어느 정도 서로 관련되어 있는가를 상관분석, 즉 상관계수로 확인할 수 있다. 상관분석은 주로 사회과학 분야에서 활용도가 높아 정책결정 등에 활용될 수 있는데, 그 이유는 변수 간의 관계를 어렵지 않게 파악하고 예측하는 데 사용될 수 있기 때문이다. 예를 들어, 청년 월 소득과 청년 월 주거비 사이의 상호관련성을 분석하면 월 소득 변화에 따른 주거비의 변화를 예측할 수 있다.

특히 상관분석은 상관계수의 실제 계산이나 SPSS에서 얻는 과정도 간단하고, 해석법도 어렵지 않아서 사회과학 통계분석에서 많이 활용되는 추론통계기법이다. 또한 회귀분석을 수행하기 전에 두 변수 간의 관계가 존재하는지 사전에 점검할 수 있어서, 회귀분석의 전 단계로 활용되기도 한다. 상관분석은 모집단에서 두 변수 간의 관계가 존재하는지 규명하는 기법이고, 회귀분석은 모집단에서 한 변수가 원인적이고, 다른 한 변수가 결과적인지를 규명하는 기법이다. 상관분석을 통해 인과관계를 밝힐 수는 없지만 두 변수 간에 관계가 존재하지 않는다면 변수 간의 인과관계 역시 존재하지 않기 때문에 인과관계를 규명하는 회귀분석을 수행하기 전에 상관분석을 먼저 수행하는 것이 필요하다. 상관분석은 〈표 10–1〉과 같이 변수의 종류, 즉 측정수준에 따라 나뉜다.

〈표 10–1〉 변수의 종류에 따른 상관분석

변수의 종류(측정수준)와 상관	상관분석 및 상관계수
명목변수 간의 상호관련성	• 거트만 계수 • 파이계수 • 람다계수
서열변수 간의 상호관련성	• 스피어만의 상관계수 • 감마계수 • 굿맨과 크루스칼의 상관계수
연속변수(등간변수와 비율변수) 간의 상관	• 피어슨 상관계수

출처: 임병우 외(2015).

두 연속변수 간의 상관관계는 주로 피어슨 상관계수(Pearson correlation coefficient)를 사용하여 측정되는데, 피어슨 상관계수는 −1과 1 사이의 값을 가지며, 이 값이 1에 가까우면 양의 선형 상관성이 강하게 나타난다는 것을 의미하고, −1에 가까우면 음의 선형 상관성이 강하게 나타난다는 것을 나타낸다. 0에 가까울수록 두 변수 간의 선형 상관성이 약하거나 없다는 것을 의미한다. 피어슨 상관계수에 대한 자세한 내용은 이후에 더 다루기로 한다.

1 상관의 개념

두 변수 간의 상호관련성이 있다는 것은, 모집단에서 한 변수가 변할 때 다른 한 변수도 함께 변화함을 의미한다. 모집단에서 어떤 변수의 값을 알고 그것으로 다른 변수의 값을 말할 수 있을 때, 이들 두 변수 사이에 관계가 있다고 말할 수 있다. 예를 들면, 모집단에서 청년들의 월급 값을 알고 그 청년들의 한 달 주거비를 예측할 수 있다면 월급과 주거비라는 두 변수 사이에 관계가 있다고 말한다. 또 달리 말하면, 두 변수의 차이를 비교함으로써 알 수 있는데, 어떠한 한 변수의 값을 다른 변수의 값과 비교해서 한 변수의 값이 다른 변수의 값보다 크거나 또는 적을 때 우리는 이들 두 변수 사이에 관계가 있다고 한다. 예를 들면, 앞의 예에서 월급이 적은 청년들의 주거비와 월급이 높은 청년들의 주거비를 비교했을 때, 월급이 적은 청년들의 주거비가 월급이 높은 청년들의 주거비보다 낮다면, 모집단에서 두 변수 간의 상호관련성이 존재할 가능성을 추론할 수 있고, 따라서 상관분석을 수행함으로써 그 관계가 모집단에서 유의미한 관계인지, 그리고 그 관계가 어떠한 크기와 방향을 가지는지 규명할 수 있을 것이다.

2 상관도와 상관계수

상관분석(Correlation Analysis)은 두 변수 간의 상호관련성을 통계적으로 측정하는 통계분석 기법 중 하나다. 이 분석은 주로 두 변수 사이의 선형 관계를 파악하며, 한 변수의 변화가 다른 변수와 어떻게 관련되어 있는지를 알려 준다. 이때, 많이 사용하는 상관계수는 피어슨 상관계수이고 통계적으로 모집단에서 두 변수 간의 관련성을 측정하는 지표이다.

한 변수가 달라짐에 따라 다른 변수도 변한다면, 두 변수 사이에 상호관련성이 있다고 말할 수 있으며 만약에 한 변수가 일정하게 변동하는데도 불구하고 다른 변수가 변동하지 않는다면, 두 변수 사이에는 상호관련성이 없을 것이다. 상관도란 변수 간의 상호관련성의 정도를 체계적으로 표현하는 통계적 방법을 말하는데, 이때 그 상호관련성의 정도를 집중경향이나 분산도를 나타낼 때의 산술평균치와 표준편차의 경우에서와 같이 단일 수치로 요약해서 표시하는 값을 상관계수(coefficient of correlation)라고 한다. 상관계수란 변수들 사이의 상호관련성을 하나의 값으로 요약해서 표시해 주는 지수를 말한다. 관계성의 방향은 한 변수의 점수가 다른 변수에서 어떠한 점수를 수반하느냐에 따라 양의 상관관계 혹은 음의 상관관계가 된다.

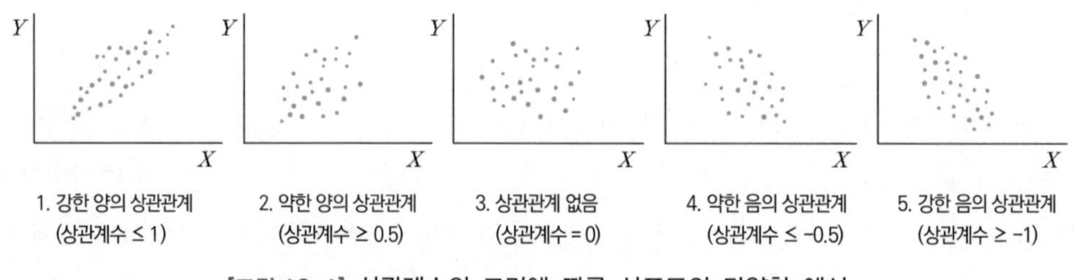

[그림 10-1] 상관계수의 크기에 따른 산포도의 다양한 예시

3 피어슨 상관계수

앞서 제시한 바와 같이 변수의 종류 및 측정의 수준에 따라 다양한 상관분석이 있다. 그중에서 연속변수 간의 상호관련성 분석에 사용되는 계수가 피어슨 상관계수이다. 피어슨 상관계수는 두 변수가 등간 또는 비율 변수일 때, 즉 두 변수 모두 연속변수일 때 사용된다.

$$\text{피어슨 계수 공식: } \gamma = \frac{X\text{와 } Y\text{의 공변량}}{(X\text{의 표준편차})(Y\text{의 표준편차})}$$

$$[X\text{와 } Y\text{의 공변량} = \sum(X_i - \overline{X})(Y_i - \overline{Y})]$$

피어슨 상관계수 공식은 두 변수의 공변량(covariance)을 각 변수의 표준편차로 나누어 준 값이다. 공변량이란 한 변수가 변할 때 다른 변수가 변하는 정도를 말하는 것으로 공변량은 선형관계의 지표이기도 하다. 분모는 표준오차이며, 표준오차는 각 변수의 표준편차의 곱을 나타내는데 공변량을 표준편차의 곱으로 나누는 것은 표준화하기 위한 것이다.

4 피어슨 상관계수의 속성과 해석

피어슨 상관계수의 속성을 정리해 보면, 첫째, 피어슨 상관계수 γ는 두 연속변수가 선형적 관계를 가진다는 것을 기본 가정으로 하고 있다. 두 변수 사이의 관계를 나타내는 직선으로부터 약간의 일탈은 허용하지만 회귀선이 분명히 직선적이 아닐 때에는 피어슨 상관계수 대신에 다른 특수한 상관관계, 가령 상관비(correlation ratio) 등을 사용해야 한다. 만일 곡선적 관계를 갖는 경우에 피어슨을 계산한다면 이것은 두 변수 간에 실제로 존재하는 상관의 정도를 과소평가하는 결과가 된다. 둘째, 피어슨 계수를 계산하기 위해서는 분산도의 각 행과 열의 분산도가 서로 비슷해야 한다. 다시 말해, 동변량성의 조건이 갖춰져야 한다. 즉, X의 분포와 Y의 분포가 좌우대칭에 가까울 때 성립된다. 만약 분산도의 각 행, 열별로 표준편차를 계산한다면 그 표준편차의 크기가 완전히 일치하지 않더라도 비슷해야 한다. 따라서 자료의 동변량성의 조건이 성립하지 않는 한 피어슨의 계산은 무의미하다. 셋째, 피어슨 계수는 X와 Y의 두 변수 중에 적어도 하나는 정규분포를 이루고 있어야 한다는 것을 기본 가정으로 하고 있다. 따라서 그렇지 못할 경우에는 상관계수에 제한을 주게 된다.

상관계수의 부호, 즉 양의 값인지 음의 값인지는 X와 Y의 상관의 방향(양의 관계 혹은 음의 관계)을 표시하고 그 절대값 수치 자체는 상관 정도의 크기를 말한다. 그러나 두 변수 간에 높은 상관도가 있다고 해서 반드시 이들 사이에 인과관계가 존재하는 것은 아니다. 또한 상관계수가 높게 나왔다고 해서 반드시 바람직한 것은 아니다. 왜냐하면 아주 높은 상관관계가 있다는 것은 두 변수의 측정 방법이 비슷하기 때문일 수도 있기 때문이다. 중요한 것은 그 계수가 통계적으로 유의미한가의 문제이다.

5 상관분석 가설검증의 절차

1) 가설의 설정

상관분석에서 영가설과 실험가설은 아래와 같이 기술할 수 있다. 영가설은 '두 변수 간의 상관관계가 없다', 실험가설은 '두 변수 간의 상관관계가 있다'로 기술한다. 두 변수 간의 상관관계는 모집단에서 존재하는 관계에 대한 추론이다. 가설검증의 절차의 예를 위해서 두 연속변수, 가구소득(income)과 대학생 한 달 용돈(month_money)을 X와 Y 변수로 사용하기로 한다.

H_0: 두 변수 간의 상관관계가 없다 $X \nLeftrightarrow Y$
H_1: 두 변수 간의 상관관계가 있다 $X \Leftrightarrow Y$

H_0: 소득과 대학생 한 달 용돈 간에는 상관관계가 없다.
salary $\nLeftrightarrow$ month_money

H_1: 소득과 대학생 한 달 용돈 간에는 상관관계가 있다.
salary $\Leftrightarrow$ month_money

2) 피어슨 상관계수 계산

영가설 실험가설을 기술했으면, 표본조사의 결과 얻은 표본의 데이터를 활용하여 두 연속변수 간의 상관관계를 분석해 보기로 한다. 월급(salary)과 한 달 용돈(month_money) 두 변수가 함께 변화하는지를 피어슨 상관계수를 통해 계산하면, 그 값은 표본값이다. 그리고 그 표본값이 연구자가 정한 통계적 유의수준에 근거할 때 특정 임계치를 넘어서는지의 여부를 p값을 통해서 규명하고, 두 변수 간의 상관관계가 모집단에서 존재하는 것인지 표집과정의 오차인지 규명한다. 피어슨 상관계수 공식은 두 연속변수가 함께 변화하는 정도를 계산하는 X와 Y의 공변량이 X와 Y의 표준편차에 비해서 어느 정도인지를 계산하는 값이다.

$$\text{피어슨 상관계수: } \gamma = \frac{X\text{와 } Y\text{의 공변량}}{(X\text{의 } s)(Y\text{의 } s)} = \frac{\sum_{i=1}^{N}\left\{(X_i - \overline{X}) \times (Y_i - \overline{Y})\right\}}{\sqrt{\sum_{i=1}^{N}(X_i - \overline{X})^2}\sqrt{\sum_{i=1}^{N}(Y_i - \overline{Y})^2}}$$

이 공식에 의거하여 피어슨 상관계수를 얻기 위해 X의 산술평균값과 Y의 산술평균값을 구하면 다음과 같다.

〈표 10-2〉 salary(월 소득)와 month_money(한 달 용돈)

표본	X (salary, 만 원)	Y (month_money, 만 원)	$X_i - \overline{X}$ (A)	$Y_i - \overline{Y}$ (B)	A×B	A^2	B^2
1	70	50	17	7	119	289	49
2	50	40	−3	−3	9	9	9
3	60	40	7	−3	−21	49	9
4	30	50	−23	7	−161	529	49
5	60	40	7	−3	−21	49	9
6	80	60	27	17	459	729	289
7	60	50	7	7	49	49	49
8	50	30	−3	−13	39	9	169
9	30	20	−23	−23	529	529	529
10	40	50	−13	7	−91	169	49
합	530	430			910	2410	1210
	$\overline{X} = 53$	$\overline{Y} = 43$					

〈표 10-2〉의 값을 활용하여 얻은 피어슨 상관계수의 값은 다음과 같다.

$$\gamma = \frac{\sum_{i=1}^{N}\{(X_i - \overline{X}) \times (Y_i - \overline{Y})\}}{\sqrt{\sum_{i=1}^{N}(X_i - \overline{X})^2}\sqrt{\sum_{i=1}^{N}(Y_i - \overline{Y})^2}}$$

$$\gamma = \frac{\sum(A \times B)}{\sqrt{\sum A^2}\sqrt{\sum B^2}} = +0.533$$

3) 피어슨 상관계수의 해석

피어슨 상관계수 공식을 사용하여 구한 계수 γ 값은 +0.533이다. 피어슨 상관계수를 해석할 때는 두 가지를 설명할 수 있다. 첫째는 관계의 크기이며 둘째는 관계의 방향이다. 상관계수 자체의 절대값은 두 변수 간의 관계의 크기를 나타낸다. 그리고 상관계수가 음수값인지 양수값인지는 그 관계의 방향을 나타낸다. 계수 γ 값은 +0.533을 해석하면, 두 변수 간의 상호관련성, 즉 원리상 평균편차 대비 두 변수가 함께 변화하는 정도의 크기는 약 0.533이다. 그리고 상관의 방향은 양의 상관관계(positive relationship)이다. 양의 상관관계라는 것은 X가 증가할 때 Y도 증가하며, 또는 X가 감소할 때 Y도 감소한다는 것을 의미한다.

피어슨 상관계수가 이론적으로는 -1과 +1의 범위이고, 따라서 일반적으로 0.9 이상은 매우 높은 상관, 0.7~0.9는 높은 상관, 0.4~0.7은 중간 크기 상관, 0.2~0.4는 낮은 상관, 0.2 이하는 매우 낮은 상관으로 보는 것이 일반적이다. 그러나 이것이 절대적인 기준이라고 볼 수는 없다. 예를 들어, 특정 두 변수의 상관의 크기가 0.4라고 해서 무조건 낮은 상관이라고 해석하는 것은 바람직하지 않다. 연구 주제가 규명하려고 하는 본래 목적, 변수의 측정법, 그리고 무엇보다 중요한 것은 도출된 상관계수가 통계적으로 유의미한가의 여부이다.

그러나 두 변수 간에 높은 상관도가 있다고 해서 반드시 모집단에서 두 변수 간의 상호관련성이 통계적으로 유의미하게 존재한다는 것은 아니다. 상관계수가 통계적으로 유의미한가의 여부를 판단하기 위해서는 실제 SPSS를 통해 p값을 확인하고 그것에 의거하여 해석해야 한다. 또한 상관계수의 해석에서 유의할 점은 상관계수는 관계의 상대적 정도를 의미할 뿐 더하거나 빼는 것, 곱셈과 나눗셈이 무의미하다. 상관계수가 0.6이라고 해서 이것이 상관계수 0.3의 두 배로 해석될 수 없다. 상관계수는 상호관련성에 대한 하나의 지표일 뿐 절대적인 값은 아니다. 어떠한 상관분석법 어떠한 상관계수를 사용하느냐에 따라서 관계 값은 달라진다.

과제 및 토론

- 상관분석을 수행하려 한다.
- 분석하고자 하는 변수를 두 개 선정하시오.
- 영가설과 실험가설을 세우시오.
- 피어슨 상관계수를 계산하고, 계산과정을 보이시오.
- 가설검증의 절차에 맞춰, 결과를 해석하시오(유의수준 $\alpha = 0.05$).

	상관분석: 가설검증의 절차
변수 선정	변수 1 변수 2
영가설과 실험가설 기술	영가설 실험가설
상관계수 값을 계산	
유의수준과 자유도	유의수준 자유도(df)
p값 해석(SPSS)	
최종 결론 및 해석	

SPSS 실습 - 상관분석

실습 과제 상관분석을 수행하려고 한다. 적절한 두 변수를 선택하고, 가설을 세운 후 상관분석을 수행하고 결과를 해석하시오.

가구소득(income)과 한 달 용돈(month_money)이라는 두 연속변수 간의 상호관련성을 상관분석을 통해 규명하고자 한다.

- 영가설: 가구소득과 대학생의 한 달 용돈은 상호관련성이 없다. income ↮ month_money
- 실험가설: 가구소득과 대학생의 한 달 용돈은 상호관련성이 있다. income ↔ month_money

데이터보기 화면 → 분석 → 상관분석→ 이변량 상관의 순서대로 선택하고 클릭한다.

다음과 같이 '이변량 상관계수' 창을 확인할 수 있다.

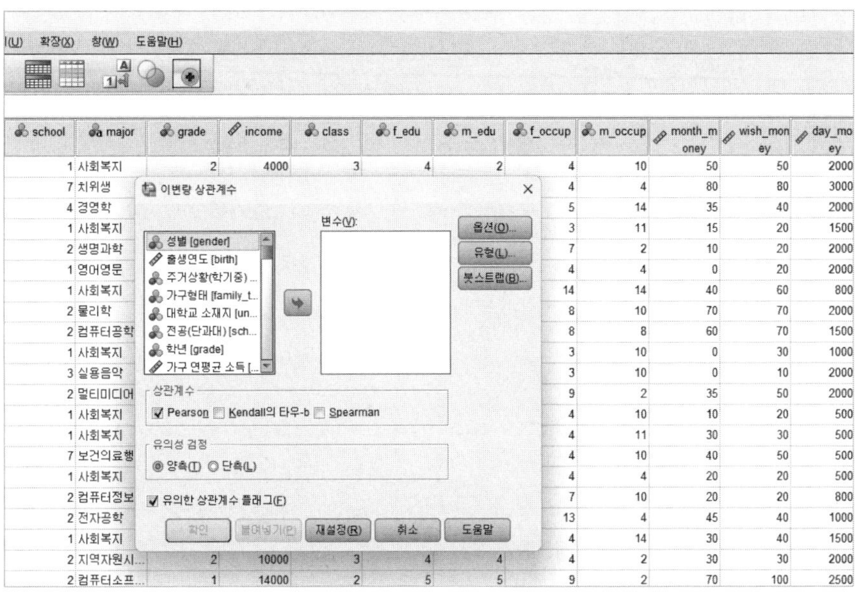

변수라고 쓰인 창에, income 변수와 month_money 변수를 가운데 위치한 오른쪽 화살표를 클릭해서 이동시킨다. 창 하단 옵션에서는 Pearson 상관계수를 선택하고, 유의성 검정에서는 양측을 선택한다.

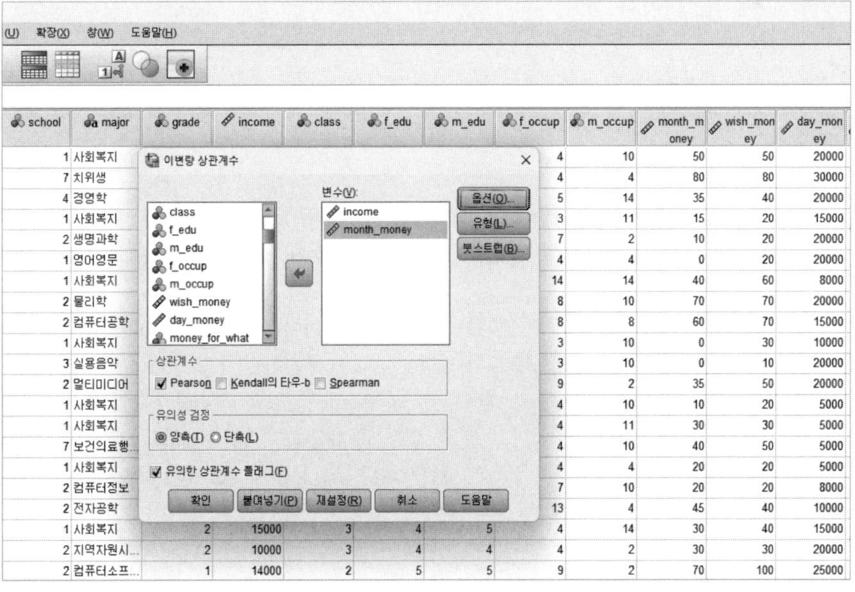

확인 버튼을 누르면 다음과 같은 출력 결과를 얻을 수 있다.

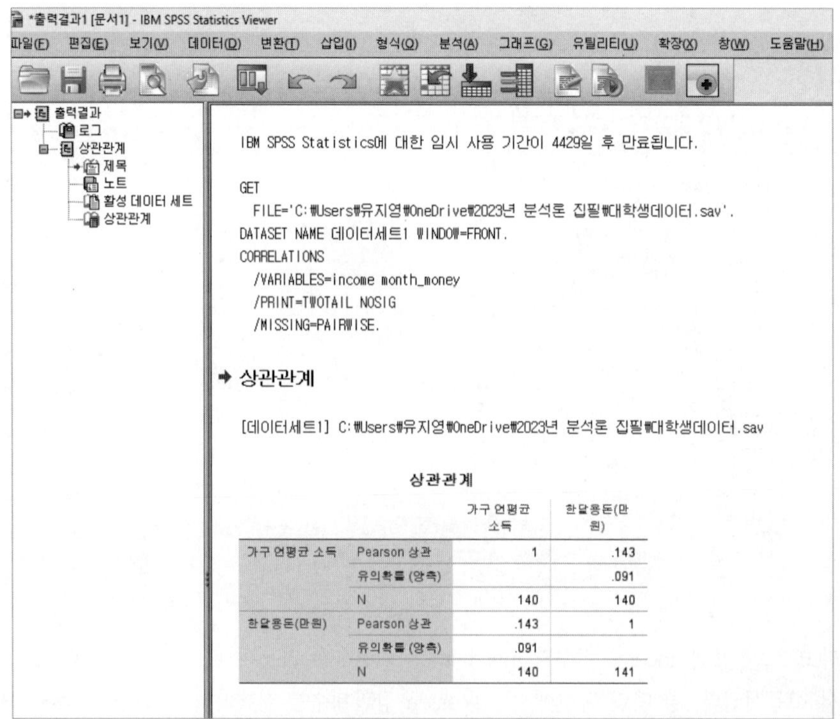

상관관계

		가구 연평균 소득	한달용돈(만원)
가구 연평균 소득	Pearson 상관	1	.143
	유의확률 (양측)		.091
	N	140	140
한달용돈(만원)	Pearson 상관	.143	1
	유의확률 (양측)	.091	
	N	140	141

결과 해석의 예시는 다음과 같다.

연구자는 가구소득(income)과 한 달 용돈(month_money)이라는 두 연속변수 간의 상호관련성을 상관분석을 통해 규명하고자 하였다.

- 영가설: 가구소득과 대학생의 한 달 용돈은 상호관련성이 없다. income $\nleftrightarrow$ month_money
- 실험가설: 가구소득과 대학생의 한 달 용돈은 상호관련성이 있다. income $\leftrightarrow$ month_money

SPSS를 활용하여 피어슨 상관계수를 구한 결과는 다음과 같다. 피어슨 계수는 0.143이고 p값은 0.091로 계산되었다. 피어슨 계수가 양의 값으로, 관계의 방향은 X값이 증가하면 Y도 함께 증가하는 양의 상관이고, 그 크기는 계수의 절대값인 0.143으로 대략 작은 크기로 계산되었다. 그러나 p값이 유의수준 0.05보다 커서, 이 관계는 통계적으로 유의미하다고 볼 수 없다. 영가설을 기각할 수 없고 영가설을 채택한다. 최종 결론은 영가설, 즉 모집단에서 가구소득과 대학생의 한 달 용돈은 상호관련성이 없다고 추론된다.

Chapter

11

회귀분석

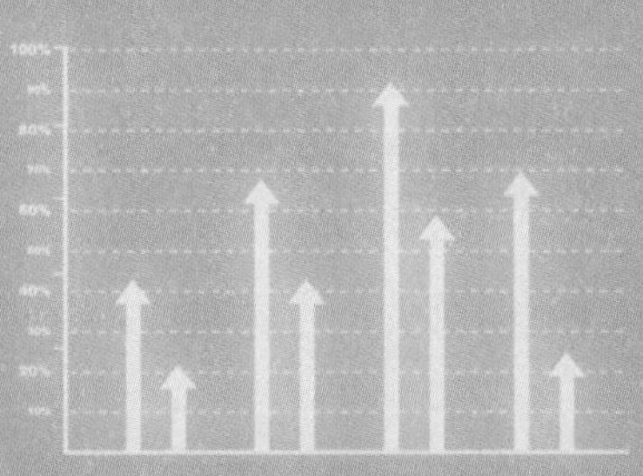

핵심 정리

◎ 회귀분석(Regression analysis)이란?

- 변수 간의 인과관계를 추론하는 통계
- 변수 간의 선형 관계를 가정함(이론적)
- 회귀분석은 비연속변수과 연속변수 모두 사용될 수 있으며, 종류로는 로지스틱 회귀분석, 단순회귀분석, 다중회귀분석 등이 있음

단순회귀분석	다중회귀분석
종속변수 = 1개 독립변수 = 1개	종속변수 = 1개 독립변수 혹은 통제변수 = 2개 이상

◎ 단순회귀분석

- 예) 두 연속변수 간의 선형 관계 가정

$$X \rightarrow Y$$

X: 독립변수(원인적 변수): 연속변수

Y: 종속변수(결과적 변수): 연속변수

salary → month_money

(규명하려는 연구주제: 대학생 월급과 대학생 용돈 간에는 인과관계가 존재하는가)

- 회귀선을 도출함으로써 회귀방정식을 완성

◎ 회귀선(Regression line)

- (이론적) 산점도 상 두 변수 간의 관계를 대표하는 하나의 직선이 존재함을 가정
- 산점도에 있는 모든 점을 대표할 수 있는 직선
- 독립변수와 종속변수의 관계를 가장 잘 요약해 주는 직선
- 회귀선이 도출되면, 기울기(b)와 절편값(a)이 도출된 것

◎ 회귀선 도출 원리 = 최소자승법(Ordinary Least Sqare: OLS)

- 수많은 직선 중에 무엇이 회귀선이 되어야 하는가?
- 산점도상의 모든 점을 가장 잘 대표하는 회귀선
- 오차를 최대한으로 줄이는 한 직선: $\sum(Y-\hat{Y})^2$이 최소화되는 원리
- 산점도에 있는 모든 점을 가장 잘 대표하면서 예측 시 오차를 가장 최소화하는 최소자승 회귀선을 의미함

$$\text{기울기 } b\text{의 공식} = \frac{\sum_{i=1}^{n}\{(X_i-\overline{X})(Y_i-\overline{Y})\}}{\sum_{i=1}^{n}(X_i-\overline{X})}$$

- 회귀방정식의 도출

$$Y = a + bX$$

  - b: 회귀선의 기울기(X가 한 단위 변화할 때 Y가 몇 단위 변화하는가의 지표 = 회귀계수)
  - a: 회귀선의 절편(X가 0일 때 Y의 값)
  - Y: 종속변수
  - X: 독립변수

- 회귀선이 도출되면,
  - 기울기 b와 p값으로 인과관계가 모집단에서의 통계적 유의미 여부를 판단, 기울기의 크기(의미)를 해석(회귀계수 b도 p값에 따라 유의미함의 여부 결정)한다.
  - 결정계수(R^2)를 해석한다.

◎ 회귀분석 모델의 결정 계수(R^2)

$$R^2 = \frac{\text{설명된 변량}}{\text{전체 변량}} = \frac{\sum(\hat{Y} - \overline{Y})^2}{\sum(Y - \overline{Y})^2}$$

($\overline{Y}$는 X의 정보가 없을 때 Y의 예측값)
($\hat{Y}$는 X의 정보가 있을 때 Y의 예측값)

◎ 결정계수(R^2)의 의미

- 회귀선이 얼마나 적합한가의 지표
- 회귀선에 의해 X가 Y를 설명할 수 있는 정도
- 결정계수 = 회귀선의 설명력
- 값이 클수록 설명력이 큰 것

1 회귀분석의 의미

앞 장에서 다루었던 상관분석은 두 변수 간의 상호관련성이 존재하는지 규명하는 추론통계법이다. 우리는 다양한 상관분석 중에서도 두 연속변수 간의 관계를 규명할 수 있는 피어슨 상관계수를 얻고, 그 계수를 이용하여 상관분석의 모집단에서 가지는 통계적 유의미함, 상관관계의 크기 및 방향을 해석할 수 있었다. 상관분석은 두 변수 간의 상호관련성을 규명하므로, $X \leftrightarrow Y$나 $Y \leftrightarrow X$나 동일한 상관관계 계수가 도출되고, 한 변수를 다른 변수에 영향

을 주는 변수로 상정하지 않는다.

회귀분석의 목적은 두 변수 간의 상호관련성 규명이라는 단계를 넘어서서, X라는 한 변수가 다른 변수 Y의 원인적이라는 인과관계를 규명하는 것이다. 또한 회귀분석 실행 결과, 인과관계가 통계적으로 유의미하다고 판단되면, 한 변수 X의 값을 알 때 다른 변수 Y의 값을 예측하는 기능까지 가능하다. 즉, 회귀분석은 상관분석보다 더 많은 정보를 제공할 수 있다. 회귀분석에서 회귀의 뜻은 X의 값으로 Y의 값을 예측하는, 즉 알려진 한 변수의 값을 알면, 다른 변수의 값을 예측할 수 있음을 의미한다. 회귀라는 용어는 영국의 유전학자 프랜시스 골턴이 "아들의 키는 인류의 평균 키에 회귀하려는 경향이 있다"고 언급한 것에서 시작되었고(임병우 외, 2015), 이후 칼 피어슨이 독립변수인 아버지의 키와 종속변수인 아들의 키를 1차 함수로 표현하면서 회귀라는 용어의 사용이 발전했다고 한다.

회귀분석

- $X \rightarrow Y$ 인과적 관계를 규명하는 추론통계
- X를 원인적 변수, Y를 결과적 변수로 가정한다.
- 한 변수(X)의 값을 알 때 다른 한 변수(Y)는 특정한 값으로 회귀하며, 따라서 그 값의 예측이 가능하다.
- X의 값을 알 때, Y값의 예측이 가능하다.

2 회귀분석의 기본 가정

단순회귀분석에서 요구되는 기본 요건은 다음과 같다.

첫째, 두 변수 모두 연속적 확률변수여야 한다. 즉, 회귀분석에서 이용되는 변수는 등간변수나 비율변수여야 한다. 그러나 독립변수는 명목척도나 서열척도로 측정되었더라도 회귀분석이 가능한데, 실제로 이러한 경우는 다중회귀분석에서 종종 발견되지만 단순회귀분석에서는 일반적이지 않다. 종속변수가 이원적인 비연속변수인 경우는 로지스틱 회귀분석을 적용할 수 있다. 그러나 이 책에서는 연속변수에 활용하는 회귀분석만을 다룬다. 둘째, 두 변수 간의 관계는 이론적으로 선형관계를 가정한다. 선형관계는 잔차분석을 통해 확인할 수도 있

지만, 기술통계적으로는 산포도를 그려서 대략적인 선형관계를 확인한다. 이 책에서는 선형관계를 최대한 맞추기 위한 연구자의 변수 변환 방법까지 자세히 다루지는 못하지만 선형관계는 N의 수를 충분히 크게 하거나, 변수값에 로그를 취하거나, 변수값에 제곱을 취하는 등의 방법 등으로 최대한 선형관계를 위한 값의 변환을 할 수 있다. 셋째, 종속변수의 값들은 상호독립적이어야 한다. 하나의 X값에 대한 Y의 값들은 다른 X에 대한 Y값들과 상호독립적이다. 넷째, 등분산성이다. 독립변수의 각 값에 대한 종속변수의 값들이 취하는 분산은 모두 동일해야 한다. 다섯째, 독립변수의 각 값에 대한 종속변수의 값들이 이루는 분포는 모두 정규분포여야 한다. 표본크기가 충분히 클 경우 표본평균의 분포는 모집단 분포의 형태에 관계 없이 정규분포를 이룰 수 있으므로, 회귀분석에서도 표본크기는 최소 30 이상 확보하는 것을 권한다. 네 번째 등분산성과 다섯 번째 정규분포 조건은 표본의 크기를 충분히 크게 하거나 잔차분석을 통해 확인할 수 있다. 그러나 실제 표본은 표본크기가 충분하지 않거나 잔차분석 결과 이러한 조건을 충족시키지 못할 수도 있다. 그러한 경우는 독립변수와 종속변수 모두에 혹은 독립변수나 종속변수에 로그값을 취하거나, 제곱을 하는 등으로 정규분포, 선형관계, 등분산성을 보완할 수 있다. 실제 정책적 결정이 필요한 경우나, 학술논문에서 특정 연구주제를 탐구할 때는 단순회귀분석보다 다중회귀분석이 많이 쓰이지만, 우선 단순회귀분석을 통해서 회귀분석의 활용과 원리를 접근해 보고자 한다.

3 회귀분석의 활용

단순회귀분석은 두 변수 간의 인과관계를 설명하는 데 활용될 수 있다. 이 책에서 소개하는 설문지와 데이터 속의 변수를 예로 든다면, 대학생이 속한 가구의 연 소득은 대학생의 월 소비액수에 영향을 미치는가? 대학생의 아르바이트 시간은 학업성취도(가령, 학점)에 영향을 미치는가? 사회복지 실천 분야를 예로 든다면, 복지관 사회복지사의 월 급여는 사회복지사의 직무만족도에 영향을 미치는가? 사회복지사의 소진을 결과하는 원인적 변수는 무엇인가? 사회복지정책 분야를 예로 든다면, 청년의 주거 상태는 청년의 경제적 빈곤에 영향을 미치는가? 성별은 독거노인의 우울감에 중요한 원인적 변수인가? 노령연금은 노인들의 사회적 배제를 완화하는 효과가 있는가? 청년기본소득은 청년의 경제적 빈곤을 감소시키는 통계적 영향이 있는가 등 변수의 요건과 회귀분석의 기본 가정만 충족된다면, 다양한 연구주제에 활용될 수 있다.

또한 단순회귀분석은 한 변수에 대한 정보가 알려질 때, 다른 변수를 예측할 수 있게 한다. 사회학, 여성학, 경제학, 사회복지 등 사회과학의 여러 분야에서 인과관계의 설명보다는 오히려 예측을 위하여 회귀분석이 시도되기도 한다. 예컨대, '실업률이 왜 상승했는가?'도 중요하겠지만 '최근 10년간 경제 성장률 정보가 알려졌을 때 내년도 실업률은 얼마로 예측될 수 있을까?'라는 문제에 더 관심을 갖고 회귀분석을 할 수 있으며, '빈곤인구 규모에 미치는 영향은 무엇인가?'라는 문제보다는 '내년도 빈곤인구는 얼마가 될까?'라는 문제를 해결하기 위하여 회귀분석을 할 수도 있다. 이외에도 정부에서는 초등학교 무상급식 재료의 원활한 공급을 위하여 특정 정보가 알려진 상태에서 그 정보를 기반으로 내년도 취학 아동 수를 예측해야 한다. 특정 지자체는 사회복지 공무원의 특별 채용을 위해서 그 지자체에 속한 수급가구 규모 및 장애인 규모, 독거노인 규모 등을 미리 예측할 수 있어야 한다. 이와 같이 다양한 예측의 문제들을 해결하기 위하여 회귀분석은 학문적으로 정책적으로 실천적으로 활용될 수 있다.

4 회귀분석의 원리

회귀분석은 두 변수 간의 선형관계를 가정한 상태에서, 그 선형관계를 대표하는 하나의 직선을 도출한다. 그리고 그 직선은 산포도상의 모든 점을 동시에 가장 잘 대표하는 직선이어야 한다. 통계적으로 가장 잘 대표한다는 것은 모든 점과 예측선상의 점과의 차이인 오차의 합이 최소화된다는 것이다. 이 원리를 최소제곱법(Ordinary Least Square method: OLS)이라 한다. 이렇듯 회귀분석은 두 변수 간의 측정값을 보여 주는 산포도상의 모든 점을 가장 잘 대표하는 하나의 선이 존재함을 가정하고, 그 선을 최소제곱법의 원리로 도출함으로써 두 변수 간의 인과적 관계를 규명하거나, 다른 변수의 값을 알 때 다른 변수의 값을 예측할 수 있다.

1) 최소제곱법

두 변수 간의 산포도에 나타난 표본값들을 대표하는 하나의 직선은 통계학적으로 어떻게 결정될 수 있을까? 무수히 많은 직선이 그어질 수 있겠지만, 회귀분석은 모든 점을 동시에 가장 잘 대표하는 하나의 선인 회귀선을 결정한다. 모든 점을 동시에 가장 잘 대표하는 하나의 직선을 도출하는 기준이 무엇인지가 중요할 것이다. 산포도상의 각 점 하나하나 개별값보다는 모든 점을 포괄한 전체의 값에 집중할 필요가 있다.

회귀선은 통계학에서 정한 이론적인 예측선이다. 따라서 모든 점마다 실제 관찰값과 예측값 간의 차이가 존재한다. 이 차이값을 오차라고 하고, 모든 점의 오차의 총합이 가장 작은 경우가 가장 적합한 회귀선일 것이다. 즉, 회귀선은 X값을 이용해서 Y값을 예측할 때 오차가 가장 적게 발생하는 직선이다.

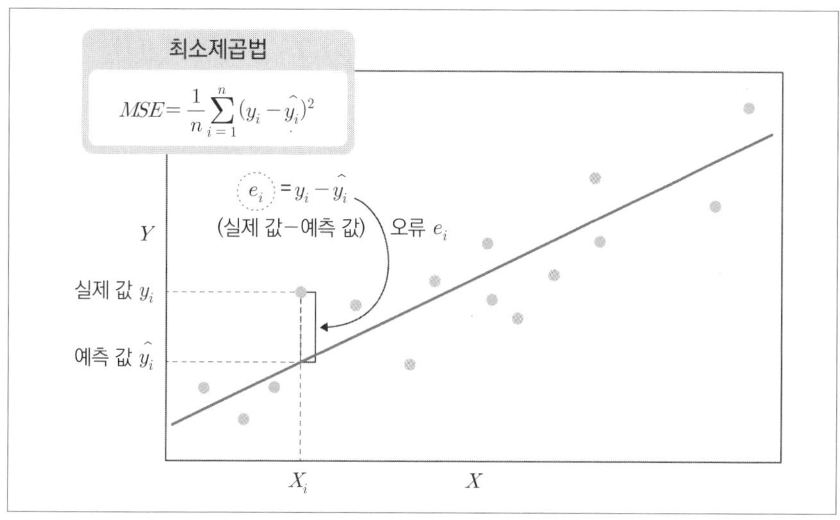

[그림 11-1] 회귀선과 최소제곱법

회귀방정식에서 기울기와 절편을 이용하면 산점도에 있는 모든 점과의 거리를 최소화하는 직선을 그릴 수 있다. 따라서 회귀방정식은 산점도에 있는 모든 점을 가장 잘 대표하는 최소자승 회귀선(least square regression line)을 의미한다. 그렇다면 오차의 총합의 최소화를 공식화해 보자. 그 공식이 회귀방정식이 될 것이고, 방정식의 기울기가 회귀계수가 될 것이다. 오차를 최소화한다는 것은 Y의 예측값과 관찰값 간의 차이를 최소화하는 것이다. 각 점마다 $(Y-\hat{Y})$의 제곱값의 총합이므로 공식으로 표현하면 $\sum(Y-\hat{Y})^2$이며, 실제로 관찰된 값을 Y라고 표시하고, 예측된 값을 $\hat{Y}$라고 표시한다.

- 회귀선(regression line) = Y의 실제 관찰값(Y)과 $Y(\hat{Y})$의 예측값의 차이, 즉 모든 점의 오차의 합이 가장 작은 하나의 직선
- 최소제곱법의 원리와 회귀선: 산점도 상 모든 점의 오차의 제곱의 합, $\sum_{i=1}^{N}(Y-\hat{Y})^2$이 가장 작은 하나의 선 → 회귀선
- 오차가 양수(+값)인 경우와, 음수(-값)인 경우가 있으므로 오차 제곱의 총합이 중요
- N이 충분히 클 경우, 오차의 양수값과 음수값은 서로 상쇄되어 0에 수렴

산점도상 모든 점의 오차의 제곱의 합, $\sum_{i=1}^{N}(Y-\hat{Y})^2$이 가장 작은 하나의 선이 회귀선이 될 수 있다. $\sum_{i=1}^{N}(Y-\hat{Y})^2$의 값이 가장 작은 하나의 직선이 회귀선으로 도출되는 원리를 최소제곱법(Ordinary Least Square method: OLS법)이라고 한다. 두 변수 간의 상관관계가 높으면 실제 Y값은 회귀선에 가까워진다. 그 경우 오차의 제곱합이 작아지며, 따라서 Y값의 예측 오차도 최소화된다. 그러나 두 변수 간의 상관관계가 낮을 경우에는 실제 Y값은 회귀선으로부터 멀어지고, 최소자승합의 값도 커지며 예측상의 오차도 커진다.

2) 회귀방정식

최소제곱법 원리에 의해 도출된 회귀방정식은 다음과 같이 표현한다.

$$Y=a+bX$$

기울기 b값은

$$b=\frac{\sum_{i=1}^{n}\left\{(X_i-\overline{X})(Y_i-\overline{Y})\right\}}{\sum_{i=1}^{n}(X_i-\overline{X})}$$

이다. 첫 번째 식에서 Y는 종속변수, X는 독립변수, 다시 말해서 Y는 결과적 변수, X는 설명적 변수이다. a는 절편으로써 X가 0일 때의 Y의 값을 나타내고, b는 기울기로 X가 변화할 때 Y가 변화하는 정도를 나타낸다. 공식을 보면 기울기는 상관관계 계수와 밀접한 관계를 가지고 있다는 것을 알 수 있다(앞 장의 상관계수 공식 참조). 만약 기울기가 +2.50이라면 X가 1단위 증가할 때 Y는 2.50단위만큼 증가한다는 것을 의미한다. 기울기가 −0.25라면 X가 1단위 증가할 때 Y는 0.25단위만큼 감소한다는 것을 의미한다. 예를 들어, 최소제곱법 원리에 기반하여 회귀방정식이 아래와 같이 도출되었다면

$$y = 3.0 + 0.25X$$

절편이 3.0이며 기울기가 0.25이다. 데이터에서 두 변수, X가 salary, Y가 month_money라면, salary가 30만 원일 때 month_money의 예측값은, $y = 3.0$(만 원)$+ (0.25 \times 30$만 원$)$ $= 10.5$만 원이다. 즉, 회귀방정식을 이용해서, X의 값을 앎으로써 Y값을 예측할 수 있다. 실제 예를 들어 보자. 두 변수인 대학생의 가구연소득(변수, income)과 한 달 용돈(변수, month_money) 간의 인과관계를 회귀분석을 통해서 규명해 보고자 한다. 두 변수 모두 비율변수이자 연속변수이다. 앞서 상관분석에서 우리는 피어슨 상관관계를 계산하였고, 그것이 통계적으로 유의미한지를 규명하였다. 상관분석은 두 변수 간의 상호관련성이 있는지를 규명할 수 있지만, 어느 변수가 원인적이고 어느 변수가 결과적인지는 밝혀내지 못한다.

회귀분석은 이러한 상관분석에서 한 단계 더 나아가, 두 변수 간의 인과적 관계를 규명할 수 있고 따라서 한 변수의 값을 알 때, 다른 변수의 값을 미리 예측할 수 있다. 가구연소득(변수, income)과 한 달 용돈(변수, month_money) 간의 산점도상의 점을 보자. 산점도상의 점들은 표본 설문조사 결과 나온 관찰값들이다. 따라서 산점도는 아직 모집단에서 두 변수 간의 관계를 규명하는 단계의 추론통계가 아닌, 표본조사 결과 관찰값인 기술통계에 불과하다.

회귀분석은 모집단에서 두 변수 간의 이론적인 선형관계를 가정하기 때문에, 산점도상의 모든 점 자체가 가지는 값들을 넘어서서, 이론적으로 그 모든 점을 동시에 대표하는 하나의 직선을 결정하는 것이다.

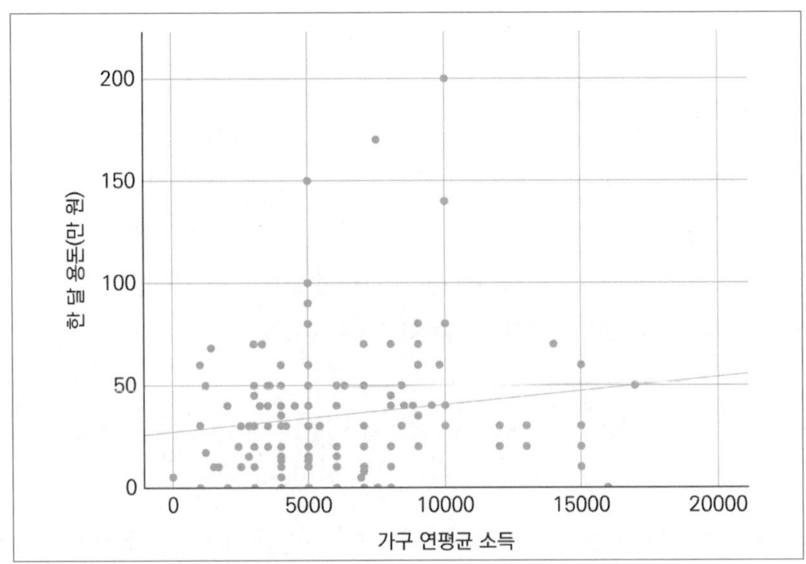

[그림 11-2] 가구소득 변수와 한 달 용돈 변수 간의 산점도(SPSS)

표본조사 결과, 나온 관찰값들을 점으로 찍었을 때 모든 점을 동시에 연결하는 직선은 현실적으로 그릴 수 없다. 대학생이 속한 가구소득과 대학생 한 달 용돈 간의 상응하는 관찰치들이 동일한 직선상에 놓일 수는 없다. 따라서 산점도에 나타난 모든 점을 대표하는 직선을 도출하는 것은 이론적인 개념이며, 실제 표본조사에서 얻는 직선은 아니다. 특정한 통계적 원리와 공식을 통해 얻게 되고, 그것이 회귀선의 도출 원리가 된다.

5 결정계수

Y를 예측하는 데 있어 두 가지 상황을 가정하여 보자. 첫 번째 상황은 X에 대한 정보 없이 Y를 예측하는 것이다. X에 대한 정보가 없을 때에는 Y의 평균값, 즉 $\overline{Y}$를 가지고 Y를 예측하는 것이 일반적이다. Y의 산술평균값은 구하기 용이하고, 활용도가 높을 뿐 아니라, 극단치들이 확률분포에서 상대적으로 적은 분포라면 Y값들은 결국 평균에 근접한 수치들이 확률적으로 다수이기 때문이다. 즉, income에 대한 정보가 없이 month_money를 한 값으로 예측하려 한다면 표본값들의 month_money 평균값을 가지고 month_money의 모집단 값을 예측한다는 뜻이다.

다음 그림에서, 옆으로 그려진 직선이 $\overline{Y}$를 표시하는 선이다. 이 선이 X에 대한 정보가 없을 때, Y를 $\overline{Y}$로 예측한 선, 가로 방향의 직선이라고 할 수 있다. 모집단의 Y값에 대한 예측선은 X에 대한 정보가 없을 때, 가로의 선, $\overline{Y}$의 선으로 예측한다. Y의 실제 관찰값은 Y_i로 표시한다.

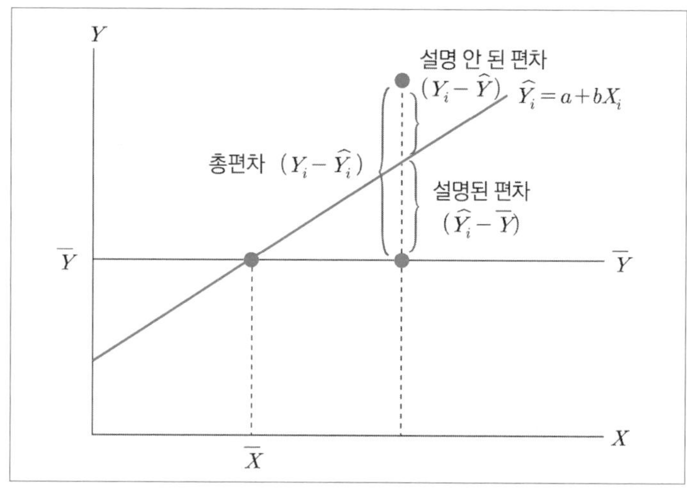

[그림 11-3] 세 가지 변량(편차)와 결정계수(R^2) 원리

그래서 예측선상의 $\overline{Y}$과 실제 관찰값인 Y_i 사이에 오차가 발생한다. 산술평균값 $\overline{Y}$로 Y를 예측하는 것도 쉽고 빠른 방법이긴 하지만, 실제 현실의 분포들은 평균값에서 먼 값들도 다수가 존재하는 경우가 충분히 있을 수 있고 따라서 평균으로 Y값을 예측하는 것은 용이하지만, 실제로는 예측상의 오차가 발생한다. 그것을 그림에서 보이듯이 총 편차 혹은 총 변량이라고 표시하기로 한다.

> X에 대한 정보가 없을 때, Y를 $\overline{Y}$로 예측했을 때, 발생한 오차
>
> 총 변량(총 편차) = $Y_i - \overline{Y}$
>
> (실제 Y값과 예측한 값 사이의 차이, 오차)

그런데 이제 상황이 바뀌어 X에 대한 정보가 제공되었다고 가정해 보자. 두 번째 상황은 X에 대한 정보가 있을 때, Y를 예측하는 것이다. X에 대한 정보가 있고, 따라서 선형관계를 가정하고, 최소자승법에 의거하여 회귀선을 도출하고, 그 결과 회귀방정식을 얻었다고 가정하자. 회귀선이 $\widehat{Y}_i = a + bX_i$로 도출되었다. 회귀선으로 예측된 경우, 특정 X_i값에 따른 Y_i값은 $\widehat{Y}_i$로 예측되었다.

그렇다면, X에 대한 정보가 없을 때, Y를 $\overline{Y}$로 예측했을 때 발생한 총 변량(총 편차) 중에서, X에 대한 정보가 있어서 회귀선을 도출한 경우 줄어든 변량, 즉 설명된 변량, 설명된 편차, 줄어든 오차는 어느 정도인지가 중요해질 것이다. 회귀선으로 예측되므로써, 총 변량 $(Y_i - \overline{Y})$ 중 $(\widehat{Y}_i - \overline{Y})$만큼이 설명되었다. 즉, 총 편차 중에서 그만큼이 감소했다.

- X에 대한 정보가 있어서 회귀선으로 예측했기 때문에, 설명된 변량(줄어든 오차)

설명된 변량(총 편차 중 감소한 오차) $= \widehat{Y}_i - \overline{Y}$

설명 안 되고 남은 변량(남은 오차) $= Y_i - \widehat{Y}_i$

즉, X에 대한 정보가 없을 때 $\overline{Y}$로 예측했을 때와, X에 대한 정보가 있어서 회귀선으로 예측했을 때를 비교해 보자. 회귀선으로 인해서 오차가 얼마나 감소했는지, 즉 다시 말하면, 총 변량 중 설명된 변량이 어느 정도인지 계산해 보자. 하나의 점에서 발생한 총 변량이 중요하지 않고 모든 점에서 발생한 총 변량과 설명된 변량이 계산되어야 한다. 모든 점을 감안하면, 이 변량들은 양의 값과 음의 값이 교차해서 도출된다. 따라서 그대로 합산하면 0에 수렴하므로, 각 변량은 제곱해서 전부 합산하는 것이 적절하다. 이러한 원리에 기반하여 전체 변량 중 설명된 변량의 비율을 결정계수, R^2이라고 하고 공식은 다음과 같다.

$$R^2 = \frac{\text{설명된 변량}}{\text{전체 변량}} = \frac{\Sigma(\hat{Y} - \overline{Y})^2}{\Sigma(Y - \overline{Y})^2}$$

설명된 변량(설명된 편차)과 총 변량(총 편차)을 알면 결정계수를 계산할 수 있다. 이 공식에 의하면 결정계수는 첫 번째 상황 대비 두 번째 상황, 즉 X에 대한 정보를 가지고 Y를 예측할 때 첫 번째 상황에 비해서 과연 예측력이 증가하는지의 지표가 될 수 있다. 따라서 결정계수는 X를 알고 있기 때문에 회귀방정식을 이용하여 Y를 예측했을 때, 그 회귀선이 가지는 예측력 혹은 설명력을 말한다. 종합하면, 표본조사 결과를 통해 얻은 회귀식에 의해 독립변수가 종속변수를 설명하는 정도를 결정계수라고 한다. 결정계수는 회귀모형의 설명력이라고 하기도 한다. 결정계수는 독립변수가 종속변수를 설명하는 정도를 말한다. 결정계수는 이론적으로 회귀모형의 설명력이라고 하기도 하며 0과 +1 사이의 값을 가지며 1에 가까울수록 모델이 데이터를 잘 설명한다는 의미이다. 결정계수에 대한 주요 사항을 요약하면 다음과 같다.

결정계수 R^2 (coefficient of determination)

- 회귀분석 결과 해석: 기울기, 절편, p값, R^2(결정계수)
- 결정계수는 설명된 변량을 총 변량으로 나눈 값(제곱의 합)
- 회귀분석의 결정계수는 회귀 모델이 데이터를 얼마나 잘 설명하는지를 나타내는 통계적 척도
- 결정계수는 0과 1 사이의 값을 가지며, 1에 가까울수록 모델이 데이터를 잘 설명한다는 의미

$$R^2 = \frac{\text{설명된 변량}}{\text{전체 변량}} = \frac{\Sigma(\hat{Y} - \overline{Y})^2}{\Sigma(Y - \overline{Y})^2}, \quad 0 \le R^2 \le 1$$

결정계수는 설명력을 표시한다는 장점이 크지만 한계점 또한 가진다. 결정계수의 한계는 독립변수의 숫자와 관련이 있고, 따라서 여러 개의 모델을 비교할 때는 조정된 결정계수를 비교하는 방법이 있다. 이 책에서는 조정된 결정계수에 대해서 자세히 다루지 않지만, SPSS 결과물에서는 조정된 결정계수가 결정계수 옆에 나란히 표시된다. 회귀 모델에 변수를 추가하면 결정계수의 값은 항상 증가하거나 변하지 않는 모델의 적합도가 존재할 수 있다. 결정계수만으로 서로 다른 회귀모형을 단순히 비교하는 것은 적절하지 않을 수 있다. 그래서 특히 변수의 개수가 다른 모델들을 비교할 때는 조정된 결정계수(Adjusted R^2)를 사용하는 것

이 더 적절할 수 있다. 조정된 결정계수는 모델에 사용된 독립변수의 수를 고려하여 값을 조정한 것이다.

6 다중회귀분석

단순회귀분석은 두 변수 간의 인과관계를 규명하는 추론통계법이다. 단순회귀분석은 일정한 유의수준에 의거하여, 최소자승법을 기본 원리로 회귀선을 도출하고 회귀방정식을 완성함으로써 기울기와 p값을 통해, 독립변수가 종속변수에 미치는 영향의 크기, 방향 그리고 통계적 유의성을 판단한다. 인과관계가 규명되면 독립변수의 값을 알 때, 종속변수의 값을 예측하는 기능도 가능하다.

회귀분석은 단순회귀분석과 다중회귀분석이 있는데, 단순회귀분석은 독립변수인 원인적 변수가 한 개, 종속변수인 결과적 변수가 한 개일 때를 말하며 다중회귀분석은 독립변수가 두 개 이상인 경우의 회귀분석을 말한다. 그리고 회귀분석에서 종속변수는 항상 한 개이고, 독립변수는 한 개 혹은 두 개 이상 있을 수 있는데, 독립변수가 한 개인 경우를 단순회귀분석, 두 개 이상이면 다중회귀분석이라고 한다.

단순회귀분석과 다중회귀분석의 기본 원리와 활용은 거의 동일하다. 단순회귀분석은 종속변수가 하나 그리고 독립변수가 하나라는 것, 다중회귀분석은 종속변수가 하나 그리고 독립변수가 두 개 이상이라는 것이 차이다. 이 장에서는 하나의 종속변수에 영향을 미치는 요인들을 규명하기 위해 두 개 이상의 독립변수 및 통제변수를 설정한 회귀모형을 가정하는 통계기법인 다중회귀분석에 대해서 알아보자.

7 단순회귀분석과 다중회귀분석

다중회귀분석은 단순회귀분석의 연장선이며 발전시킨 형태이기 때문에 근본 원리는 동일하다고 할 수 있다. 단순회귀분석은 간단하고 단순한 형태로서 회귀분석의 원리를 쉽게 이해하는 데 가장 적절하다. 그러나 실제 우리를 둘러싼 사회현상들, 특히 우리가 궁극적으로 규명하고자 하는 종속변수에 영향을 미치는 변수가 단 하나인 경우가 드물고, 복잡 다양한 변수들이 영향을 미친다. 그러나 복잡 다양한 사회현상이나 개인의 형태를 설명하기 위해서는 단순회귀분석으로는 부족함과 한계를 느끼게 된다. 하나의 간단한 사회문제라도 이것을 유발하는 요인은 다양하다. 여러 요인이 상호작용하여 하나의 사회적 문제를 산출하기 때문이다. 그래서 하나의 종속변수에 미치는 변수를 두 개 이상 규명할 수 있는 다중회귀분석이 단순회귀분석보다 상대적으로 활용도가 높다. 다음 표는 단순회귀분석과 다중회귀분석의 간단한 비교 표이다.

〈표 11-1〉 단순회귀분석 vs. 다중회귀분석

	단순회귀분석	다중회귀분석
종속변수(결과적 변수)	Y	Y
독립변수(원인적 변수) 혹은 통제변수	X (한 개)	X_1, X_2, X_3, X_4, … (다수)
회귀방정식	$Y = a + bX$	$Y = a + b_1X_1 + b_2X_2 + b_3X_3 + b_4X_4 + \cdots$

단순회귀분석은 한 변수가 다른 변수에 미치는 영향을 분석하거나 알고 있는 한 변수의 값을 이용하여 모르는 변수값을 예측하기 위한 것으로서 두 변수 사이의 관계식을 세우고 그 관계식을 검증하는 과정을 의미한다. 실제 사회적 현상은 독립변수가 하나인 경우보다는 여러 개의 독립변수나 통제변수가 하나의 종속변수를 설명하는 경우가 대부분이므로, 다중회귀분석이 단순회귀분석보다 실효성은 더 높다고 할 수 있다.

단순회귀분석의 회귀모델 자체는 단순한 것이 장점이지만 실제로는 제한적일 수밖에 없는데, 대부분의 사회적 현상은 Y를 설명하는 원인적 변수 X가 하나이기보다는 그 외 많은 변수가 동시에 영향을 미치기 때문이다. 대부분의 사회적 현상은 원인적 변수가 한 개 이상인 경우가 많고, 또한 그 원인적 변수의 영향만을 규명하기 위해서는 다른 외적 요인 또한 동일한 값으로 통제되어야 하기 때문에 통제 변수가 추가된다. 예를 들어, 아버지의 키(X)로 아들의 키(Y)를 예측할 수 있지만, 두 변수 간의 인과관계를 규명하는 단순회귀분석이 실제로는 불완전한 회귀모델일 수밖에 없다. 왜냐하면 우리 현실에서 아들의 키(Y)는 아버지의 키라는 변수(X_1) 외에도, 어머니의 키(X_2), 그 외 조부모의 키(X_3), 영양 환경(X_4), 신체활동 여부(X_5) 등이 동시에 중요한 영향을 미칠 수 있기 때문이다. 즉, 현실에서 우리가 규명하고자 하는 종속변수 Y에 미치는 영향을 규명하기 위해서는 다중회귀분석이 필요한 경우가 일반적이다.

8 다중회귀분석의 필요성

다중회귀분석의 적절성 내지 장점은 다음과 같다. 첫째, 다중회귀분석은 여러 개의 독립변수를 이용하므로, 단순회귀분석보다 종속변수에 대한 설명이나 예측의 정확성과 타당성이 높다. 둘째, 단순회귀분석은 독립변수가 될 수 있는 다른 변수들의 영향을 고려하지 않은 상태에서 하나의 특정 독립변수가 종속변수에 미치는 영향을 분석하는 기법이다. 그러나 다중회귀분석은 회귀식에서 포함된 다른 독립변수들의 영향을 감안하여 이를 통제한 상태에서 특정 독립변수의 종속변수에 대한 순수한 영향력을 분석하므로, 독립변수가 종속변수에 미치는 영향을 다른 변수의 영향이 통제된 상태에서 규명해 낼 수 있다. 셋째, 각 독립변수의 회귀계수를 각각 얻을 수 있고 비교할 수 있으므로 종속변수에 미치는 변수들의 영향력의 정도 및 상대적 중요도를 파악할 수도 있다. 다중회귀분석의 중요성, 필요성 및 활용을 정리하면 다음과 같다.

① 종속변수에 미치는 변수를 하나 이상으로 설정하는 분석 모형: 단순회귀분석에서는 선형관계를 근본적 가정으로 하고 하나의 독립변수가 하나의 종속변수에 미치는 영향을 규명하였다. 그러나 많은 실제 사회적 현상에서는 변수 간의 관계는 단순하지도 않고 선형적이지도 않다. 다중회귀분석을 활용하면 연구자는 여러 요인을 동시에 설명할 수 있고 변수를 개별적으로 고려할 때 명확하지 않을 수 있는 복잡한 관계를 밝힐 수 있다.

② 다른 변수의 영향을 통제한 상태에서 독립변수의 영향 규명: 종속변수에 영향을 미치는 변수는 주요하게 분석하고자 하는 독립변수 외에도 다른 변수들이 존재한다. 사회적 현상은 하나의 영향 변수만으로 결정되지 않기 때문이다. 가령, 종속변수가 대학생의 월 소득이고, 독립변수는 성별이라고 설정하고 분석하지만, 대학생의 월 소득에는 성별 외에도, 거주지역, 학력, 가족관계, 고용형태, 직종, 건강상태, 가구의 경제적 수준, 취업경험 등이 무수히 많은 변수가 동시에 영향을 미친다. 다중회귀분석은 이러한 다른 변수들의 영향도 인정하고, 그 변수들의 영향을 통제한 상태에서, 독립변수가 종속변수에 미치는 영향을 통계적으로 추론함으로써 그 인과관계 및 영향관계를 규명할 수 있다.

③ 예측 및 예측: 다중회귀분석 모형을 이용하여 독립변수의 회귀계수를 얻으면, 이를 기반으로 종속변수 값을 예측할 수 있다. 다중회귀분석으로 종속변수의 값을 예측할 수 있으므로, 사회복지정책 분야를 필두로 일반 사회분야 및 정책 분야에서 지난 데이터를

활용하여 종속변수 값을 예측하게 하는 독립변수의 회귀계수를 얻음으로써 종속변수의 미래 값을 대략적으로 예측할 수 있다. 따라서 다중회귀분석의 활용도는 무궁무진하다.

④ 가설 테스트: 다중회귀분석을 통해 연구자는 변수 간의 관계에 대한 가설을 테스트할 수 있다. 독립변수 및 기타 통제변수의 회귀계수를 얻고 그것의 통계적 유의성을 점검함으로써 연구자들은 독립변수와 종속변수 사이에 통계적으로 유의미한 관계가 있는지 여부를 판단할 수 있다.

⑤ 모델 비교: 연구자들은 다중회귀분석을 통해 다양한 모델을 비교하여 데이터에 가장 적합한 모델을 결정할 수 있다. 이는 변수 간의 관계를 적절하게 설명하는 가장 간결한 모델을 식별하게 해 준다. 모델 비교를 위한 다중회귀분석의 다양한 모형으로는 위계선형모형이 대표적인 예라고 할 수 있다. 단, 위계선형모형이나 로지스틱 회귀분석 등은 학부생을 위한 통계자료분석보다 한 단계 높은 수준으로, 고급통계분석으로 분류되는 교재를 통해서 심도 있게 학습할 필요가 있다.

⑥ 가정 확인: 다중회귀 분석은 선형성, 정규성, 등분산성과 같은 분석의 기본 가정의 유효성을 평가하는 진단 도구로 활용될 수도 있다. 이러한 가정을 확인하는 것은 회귀분석 결과의 신뢰성을 보장하는 데 중요하다.

전반적으로 다중회귀분석은 복잡한 시스템의 변수 간의 관계를 탐색 및 이해하고, 예측하며, 다양한 연구 및 실무 분야에서 가설을 테스트하는 데 사용할 수 있는 강력한 도구이다.

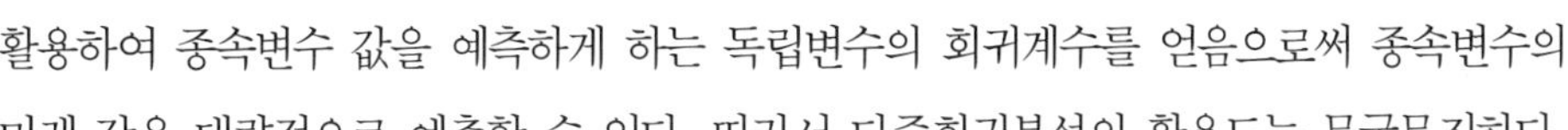

9 다중회귀분석의 원리와 장점

단순회귀분석과 다중회귀분석법의 원리와 목적은 사실상 같다. 단순회귀분석은 독립변수가 하나이고, 다중회귀분석은 독립변수가 둘 이상이라는 점이 차이점이고, 단순회귀분석을 출발로 해서 다중회귀분석이 더 확장된 형태라고 보는 것이 합당할 것이다.

우리의 궁극적인 관심과 조사 연구의 목적은 궁극적으로 종속변수에 있다. 그런데 이 종속변수를 결정하는, 영향을 미치는 사회현상은 복잡 다양하다. 즉, 단순회귀모형으로는 대부분의 종속변수를 충분히 설명하지 못하는 것이다. 하나의 종속변수라고 할지라도 이것의 원인이 되는 원인적 변수는 다양하며 또한 이것들이 상호작용하여 하나의 현상을 만들어 내기 때문이다. 따라서 단순회귀분석은 회귀분석의 가장 기초적인 모형이면서 그 원리를 이해하는 데 가장 단순한 형태라는 점에서 중요하고, 실제 연구에서 중요하면서 적절성을 갖춘 추론통계 기법은 다중회귀분석이라고 할 수 있다.

쉬운 예를 들어 보자. 독립변수를 X, 종속변수를 Y로 한다. 아버지의 키(X)는 아들의 키(Y)를 결정할 수 있다. 연구자가 이 가설에 집중하는 이유는 아들의 키를 설명하기 위해서다. 즉, 궁극적인 관심은 항상 종속변수이며, 독립변수는 종속변수를 설명하기 위해 동시에 분석 모형에 넣는 것이라 이해하면 쉽다. 단순회귀분석이라면 다음과 같은 회귀방정식이 수립될 것이다.

$$Y = a + bX$$

$$\text{아들의 키} = a + b \times (\text{아버지의 키})$$

아버지의 키(X_1)가 아들의 키(Y)에 영향을 줄 수 있다는 가정은 관련된 수많은 학술논문이나 실험설계 등을 검토하면 되겠지만, 현실적으로도 쉽게 관찰할 수 있는 원인적 변수와 결과적 변수의 회귀모형이 될 수 있다. 그러나 이 회귀모형에서 더 중요한 것은, 아들의 키에 영향을 주는 변수는 가장 중점을 두는 독립변수인 아버지의 키(X_1) 외에도, 어머니의 키(X_2), 체중(X_3), 하루 평균 수면량(X_4), 영양공급상태(X_5), 식습관(X_6), 하루 평균 학업량(X_7), 운동시간(X_8), 질병 유무(X_9) 등도 동시에 영향을 미칠 수 있다. 따라서 회귀모형은 아래와 같이 확장될 수 있고, 단순회귀분석 모형에 비해서 훨씬 설명력이 강화될 수 있는 모형으로 인정받을 수 있다.

$$Y = a + b_1X_1 + b_2X_2 + b_3X_3 + b_4X_4 + b_5X_5 + b_6X_6 + b_7X_7 + b_8X_8 + \cdots$$

물론 이론적, 학문적 근거에 기반해서 종속변수에 영향을 미치는 통제변수들을 선정한다면, 이 외에도 다른 기타 변수들이 동시에 아들의 키에 영향을 줄 수 있으며, 따라서 다중회귀분석에서 독립변수와 그 외 통제되는 통제변수는 많으면 많을수록 적합한 모형으로 받아들여진다. 그러나 통제변수가 추가될수록 설명력을 나타내는 결정계수(R^2)가 반드시 높아지는 것은 아니다. 이는 고급통계분석에서 다루어야 하는 지점으로 여기서는 자세히 다루지는 못한다.

다중회귀분석의 장점을 정리하면 다음과 같다. 첫째, 다중회귀분석은 두 개 이상의 독립변수를 이용하므로 단순회귀분석에 비해 상대적으로 종속변수에 대한 설명력이나 예측력이 높다. 둘째, 단순회귀분석에서는 독립변수 하나만으로 회귀모형을 구성하므로, 독립변수 외에도 종속변수에 동시에 영향을 미칠 수 있는 다른 변수들의 영향을 통제하지 못하는 모형이지만, 다중회귀분석은 회귀모형에 포함된 다른 변수들 값이 통제된 상태에서 독립변수가 종속변수에 미치는 영향을 분석해 낼 수 있어서 상대적으로 통계적 정확성이 확보된다. 셋째, 관심 있게 분석하는 독립변수 외에도 다른 통제변수들이 종속변수에 미치는 영향도 알아내고 비교할 수 있다.

10 다중회귀분석의 기본 가정

다중회귀분석과 단순회귀분석의 기본 원리는 동일하므로 갖추어야 하는 기본 가정도 동일하다. 다만, 다중회귀모형에서는 독립변수 및 통제변수로 비연속변수를 포함하는 경우가 많아서 그러한 부분에서 추가 설명이 필요하다. 다중회귀분석의 기본 가정은 다음과 같다.

첫째, 다중회귀분석도 단순회귀분석과 마찬가지로 독립변수와 종속변수 모두 연속적 변수이며 확률분포임을 기본 가정으로 한다. 단순회귀분석이나 다중회귀분석 모두 독립변수, 종속변수, 통제변수에 비연속변수도 가능하고, 각 변수에 맞는 회귀분석 기법도 개발되어 있다. 비연속변수인 경우는 가변수(dummy variable)를 이용해서 보다 회귀분석에 적합한 기본요건에 부합하도록 하는 것이 일반적이다. 둘째, 독립변수와 종속변수의 관계, 통제변수와 종속변수의 관계는 선형관계를 기본 조건으로 한다. 회귀분석에서 변수 간의 관계가 통계적으로 의미 있는 선형관계인지는 검증 결과 나오는 F검증으로 기울기가 0이라는 영가설이 기각되어야 직선관계가 성립된다고 추론할 수 있다. 그런데 만약 영가설이 F검증으로 기각될 수 없을 때에는 종속변수와 독립변수, 통제변수의 값들을 그 변수들이 연속변수인 경우 로그값으로 변환시키면 가능해질 수 있다. 그리고 동시에 독립변수나 통제변수가 비연속변수인 경우 가변수(dummy variable)로 전환시켜 변수들을 조절하는 것도 차선책이 될 수 있다. 셋째, 종속변수 값들은 상호독립적이어야 한다. 상호독립적이지 않으면 자기상관이 존재한다고 볼 수 있다. 넷째, 독립변수들의 각 값에 대한 종속변수의 값들이 취하는 분산은 모두 동일해야 한다. 다섯째, 독립변수의 각 값에 대한 종속변수 값들이 이루는 분포는 정규분포여야 한다.

회귀분석

- 단순회귀분석을 수행하려 한다.
- 분석하고자 하는 변수를 두 개 선정하시오.
- SPSS를 통해 회귀분석을 수행하고 그 결과를 해석하시오(유의수준 $\alpha = 0.05$).

	단순회귀분석
변수 선정	변수 1 변수 2
독립변수와 종속변수의 관계에 대한 가설 기술 (인과관계)	
회귀방정식 완성	
p값 해석(SPSS)	
결정계수 해석	
최종 결론 및 해석	

SPSS 실습 - 단순회귀분석

실습 과제 단순회귀분석을 수행하려고 한다. 적절한 두 변수를 선택하고, 회귀방정식을 완성하시오. 회귀계수 및 결정계수를 해석하시오.

대학생 월 소득(salary) 변수와 한 달 용돈(month_money), 두 연속변수 간의 선형 관계를 가정하고 아래와 같은 회귀방정식을 세운다. 규명하려는 연구주제는 대학생 월급과 대학생 용돈 간에는 인과관계가 존재하는가이다.

$$\text{salary}(X) \rightarrow \text{month\_money}(Y)$$
$$Y = a + bX$$

데이터보기 화면 → 분석 → 회귀분석 → 선형의 순서대로 선택한다.

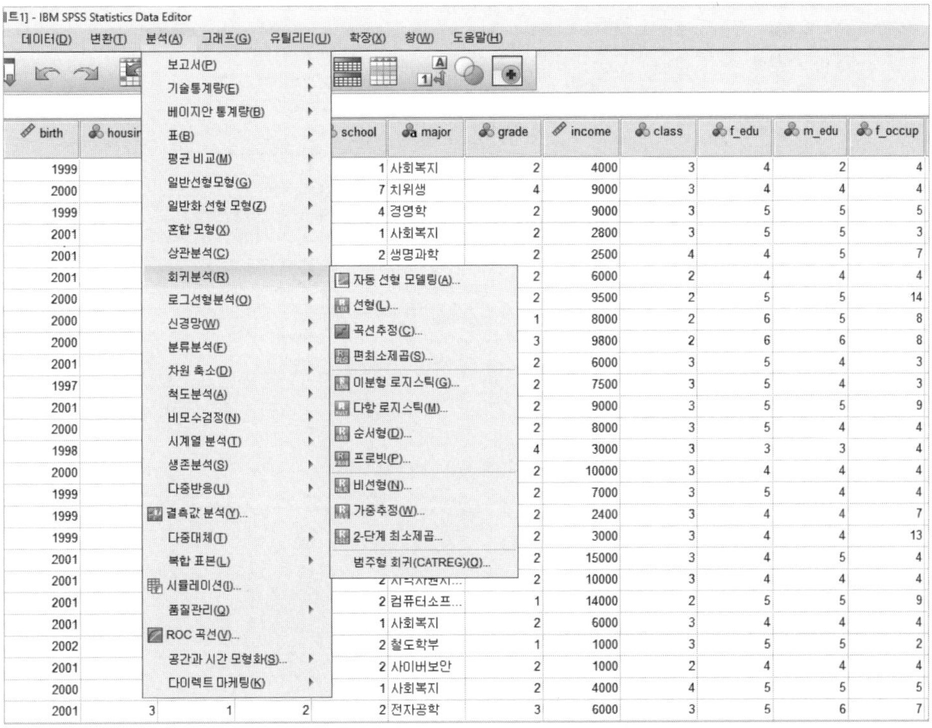

'선형회귀' 선택 후, 독립변수 자리에 salary 변수와 종속변수 자리에 month_money를 옮긴 후 '확인' 버튼을 누른다.

다음과 같은 출력 결과를 얻을 수 있다.

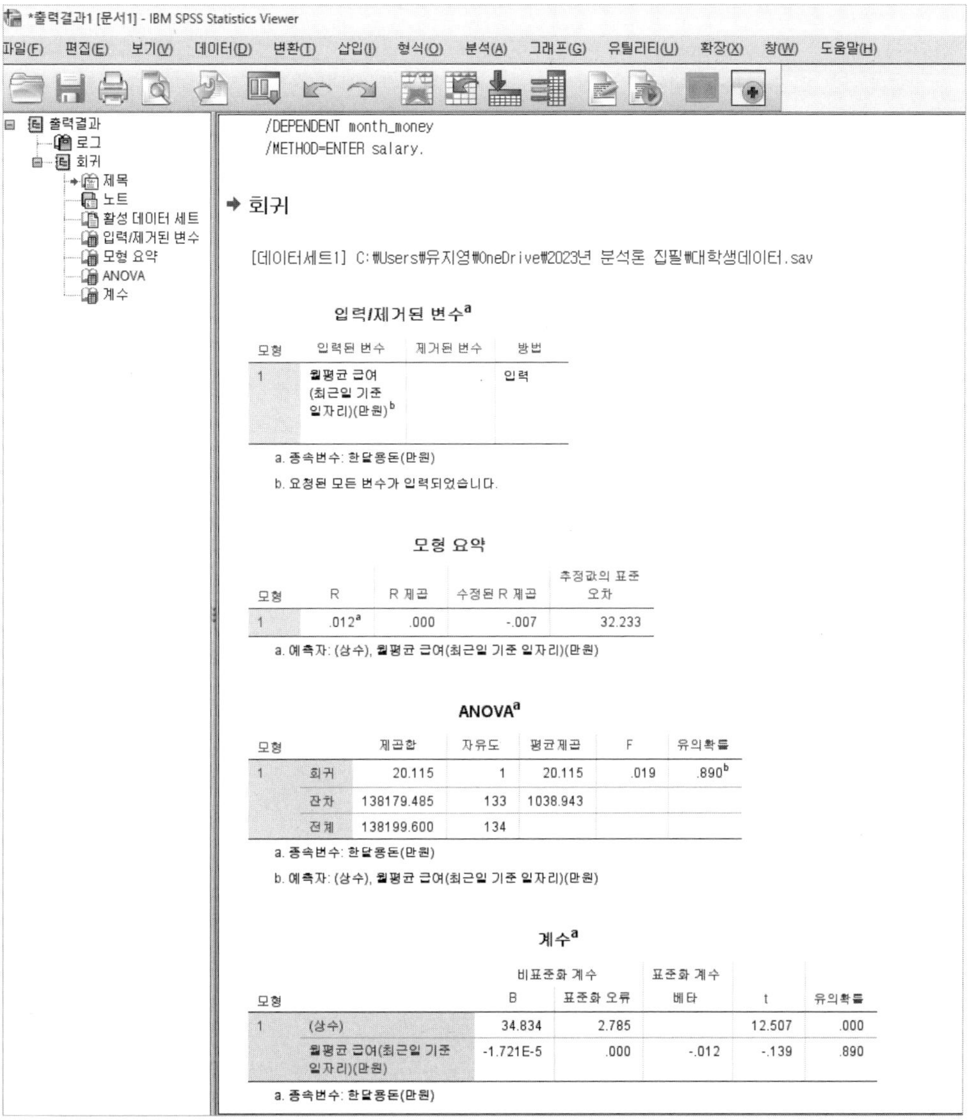

*출력결과1 [문서1] - IBM SPSS Statistics Viewer

파일(F) 편집(E) 보기(V) 데이터(D) 변환(T) 삽입(I) 형식(O) 분석(A) 그래프(G) 유틸리티(U) 확장(X) 창(W) 도움말(H)

출력결과
- 로그
- 회귀
  - 제목
  - 노트
  - 활성 데이터 세트
  - 입력/제거된 변수
  - 모형 요약
  - ANOVA
  - 계수

```
/DEPENDENT month_money
/METHOD=ENTER salary.
```

➜ 회귀

[데이터세트1] C:₩Users₩유지영₩OneDrive₩2023년 분석론 집필₩대학생데이터.sav

입력/제거된 변수[a]

모형	입력된 변수	제거된 변수	방법
1	월평균 근여(최근일 기준 일자리)(만원)[b]	.	입력

a. 종속변수: 한달용돈(만원)

b. 요청된 모든 변수가 입력되었습니다.

모형 요약

모형	R	R 제곱	수정된 R 제곱	추정값의 표준오차
1	.012[a]	.000	-.007	32.233

a. 예측자: (상수), 월평균 근여(최근일 기준 일자리)(만원)

ANOVA[a]

모형		제곱합	자유도	평균제곱	F	유의확률
1	회귀	20.115	1	20.115	.019	.890[b]
	잔차	138179.485	133	1038.943		
	전체	138199.600	134			

a. 종속변수: 한달용돈(만원)

b. 예측자: (상수), 월평균 근여(최근일 기준 일자리)(만원)

계수[a]

모형		비표준화 계수		표준화 계수	t	유의확률
		B	표준화 오류	베타		
1	(상수)	34.834	2.785		12.507	.000
	월평균 근여(최근일 기준 일자리)(만원)	-1.721E-5	.000	-.012	-.139	.890

a. 종속변수: 한달용돈(만원)

SPSS 결과물을 활용하여, 회귀방정식을 완성하고 결과를 해석한다.

연구자는 대학생 월 소득(salary) 변수와 한 달 용돈(month_money), 두 연속변수 간의 선형관계를 가정하고 아래와 같은 회귀방정식을 세웠다. 대학생 월급과 대학생 용돈 간에는 인과관계가 존재하는가를 회귀분석을 통해 규명하려고 한다.

$$\text{salary}(X) \rightarrow \text{month\_money}(Y)$$
$$Y = a + bX$$

SPSS로 회귀분석을 수행한 결과, 독립변수의 회귀계수 b는 -1.721E-5이고, 절편 a는 34.834이다. 회귀계수의 p값은 0.890으로 유의수준 0.05보다 크므로, 통계적으로 유의미한 관계라고 할 수 없다. 결정계수 R^2 또한 0.000으로 설명력이 미미한 것으로 보이며, 이 또한 회귀방정식에서 전제한 선형관계 및 인과관계가 통계적으로 유의미하지 않는 것으로 규명되었으므로 해석의 의미가 없다.

부록

부록 1

대학생 설문지_변수 이름 표기

우리나라 20대 대학생의 현재
- 경제적 측면 및 사회인식을 중심으로 -

우리나라 대학생은 높은 등록금, 취업난, 실업 등 매우 심각한 문제에 직면해 있습니다. 본 설문조사는 우리나라 대학생들의 현재에 관한 탐색적 연구이며 특히 경제적 측면에 집중해서 조사하고자 합니다. 대학생 여러분들의 성실한 응답을 부탁드리며 응답 과정에서 여러분들의 현재를 경제적 측면에서 다시 한번 고민하는 기회가 되기를 바랍니다. 본 조사의 결과는 연구 이외의 다른 목적으로 사용되지 않음을 알려드립니다. 감사합니다.

남서울대학교 사회복지학과 유지영 교수 연구팀

gender 1. 당신의 성별은?
① 남 ② 여

birth 2. 당신의 출생 연도를 기입해 주세요. (　　　　)년

housing 3. 당신의 (학기 중) 주거 상황은?
① 부모와 동거 ② 하숙 ③ 생활관(기숙사) ④ 자취(고시원 포함) ⑤ 기타

family_type 4. 당신의 가구 형태는?
(법적인 가구 형태가 아닌 사실상의 가구 형태로 기입해 주세요.)
① 양부모가족 ② 한부모가족(아버지가 가장)
③ 한부모가족(어머니가 가장) ④ 부모 없이 형제자매 가구
⑤ 부모 없이 나 홀로 독거 가구 ⑥ 조손가구(부모 없이 조부모와 동거)
⑦ 기타

univ_where 5. 당신이 재학 중이거나 휴학 중인 대학교의 소재지는?
① 서울 ② 경기 ③ 충청도 ④ 강원도 ⑤ 전라도 ⑥ 경상도 ⑦ 기타

school 6. 당신의 전공은?
① 인문 사회대 ② 자연대 및 공과대 ③ 예체능대
④ (법대를 제외한) 상경대 ⑤ 법과대 ⑥ 약학 및 의과대 ⑦ 기타

major 7. 당신의 학과 이름을 정확하게 기입해 주세요. ( )

grade 8. 당신의 학년은? (휴학 중인 경우 휴학할 당시의 학년으로 응답하세요.)
① 1학년 ② 2학년 ③ 3학년 ④ 4학년

income 9. 당신이 속한 가구의 전체 소득은 연평균 얼마입니까? ( ) 만 원/년
(가구구성원의 소득을 합산한 액수의 대략적인 연평균을 쓰세요.)
(참고: 가구 일 년 소득이 평균 3천만 원인 경우, (3천) 만 원 혹은 (3000) 만 원으로 기입해 주세요.)

class 10. 당신의 주관적 판단으로 당신이 속한 가구의 사회적 계층은 어디에 속합니까?
① 상류층 ② 중상류층 ③ 중간층 ④ 중하류층 ⑤ 하류층

f_edu 11. 당신의 아버지의 교육 정도는?
① 무학 ② 초등학교 졸업 ③ 중학교 졸업 ④ 고등학교 졸업
⑤ 대학교 졸업 ⑥ 대학원 졸업 ⑦ 기타

m_edu 12. 당신의 어머니의 교육 정도는?
① 무학 ② 초등학교 졸업 ③ 중학교 졸업 ④ 고등학교 졸업
⑤ 대학교 졸업 ⑥ 대학원 졸업 ⑦ 기타

f_occup 13. 아버지의 직업을 아래 보기에서 선택해 주세요. ( )번

m_occup 14. 어머니의 직업을 아래 보기에서 선택해 주세요. ( )번
(만약 어머니가 일용직, 가사도우미, 판매원 등의 비정규적으로 필요에 따라 일하는 경우도 직업에 해당됩니다. 무직 및 전업주부를 선택하지 마시고 해당하는 직업을 선택해 주세요.)

(보기)
(1) 농업, 임업, 어업
(2) 소규모 자영업(가게, 식당 등)
(3) 중규모 이상 사업가

(4) 생산직/기술직
(5) 사무직(회사원 등)
(6) 학생
(7) 공무원(교사 군인 포함)
(8) 연구전문직(교수, 약사, 의사, 연구원, 변호사, 예술가)
(9) 관리직(대기업 부장급/중소기업 이사급 이상)
(10) 전업주부(가정주부)
(11) 피고용서비스(영업, 가사, 판매직, 서비스업)
(12) 단순노동자(청소, 일용직)
(13) 무직(자진퇴직, 명예퇴직, 정리해고 등으로 현재 실업자인 상태 포함)
(14) 기타

month_money 15. 당신의 한 달 용돈은 평균 얼마입니까?
(자취생이나 독립생활자의 경우 전체 생활비를 쓰세요.)

약 (　　　　　) 만 원/월

wish_money 16. 당신이 희망하는 한 달 용돈은 얼마입니까?
(자취생이나 독립생활자의 경우 전체 생활비를 쓰세요.)

약 (　　　　　) 만 원/월

day_money 17. 당신이 하루 평균 소비하는 돈의 액수는 어느 정도입니까?

약 (　　　　　) 원/일

money_for_what 18. 당신은 용돈 및 생활비를 주로 무엇에 소비하십니까?
(주로 소비하는 한 가지만 선택하세요.)

① 식사비 및 교통비
② 옷/화장품/장식품 등 소비용품 구매
③ 책값 학원비 등 자기계발비
④ 가족을 위한 생활비 보조 및 등록금을 위해 저축
⑤ 기타

money_who 19. 당신의 한 달 용돈은 누가 부담하고 있습니까?
(자취생이나 독립생활자의 경우 전체 생활비의 주된 부담자)

① 나 자신(아르바이트 및 취업으로)　② 부모
③ 친척 및 친구　④ 기타

lunch_dinn 20. 점심 및 저녁식사에 지출하는 비용은 평균 어느 정도입니까? (식사 1회 기준)

① 0원 이상~3천 원 미만　　② 3천 원 이상~6천 원 미만

③ 6천 원 이상~9천 원 미만　　④ 9천 원 이상~

wish_lun_dinn 21. 만약 용돈 및 생활비에 충분한 여유가 있다면 점심 및 저녁 식사에 지출하고 싶은 비용은 어느 정도입니까? (본인이 희망하는 수준을 쓰세요.)

① 0원 이상~3천 원 미만　　② 3천 원 이상~6천 원 미만

③ 6천 원 이상~9천 원 미만　　④ 9천 원 이상~

transport 22. 교통비로 지출하는 비용은 하루 평균 어느 정도입니까? (주로 통학의 목적으로)

① 0원 이상~3천 원 미만　　② 3천 원 이상~6천 원 미만

③ 6천 원 이상~9천 원 미만　　④ 9천 원 이상~

wish_trans 23. 만약 용돈 및 생활비에 충분한 여유가 있다면 교통비로 지출하고 싶은 비용은 어느 정도입니까? (본인이 희망하는 수준을 쓰세요.)

① 0원 이상~3천 원 미만　　② 3천 원 이상~6천 원 미만

③ 6천 원 이상~9천 원 미만　　④ 9천 원 이상~

tuition 24. 당신의 한 학기 등록금은 평균 얼마 정도입니까?

① 0~200만 원 미만　　② 200만 원 이상~400만 원 미만

③ 400만 원 이상~600만 원 미만　　④ 600만 원 이상~800만 원 미만

⑤ 800만 원 이상~1000만 원 미만　　⑥ 1000만 원 이상~

GPA 25. 현재까지 당신의 학업성적을 기입해 주세요. (1학년부터 현재까지 평균 학점)

4.0점 만점인 경우는 여기에 기입하세요.　　(　　　) 점/4점 만점

4.5점 만점인 경우는 여기에 기입하세요.　　(　　　) 점/4.5점 만점

loan_y_n 26. 학자금 대출을 받으신 적이 있으십니까? (○로 표시해 주세요.)

① 예 (　　)　② 아니요 (　　)

loan_amount 27. (26번 문항에 예라고 응답한 사람만 표기. 아니요라고 응답한 분은 28번으로 가세요.) 학자금 대출을 받은 적이 있으시다면 지금까지 총 얼마를 대출 받으셨습니까?

약 (　　　　) 만 원

travel_abroa 28. 현재까지 언어연수 및 봉사 등의 목적으로 해외에 나간 경험은 몇 회입니까? (관광용 해외여행은 제외하고 장학금 및 자비 부담으로 언어연수, 학점/학위 교환 및 해외봉사 등을 포함함. 경험이 없는 경우는 0으로 기입해 주세요.)

( ) 회

bad_credit 29. 나를 포함해서 가족 구성원 중에 신용불량자가 있다. (직계가족만 해당함) (◯로 표시해 주세요.)

① 예 ( ) ② 아니요 ( )

work_y_n 30. 당신은 재학 중에 아르바이트와 같은 근로를 하고 있거나 과거에 한 경험이 있습니까? (현재 혹은 과거에 한 유급 교내 근로, 아르바이트, 유급 직장체험, 인턴 등 모든 종류의 유급 근로 포함) (◯로 표시해 주세요.)

① 예 ( ) ② 아니요 ( )

work_what 31. (가장 최근에 한 일을 기준으로) 당신은 어떤 일을 하고 있습니까?

① 공공기관(주민센터, 시청, 동사무소, 우체국 등) ② 복지기관 및 복지시설
③ 기업체 ④ 음식점 ⑤ 건설현장 및 공장
⑥ 상점 및 편의점 ⑦ 유흥업소(당구장, 노래방, 피시방 등)
⑧ 학원 및 학습지도 ⑨ 배달(신문사/중국집/치킨집 등)
⑩ 주유소 ⑪ 기타 ⑫ 전혀 일한 적 없다

salary 32. (가장 최근에 한 일을 기준으로) 일하는 곳에서 받는 급여는 월평균 얼마입니까?

약 ( ) 만 원/월

경제적 측면에 관한 추가 질문입니다. 해당하는 칸에 ○로 표시해 주세요.

	매우 아니다	아니다	보통	그렇다	매우 그렇다
money_satis 33. 나는 내 생활비 및 용돈에 만족한다.					
depress 34. 나는 돈 문제로 불면증 및 우울증에 시달린다.					
meet 35. 나는 돈 때문에 가족 및 친구 간의 만남 및 행사에 제한을 받는다(이성과의 연애 관계 포함).					
meal 36. 나는 돈 때문에 식사 비용을 줄이거나 식사를 안 한 경험이 있다.					
seek_job 37. 나는 돈을 더 벌기 위해 항상 일자리를 찾는 편이다.					
drop_out 38. (등록금 포함) 돈 때문에 본인을 포함해 형제자매 중에 휴학이나 자퇴를 실제 하거나 / 생각해 본 경험이 있다.					
army 39. (등록금 포함) 돈 때문에 본인을 포함해 형제자매 중에 군 입대를 실제 하거나 / 생각해 본 경험이 있다(남성, 여성 모두 해당).					
IMF 40. 부도, 도산, 파산 등으로 본인 및 가족 구성원들이 경제적으로 타격을 입은 경험이 있다.					
major_job 41. 현재 전공도 취업을 위해서 선택했다.					
school_meal 42. 구내 식당의 가격도 부담스럽다.					
work_double 43. 한 학기에 두 개 이상의 아르바이트를 한 경험이 있다.					
fam_unhapp 44. 등록금 및 생활비 문제로 부모님이나 가족 성원의 불화가 있다.					
grad_money 45. 나의 졸업 후 생계에 대한 대책이 없다.					
business 46. 졸업 후 정규직 취업은 불가능할 것 같아서 차라리 창업을 고려 중이다.					
mental_ill 47. 돈 문제로 정신적 건강에도 이상을 느낀다.					
phsical_ill 48. 돈 문제로 신체적 건강에도 이상을 느낀다.					

당신의 문제인식에 관한 문항입니다. 해당하는 칸에 ○로 표시해 주세요.

	매우 아니다	아니다	보통	그렇다	매우 그렇다
tuition_high 49. 나는 우리나라 등록금이 지나치게 높다고 생각한다.					
government 50. 청년실업이나 등록금 문제에 대해서 정부의 태도가 무책임하거나 소극적이라 생각한다.					
movement 51. 청년실업이나 등록금 문제에 대해서 나를 포함해 우리 전체가 적극적으로 문제 해결에 나서야 한다고 생각한다(집회, 관련 단체 활동, 인터넷 참여 등).					
mini_wage 52. 우리나라 최저임금제가 무엇인지 대략 알고 있다.					
mini_wage2 53. 우리나라 최저임금이 시간당 얼마인지 정확히 알고 있다(작년 혹은 올해 연도 기준).					
oppor_out 54. 취업준비 및 고시공부로 대학생의 행복과 기회가 박탈되고 있다고 생각한다.					
wealth 55. 부(富, wealth)는 세습되며 나는 노력한다 해도 내 부모님과 동일하거나 혹은 그 이하의 인생을 살 것이라 생각한다.					
move_yes 56. 정치적인 이슈를 위한 집회에 참석한 경험이 있다(촛불 집회 등).					
self_suffi 57. 경제적으로 부모에게 의존하는 상황을 취업 및 경제적 자립을 통해 벗어나고 싶다.					
bond 58. 실업 등 사회적 문제 해결을 위해 대학생 및 젊은이의 연대는 필수적이다.					
upclass_no 59. 현재 학벌과 스펙으로는 계급 및 계층 상승은 불가능하다고 생각한다.					
marry_child 60. 이대로는 미래의 결혼 및 출산도 어렵다고 생각한다.					

성실한 답변 진심으로 감사드립니다.

부록 2

대학생 설문지_변수 이름 미표기

우리나라 20대 대학생의 현재
- 경제적 측면 및 사회인식을 중심으로 -

우리나라 대학생은 높은 등록금, 취업난, 실업 등 매우 심각한 문제에 직면해 있습니다. 본 설문조사는 우리나라 대학생들의 현재에 관한 탐색적 연구이며 특히 경제적 측면에 집중해서 조사하고자 합니다. 대학생 여러분들의 성실한 응답을 부탁드리며 응답 과정에서 여러분들의 현재를 경제적 측면에서 다시 한번 고민하는 기회가 되기를 바랍니다. 본 조사의 결과는 연구 이외의 다른 목적으로 사용되지 않음을 알려드립니다. 감사합니다.

남서울대학교 사회복지학과 유지영 교수 연구팀

1. 당신의 성별은?

① 남 ② 여

2. 당신의 출생 연도를 기입해 주세요. ( )년

3. 당신의 (학기 중) 주거 상황은?

① 부모와 동거 ② 하숙 ③ 생활관(기숙사) ④ 자취(고시원 포함) ⑤ 기타

4. 당신의 가구 형태는?
(법적인 가구 형태가 아닌 사실상의 가구 형태로 기입해 주세요.)

① 양부모가족 ② 한부모가족(아버지가 가장)
③ 한부모가족(어머니가 가장) ④ 부모 없이 형제자매 가구
⑤ 부모 없이 나 홀로 독거 가구 ⑥ 조손가구(부모 없이 조부모와 동거)
⑦ 기타

5. 당신이 재학 중이거나 휴학 중인 대학교의 소재지는?

① 서울 ② 경기 ③ 충청도 ④ 강원도 ⑤ 전라도 ⑥ 경상도 ⑦ 기타

6. 당신의 전공은?
① 인문 사회대 ② 자연대 및 공과대 ③ 예체능대
④ (법대를 제외한) 상경대 ⑤ 법과대 ⑥ 약학 및 의과대 ⑦ 기타

7. 당신의 학과 이름을 정확하게 기입해 주세요. (   )

8. 당신의 학년은? (휴학 중인 경우 휴학할 당시의 학년으로 응답하세요.)
① 1학년 ② 2학년 ③ 3학년 ④ 4학년

9. 당신이 속한 가구의 전체 소득은 연평균 얼마입니까? (   ) 만 원/년
(가구구성원의 소득을 합산한 액수의 대략적인 연평균을 쓰세요.)
(참고: 가구 일 년 소득이 평균 3천만 원인 경우, (3천) 만 원 혹은 (3000) 만 원으로 기입해 주세요.)

10. 당신의 주관적 판단으로 당신이 속한 가구의 사회적 계층은 어디에 속합니까?
① 상류층 ② 중상류층 ③ 중간층 ④ 중하류층 ⑤ 하류층

11. 당신의 아버지의 교육 정도는?
① 무학 ② 초등학교 졸업 ③ 중학교 졸업 ④ 고등학교 졸업
⑤ 대학교 졸업 ⑥ 대학원 졸업 ⑦ 기타

12. 당신의 어머니의 교육 정도는?
① 무학 ② 초등학교 졸업 ③ 중학교 졸업 ④ 고등학교 졸업
⑤ 대학교 졸업 ⑥ 대학원 졸업 ⑦ 기타

13. 아버지의 직업을 아래 보기에서 선택해 주세요. (   )번

14. 어머니의 직업을 아래 보기에서 선택해 주세요. (   )번
(만약 어머니가 일용직, 가사도우미, 판매원 등의 비정규적으로 필요에 따라 일하는 경우도 직업에 해당됩니다. 무직 및 전업주부를 선택하지 마시고 해당하는 직업을 선택해 주세요.)

(보기)
(1) 농업, 임업, 어업
(2) 소규모 자영업(가게, 식당 등)
(3) 중규모 이상 사업가

(4) 생산직/기술직
(5) 사무직(회사원 등)
(6) 학생
(7) 공무원(교사 군인 포함)
(8) 연구전문직(교수, 약사, 의사, 연구원, 변호사, 예술가)
(9) 관리직(대기업 부장급/중소기업 이사급 이상)
(10) 전업주부(가정주부)
(11) 피고용서비스(영업, 가사, 판매직, 서비스업)
(12) 단순노동자(청소, 일용직)
(13) 무직(자진퇴직, 명예퇴직, 정리해고 등으로 현재 실업자인 상태 포함)
(14) 기타

15. 당신의 한 달 용돈은 평균 얼마입니까?
(자취생이나 독립생활자의 경우 전체 생활비를 쓰세요.)

약 (   ) 만 원/월

16. 당신이 희망하는 한 달 용돈은 얼마입니까?
(자취생이나 독립생활자의 경우 전체 생활비를 쓰세요)

약 (   ) 만 원/월

17. 당신이 하루 평균 소비하는 돈의 액수는 어느 정도입니까?

약 (   ) 원/일

18. 당신은 용돈 및 생활비를 주로 무엇에 소비하십니까?
(주로 소비하는 한 가지만 선택하세요.)
① 식사비 및 교통비
② 옷/화장품/장식품 등 소비용품 구매
③ 책값 학원비 등 자기계발비
④ 가족을 위한 생활비 보조 및 등록금을 위해 저축
⑤ 기타

19. 당신의 한 달 용돈은 누가 부담하고 있습니까?
(자취생이나 독립생활자의 경우 전체 생활비의 주된 부담자)
① 나 자신(아르바이트 및 취업으로) ② 부모
③ 친척 및 친구 ④ 기타

20. 점심 및 저녁식사에 지출하는 비용은 평균 어느 정도입니까? (식사 1회 기준)

① 0원 이상~3천 원 미만　　② 3천 원 이상~6천 원 미만
③ 6천 원 이상~9천 원 미만　　④ 9천 원 이상~

21. 만약 용돈 및 생활비에 충분한 여유가 있다면 점심 및 저녁 식사에 지출하고 싶은 비용은 어느 정도입니까? (본인이 희망하는 수준을 쓰세요.)

① 0원 이상~3천 원 미만　　② 3천 원 이상~6천 원 미만
③ 6천 원 이상~9천 원 미만　　④ 9천 원 이상~

22. 교통비로 지출하는 비용은 하루 평균 어느 정도입니까? (주로 통학의 목적으로)

① 0원 이상~3천 원 미만　　② 3천 원 이상~6천 원 미만
③ 6천 원 이상~9천 원 미만　　④ 9천 원 이상~

23. 만약 용돈 및 생활비에 충분한 여유가 있다면 교통비로 지출하고 싶은 비용은 어느 정도입니까? (본인이 희망하는 수준을 쓰세요.)

① 0원 이상~3천 원 미만　　② 3천 원 이상~6천 원 미만
③ 6천 원 이상~9천 원 미만　　④ 9천 원 이상~

24. 당신의 한 학기 등록금은 평균 얼마 정도입니까?

① 0~200만 원 미만　　② 200만 원 이상~400만 원 미만
③ 400만 원 이상~600만 원 미만　　④ 600만 원 이상~800만 원 미만
⑤ 800만 원 이상~1000만 원 미만　　⑥ 1000만 원 이상~

25. 현재까지 당신의 학업성적을 기입해 주세요. (1학년부터 현재까지 평균 학점)

4.0점 만점인 경우는 여기에 기입하세요.　　(　　　) 점/4점 만점
4.5점 만점인 경우는 여기에 기입하세요.　　(　　　) 점/4.5점 만점

26. 학자금 대출을 받으신 적이 있으십니까? (○로 표시해 주세요.)

① 예 (　　　)　　② 아니요 (　　　)

27. (26번 문항에 예라고 응답한 사람만 표기. 아니요라고 응답한 분은 28번으로 가세요.) 학자금 대출을 받은 적이 있으시다면 지금까지 총 얼마를 대출 받으셨습니까?

약 (　　　　) 만 원

28. 현재까지 언어연수 및 봉사 등의 목적으로 해외에 나간 경험은 몇 회입니까?
(관광용 해외여행은 제외하고 장학금 및 자비 부담으로 언어연수, 학점/학위 교환 및 해외봉사 등을 포함함. 경험이 없는 경우는 0으로 기입해 주세요.)

( ) 회

29. 나를 포함해서 가족 구성원 중에 신용불량자가 있다. (직계가족만 해당함)
(○로 표시해 주세요.)

① 예 ( ) ② 아니요 ( )

30. 당신은 재학 중에 아르바이트와 같은 근로를 하고 있거나 과거에 한 경험이 있습니까? (현재 혹은 과거에 한 유급 교내 근로, 아르바이트, 유급 직장체험, 인턴 등 모든 종류의 유급 근로 포함) (○로 표시해 주세요.)

① 예 ( ) ② 아니요 ( )

31. (가장 최근에 한 일을 기준으로) 당신은 어떤 일을 하고 있습니까?

① 공공기관(주민센터, 시청, 동사무소, 우체국 등) ② 복지기관 및 복지시설
③ 기업체 ④ 음식점 ⑤ 건설현장 및 공장
⑥ 상점 및 편의점 ⑦ 유흥업소(당구장, 노래방, 피시방 등)
⑧ 학원 및 학습지도 ⑨ 배달(신문사/중국집/치킨집 등)
⑩ 주유소 ⑪ 기타 ⑫ 전혀 일한 적 없다

32. (가장 최근에 한 일을 기준으로) 일하는 곳에서 받는 급여는 월평균 얼마입니까?

약 ( ) 만 원/월

경제적 측면에 관한 추가 질문입니다. 해당하는 칸에 ○로 표시해 주세요.

	매우 아니다	아니다	보통	그렇다	매우 그렇다
33. 나는 내 생활비 및 용돈에 만족한다.					
34. 나는 돈 문제로 불면증 및 우울증에 시달린다.					
35. 나는 돈 때문에 가족 및 친구 간의 만남 및 행사에 제한을 받는다(이성과의 연애 관계 포함).					
36. 나는 돈 때문에 식사 비용을 줄이거나 식사를 안 한 경험이 있다.					
37. 나는 돈을 더 벌기 위해 항상 일자리를 찾는 편이다.					
38. (등록금 포함) 돈 때문에 본인을 포함해 형제자매 중에 휴학이나 자퇴를 실제 하거나 / 생각해 본 경험이 있다.					
39. (등록금 포함) 돈 때문에 본인을 포함해 형제자매 중에 군 입대를 실제 하거나 / 생각해 본 경험이 있다(남성, 여성 모두 해당).					
40. 부도, 도산, 파산 등으로 본인 및 가족 구성원들이 경제적으로 타격을 입은 경험이 있다.					
41. 현재 전공도 취업을 위해서 선택했다.					
42. 구내 식당의 가격도 부담스럽다.					
43. 한 학기에 두 개 이상의 아르바이트를 한 경험이 있다.					
44. 등록금 및 생활비 문제로 부모님이나 가족 성원의 불화가 있다.					
45. 나의 졸업 후 생계에 대한 대책이 없다.					
46. 졸업 후 정규직 취업은 불가능할 것 같아서 차라리 창업을 고려 중이다.					
47. 돈 문제로 정신적 건강에도 이상을 느낀다.					
48. 돈 문제로 신체적 건강에도 이상을 느낀다.					

당신의 문제인식에 관한 문항입니다. 해당하는 칸에 ○로 표시해 주세요.

	매우 아니다	아니다	보통	그렇다	매우 그렇다
49. 나는 우리나라 등록금이 지나치게 높다고 생각한다.					
50. 청년실업이나 등록금 문제에 대해서 정부의 태도가 무책임하거나 소극적이라 생각한다.					
51. 청년실업이나 등록금 문제에 대해서 나를 포함해 우리 전체가 적극적으로 문제 해결에 나서야 한다고 생각한다(집회, 관련 단체 활동, 인터넷 참여 등).					
52. 우리나라 최저임금제가 무엇인지 대략 알고 있다.					
53. 우리나라 최저임금이 시간당 얼마인지 정확히 알고 있다(작년 혹은 올해 연도 기준).					
54. 취업준비 및 고시공부로 대학생의 행복과 기회가 박탈되고 있다고 생각한다.					
55. 부(富, wealth)는 세습되며 나는 노력한다 해도 내 부모님과 동일하거나 혹은 그 이하의 인생을 살 것이라 생각한다.					
56. 정치적인 이슈를 위한 집회에 참석한 경험이 있다(촛불집회 등).					
57. 경제적으로 부모에게 의존하는 상황을 취업 및 경제적 자립을 통해 벗어나고 싶다.					
58. 실업 등 사회적 문제 해결을 위해 대학생 및 젊은이의 연대는 필수적이다.					
59. 현재 학벌과 스펙으로는 계급 및 계층 상승은 불가능하다고 생각한다.					
60. 이대로는 미래의 결혼 및 출산도 어렵다고 생각한다.					

성실한 답변 진심으로 감사드립니다.

부록 3

통계분포표

1. *Z*분포표(표준정규분포표)

표의 각 칸 안의 숫자는 표준정규분포곡선에서 0에서 *Z*까지의 넓이

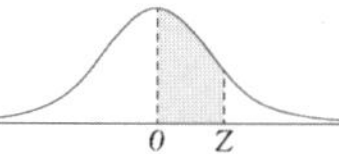

Z	*Z*의 소수점 이하 둘째 자리									
	0.00	0.01	0.02	0.03	0.04	0.05	0.06	0.07	0.08	0.09
0.0	0.0000	0.0040	0.0080	0.0120	0.0160	0.0199	0.0239	0.0279	0.0319	0.0359
0.1	0.0398	0.0438	0.0478	0.0517	0.0557	0.0596	0.0636	0.0675	0.0714	0.0753
0.2	0.0793	0.0832	0.0871	0.0910	0.0948	0.0987	0.1026	0.1064	0.1103	0.1141
0.3	0.1179	0.1217	0.1255	0.1293	0.1331	0.1368	0.1406	0.1443	0.1480	0.1517
0.4	0.1554	0.1591	0.1628	0.1664	0.1700	0.1736	0.1772	0.1808	0.1844	0.1879
0.5	0.1915	0.1950	0.1985	0.2019	0.2054	0.2088	0.2123	0.2157	0.2190	0.2224
0.6	0.2257	0.2291	0.2324	0.2357	0.2389	0.2422	0.2454	0.2486	0.2517	0.2549
0.7	0.2580	0.2611	0.2642	0.2673	0.2704	0.2734	0.2764	0.2794	0.2823	0.2852
0.8	0.2881	0.2910	0.2939	0.2967	0.2995	0.3023	0.3051	0.3078	0.3106	0.3133
0.9	0.3159	0.3186	0.3212	0.3238	0.3264	0.3289	0.3315	0.3340	0.3365	0.3389
1.0	0.3413	0.3438	0.3491	0.3485	0.3508	0.3531	0.3554	0.3577	0.3599	0.3621
1.1	0.3643	0.3665	0.3686	0.3708	0.3729	0.3749	0.3770	0.3790	0.3810	0.3830
1.2	0.3849	0.3869	0.3888	0.3907	0.3925	0.3944	0.3962	0.3980	0.3997	0.4015
1.3	0.4032	0.4049	0.4066	0.4082	0.4099	0.4115	0.4131	0.4147	0.4162	0.4177
1.4	0.4192	0.4209	0.4222	0.4236	0.4251	0.4265	0.4279	0.4292	0.4306	0.4319
1.5	0.4332	0.4345	0.4357	0.4370	0.4382	0.4394	0.4406	0.4418	0.4429	0.4441
1.6	0.4452	0.4463	0.4474	0.4484	0.4495	0.4505	0.4515	0.4525	0.4535	0.4545
1.7	0.4554	0.4564	0.4573	0.4582	0.4591	0.4599	0.4608	0.4616	0.4626	0.4633
1.8	0.4641	0.4649	0.4656	0.4664	0.4671	0.4678	0.4686	0.4693	0.4699	0.4706
1.9	0.4713	0.4713	0.4726	0.4732	0.4738	0.4744	0.4750	.4756	0.4761	0.4767
2.0	0.4772	0.4778	0.4783	0.4788	0.4793	0.4798	0.4803	0.4808	0.4812	0.4817
2.1	0.4821	0.4826	0.4830	0.4834	0.4838	0.4842	0.4846	0.4850	0.4854	0.4857
2.2	0.4861	0.4864	0.4868	0.4871	0.4875	0.4878	0.4881	0.4884	0.4887	0.4890
2.3	0.4893	0.4896	0.4898	0.4901	0.4904	0.4906	0.4909	0.4911	0.4913	0.4916
2.4	0.4918	0.4920	0.4922	0.4925	0.4927	0.4929	0.4931	0.4932	0.4934	0.4936
2.5	0.4938	0.4940	0.4941	0.4943	0.4945	0.4946	0.4948	0.4949	0.4951	0.4952
2.6	0.4953	0.4955	0.4956	0.4657	0.4959	0.4960	0.4961	0.4962	0.4963	0.4964
2.7	0.4965	0.4966	0.4967	0.4968	0.4969	0.4970	0.4971	0.4972	0.4973	0.4974
2.8	0.4974	0.4975	0.4976	0.4977	0.4977	0.4978	0.4979	0.4979	0.4980	0.4981
2.9	0.4981	0.4982	0.4982	0.4983	0.4984	0.4984	0.4985	0.4985	0.4986	0.4986
3.0	0.4987	0.4987	0.4987	0.4988	0.4988	0.4989	0.4989	0.4989	0.4990	0.4990
3.1	0.4990	0.4991	0.4991	0.4991	0.4992	0.4992	0.4992	04992	0.4993	0.4993
3.2	0.4993	0.4993	0.4994	0.4994	0.4994	0.4994	0.4994	0.4995	0.4995	0.4995
3.3	0.4995	0.4995	0.4995	0.4996	0.4996	0.4996	0.4996	0.4996	0.4996	0.4997
3.4	0.4997	0.4997	0.4997	0.4997	0.4997	0.4997	0.4997	0.4997	0.4997	0.4998
3.5	0.4998	0.4998	0.4998	0.4998	0.4998	0.4998	0.4998	0.4998	0.4998	0.4998
3.6	0.4998	0.4998	0.4999	0.4999	0.4999	0.4999	0.4999	0.4999	0.4999	0.4999
3.7	0.4999	0.4999	0.4999	0.4999	0.4999	0.4999	0.4999	0.4999	0.4999	0.4999
3.8	0.4999	0.4999	0.4999	0.4999	0.4999	0.4999	0.4999	0.4999	0.4999	0.4999
3.9	0.5000	0.5000	0.5000	0.5000	0.5000	0.5000	0.5000	0.5000	0.5000	0.5000
4.0	0.5000	0.5000	0.5000	0.5000	0.5000	0.5000	0.5000	0.5000	0.5000	0.5000

출처: 초의수(2020), 『SPSS 25.0 자료분석론』에서 인용 및 재인용.

2. t분포표 - 양측검증

df: 자유도(degree of freedom), α: 유의수준

표의 각 칸 안의 숫자는 표준정규분포곡선에서 0에서 t까지의 넓이

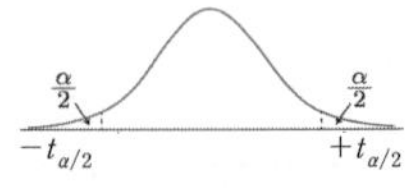

			α			
df	.20	.10	.05	.02	.01	.001
1	3.078	6.314	12.706	31.821	63.657	636.619
2	1.888	2.920	4.303	6.965	9.925	31.598
3	1.638	2.353	3.182	4.541	5.841	12.941
4	1.533	2.132	2.776	3.747	4.604	8.610
5	1.476	2.015	2.571	3.365	4.032	6.859
6	1.440	1.943	1.447	3.143	3.707	5.959
7	1.415	1.895	2.365	2.996	3.499	5.405
8	1.397	1.860	2.306	2.896	3.355	5.041
9	1.383	1.833	2.262	2.821	3.250	4.781
10	1.372	1.812	2.228	2.764	3.169	4.587
11	1.363	1.796	2.201	2.718	3.106	4.437
12	1.356	1.782	2.179	2.681	3.055	4.318
13	1.350	1.771	2.160	2.650	3.012	4.221
14	1.345	1.761	2.145	2.624	2.977	4.140
15	1.341	1.753	2.131	2.602	2.947	4.073
16	1.337	1.746	2.120	2.583	2.921	4.015
17	1.333	1.740	2.110	2.567	2.898	3.965
18	1.330	1.734	2.101	2.552	2.878	3.992
19	1.328	1.729	2.093	2.539	2.861	3.883
20	1.325	1.725	2.086	2.528	2.845	3.850
21	1.323	1.721	2.080	2.518	2.831	3.819
22	1.321	1.717	2.074	2.508	2.819	3.792
23	1.319	1.714	2.069	2.500	2.807	3.767
24	1.318	1.711	2.064	2.492	2.797	3.745
25	1.316	1.708	2.060	2.485	2.787	3.725
26	1.315	1.706	2.056	2.479	2.779	3.707
27	1.314	1.703	2.052	2.473	2.771	3.690
28	1.313	1.701	2.048	2.467	2.763	3.674
29	1.311	1.699	2.045	2.462	2.756	3.659
30	1.310	1.697	2.042	2.457	2.750	3.646
40	1.303	1.684	2.021	2.423	2.704	3.551
60	1.296	1.671	2.000	2.390	2.660	3.460
120	1.289	1.658	1.980	2.358	2.617	3.373
∞	1.282	1.645	1.960	2.326	2.576	3.291

3. t분포표 - 단측검증

df: 자유도(degree of freedom), α: 유의수준

표의 각 칸 안의 숫자는 표준정규분포곡선에서 0에서 t까지의 넓이

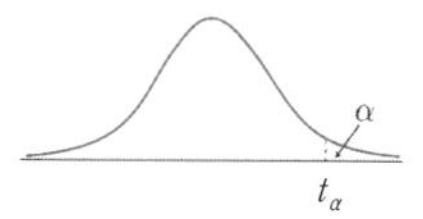

df	α					
	.10	.05	.025	.01	.005	.0005
1	3.078	6.314	12.706	31.821	63.657	636.619
2	1.888	2.920	4.303	6.965	9.925	31.598
3	1.638	2.353	3.182	4.541	5.841	12.941
4	1.533	2.132	2.776	3.747	4.604	8.610
5	1.476	2.015	2.571	3.365	4.032	6.859
6	1.440	1.943	1.447	3.143	3.707	5.959
7	1.415	1.895	2.365	2.996	3.499	5.405
8	1.397	1.860	2.306	2.896	3.355	5.041
9	1.383	1.833	2.262	2.821	3.250	4.781
10	1.372	1.812	2.228	2.764	3.169	4.587
11	1.363	1.796	2.201	2.718	3.106	4.437
12	1.356	1.782	2.179	2.681	3.055	4.318
13	1.350	1.771	2.160	2.650	3.012	4.221
14	1.345	1.761	2.145	2.624	2.977	4.140
15	1.341	1.753	2.131	2.602	2.947	4.073
16	1.337	1.746	2.120	2.583	2.921	4.015
17	1.333	1.740	2.110	2.567	2.898	3.965
18	1.330	1.734	2.101	2.552	2.878	3.992
19	1.328	1.729	2.093	2.539	2.861	3.883
20	1.325	1.725	2.086	2.528	2.845	3.850
21	1.323	1.721	2.080	2.518	2.831	3.819
22	1.321	1.717	2.074	2.508	2.819	3.792
23	1.319	1.714	2.069	2.500	2.807	3.767
24	1.318	1.711	2.064	2.492	2.797	3.745
25	1.316	1.708	2.060	2.485	2.787	3.725
26	1.315	1.706	2.056	2.479	2.779	3.707
27	1.314	1.703	2.052	2.473	2.771	3.690
28	1.313	1.701	2.048	2.467	2.763	3.674
29	1.311	1.699	2.045	2.462	2.756	3.659
30	1.310	1.697	2.042	2.457	2.750	3.646
40	1.303	1.684	2.021	2.423	2.704	3.551
60	1.296	1.671	2.000	2.390	2.660	3.460
120	1.289	1.658	1.980	2.358	2.617	3.373
∞	1.282	1.645	1.960	2.326	2.576	3.291

4. *F*분포표

V_1: 분자의 자유도, V_2: 분모의 자유도

표의 각 칸 안의 숫자는 유의수준 .05에 해당하는 *F*값

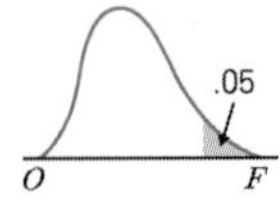

V_2	V_1							
	1	2	3	4	5	6	8	10
1	4052	4999.5	5403	5625	5764	5859	5982	6056
2	98.49	99.01	99.17	99.25	99.30	99.33	99.36	99.402
3	34.12	30.81	29.46	28.71	28.24	27.91	27.49	27.23
4	21.20	18.00	16.69	15.98	15.52	15.21	14.80	14.55
5	16.26	13.27	12.06	11.39	10.97	10.67	10.27	10.05
6	13.74	10.92	9.78	9.15	8.75	8.47	8.10	7.87
7	12.25	9.55	8.45	7.85	7.46	719	6.84	6.62
8	11.26	8.65	7.59	7.01	6.63	6.37	6.03	5.81
9	1.056	8.02	6.99	6.42	6.06	5.80	5.47	5.26
10	10.04	7.56	6.55	5.99	5.64	5.39	5.06	4.85
11	9.65	7.20	6.22	5.67	5.32	5.07	4.74	4.54
12	9.33	6.93	5.95	5.41	5.06	4.82	4.50	4.30
13	9.07	6.70	5.74	5.20	4.86	4.62	4.30	4.10
14	8.86	6.51	5.56	5.03	4.69	4.46	4.14	3.94
15	8.68	6.36	5.42	4.89	4.58	4.32	4.00	3.80
16	8.53	6.23	5.29	4.77	4.44	4.20	3.89	3.69
17	8.40	6.11	5.18	4.67	4.34	4.10	3.79	3.59
18	8.28	6.01	5.09	4.58	4.25	4.01	3.71	3.51
19	8.18	5.93	5.01	4.50	4.17	3.94	3.63	3.43
20	8.10	5.85	4.94	4.43	4.10	3.87	3.56	3.37
21	8.02	5.78	4.87	4.37	4.04	3.81	3.51	3.31
22	7.94	5.72	4.82	4.31	3.99	3.76	3.45	3.26
23	7.88	5.66	4.76	4.26	3.94	3.71	3.41	3.21
24	7.82	5.61	4.72	4.22	3.90	3.67	3.36	3.17
25	7.77	5.57	4.68	4.18	3.86	3.63	3.32	3.13
26	7.72	5.53	4.64	4.14	3.82	3.59	3.29	3.09
27	7.68	5.49	4.60	4.22	3.78	3.56	3.26	3.06
28	7.64	5.45	4.57	4.07	3.75	3.53	3.23	3.03
29	7.60	5.42	4.54	4.04	3.73	3.50	3.20	3.00
30	7.56	5.39	4.51	4.02	3.70	3.47	3.17	2.98
40	7.31	5.18	4.31	3.83	3.51	3.29	2.99	2.80
60	7.08	4.98	4.13	3.65	3.34	3.12	2.82	2.63
120	6.85	4.79	3.95	3.48	3.17	2.96	2.66	2.47
∞	6.64	4.60	3.78	3.32	3.02	2.80	2.5	2.32

5. χ^2 분포표

df: 자유도, α: 유의수준

표의 각 칸에 들어 있는 수는 유의수준 α에 해당하는 χ^2값

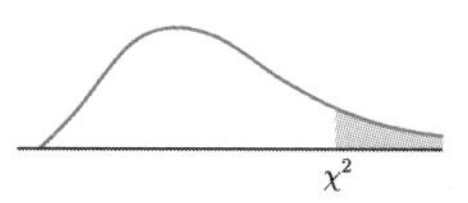

df	α					
	.100	.050	.025	.010	.005	.001
1	2.71	3.84	5.02	6.63	7.88	10.8
2	4.61	5.99	7.38	9.21	10.6	13.8
3	6.25	7.81	9.35	11.3	12.8	16.3
4	7.78	9.49	11.1	13.3	14.9	18.5
5	9.24	11.1	12.8	15.1	16.7	20.5
6	10.6	12.6	14.4	16.8	18.5	22.5
7	12.0	14.1	16.0	18.5	20.3	24.3
8	13.4	15.5	17.5	20.1	22.0	26.1
9	14.7	16.9	19.0	21.7	23.6	27.9
10	16.0	18.3	20.5	23.2	25.2	29.6
11	17.3	19.7	21.9	24.7	26.8	31.3
12	18.5	21.0	23.3	26.2	28.3	32.9
13	19.8	22.4	24.7	27.7	29.8	34.5
14	21.1	23.7	26.1	29.1	31.3	36.1
15	22.3	25.0	27.5	30.6	32.8	37.7
16	23.5	26.3	28.8	32.0	34.3	39.3
17	24.8	27.6	30.2	33.4	35.7	40.8
18	26.0	28.9	31.5	34.8	37.2	42.3
19	27.2	30.1	32.9	36.2	38.6	43.8
20	28.4	31.4	34.2	37.6	40.0	45.3
21	29.6	32.7	35.5	38.9	41.4	46.8
22	30.8	33.9	36.8	40.3	42.8	48.3
23	32.0	35.2	38.1	41.6	44.2	49.7
24	33.2	36.4	39.4	32.0	45.4	51.2
25	34.4	37.7	40.6	44.3	46.9	52.6
26	35.6	38.9	41.9	45.6	48.3	54.1
27	36.7	40.1	13.2	47.0	49.6	55.5
28	37.9	41.3	44.5	48.3	51.0	56.9
29	39.1	41.6	45.7	49.6	52.3	58.3
30	40.3	43.8	47.0	50.9	53.7	59.7
40	51.8	55.8	59.3	63.7	66.8	73.4
50	63.2	67.5	71.4	76.2	79.5	86.7
60	74.4	79.1	83.3	88.4	92.0	99.6
70	85.5	90.5	95.0	100	104	112
80	96.6	102	107	112	116	125
90	108	113	118	124	128	137
100	118	124	130	136	140	149

6. U분포표(Mann-Whiney) - 양측검증

N_1: 작은 집단의 사례수, N_2: 큰 집단의 사례수

N_2 \ N_1	1	2	3	4	5	6	7	8	9	10	11	12	13	14	15	16	17	18	19	20
1																				
2																				
3																				
4				0																
5			0	1	2															
6			1	2	3	5														
7			1	3	5	6	8													
8		0	2	4	6	8	10	13												
9		0	2	4	7	10	12	15	17											
10		0	3	5	8	11	14	17	20	23										
11		0	3	6	9	13	16	19	23	26	30									
12		1	4	7	11	14	18	22	26	29	33	37								
13		1	4	8	12	16	20	24	28	29	37	41	45							
14		1	5	9	13	17	22	26	31	33	40	45	50	55						
15		1	5	10	14	18	24	29	34	36	44	49	54	59	64					
16		1	6	11	15	19	26	31	37	39	47	53	59	64	70	75				
17		2	6	11	17	21	28	34	39	42	51	57	63	69	75	81	87			
18		2	7	12	18	22	30	36	42	45	55	61	67	74	80	86	93	99		
19		2	7	13	19	24	32	38	45	48	58	65	72	78	85	92	99	106	113	
20		2	8	4	20	25	34	41	48	52	62	69	76	83	90	98	105	112	119	127
21		3	8	14	22	27	36	43	50	55	65	73	81	89	98	106	115	119	126	134
22		3	9	15	23	29	38	45	53	58	69	77	85	93	101	109	117	125	133	141
23		3	9	16	24	30	40	48	56	61	73	81	85	98	16	115	123	132	140	149
24		3	10	17	25	32	42	50	59	64	76	85	89	98	106	115	123	132	147	156
25		3	10	17	27	33	44	53	62	67	80	89	94	102	111	120	129	138	154	163
26		4	11	18	28	35	46	55	64	71	83	93	102	112	122	132	141	151	161	186
27		4	12	19	29	37	48	57	67	74	87	97	107	117	126	135	147	158	168	178
28		4	12	20	30	38	50	60	70	77	90	101	111	122	132	143	154	164	175	186
29		4	13	21	32	40	52	62	73	80	94	105	107	117	127	138	149	171	182	193
30		5	13	22	33	42	54	65	76	83	98	109	111	122	132	141	151	77	189	200
31		5	14	23	34	43	56	67	78	87	101	113	116	117	138	149	160	184	196	208
32		5	14	24	35	45	58	69	81	90	105	117	120	122	143	154	166	190	203	215
33		5	15	25	37	46	60	72	84	93	108	121	125	127	148	160	172	197	210	222
34		5	15	26	38	48	62	74	87	96	112	125	129	131	153	166	178	203	217	230
35		6	16	27	39	50	64	77	89	99	116	129	133	136	169	171	184	210	224	237
36		6	16	28	40	51	66	79	92	103	116	129	143	141	174	177	190	216	231	245
37		6	17	29	41	53	68	81	95	106	119	133	147	146	180	183	196	223	238	252
38		6	17	30	43	55	70	84	98	109	123	137	151	151	185	188	202	230	245	259
39	0	7	18	31	44	56	72	86	101	115	130	145	160	175	190	206	321	236	252	267
40	0	7	18	31	45	58	74	89	103	119	134	149	165	180	196	211	227	243	258	274

7. U분포표(Mann-Whiney) - 단측검증

N_1: 작은 집단의 사례수, N_2: 큰 집단의 사례수

$\alpha = .05$

N_2 \ N_1	1	2	3	4	5	6	7	8	9	10	11	12	13	14	15	16	17	18	19	20
1																				
2																				
3			0																	
4			0	1																
5			2	2	4															
6		1	2	3	5	7														
7		1	3	4	6	8	11													
8		1	4	5	8	10	13	15												
9		1	4	6	9	12	15	18	21											
10		2	5	7	11	14	17	20	24	27										
11		2	5	8	12	16	19	23	27	31	34									
12		3	6	9	13	17	21	26	30	34	38	42								
13		3	6	10	15	19	24	28	33	37	42	47	51							
14		3	7	11	16	21	26	31	36	41	46	51	56	61						
15		3	7	12	18	23	28	33	39	44	50	55	61	66	72					
16		3	8	14	19	25	30	36	42	48	54	60	65	71	77	83				
17		3	9	15	20	26	33	39	45	51	57	64	70	77	83	89	96			
18		4	9	16	22	28	35	41	48	55	61	68	75	82	88	95	102	109		
19		4	1	17	23	30	37	44	51	58	65	72	80	87	94	101	109	116	123	
20		4	11	18	25	32	39	47	54	62	69	77	84	92	100	107	115	123	130	138
21	0	5	11	19	26	34	41	49	57	65	73	81	89	97	105	113	121	130	138	146
22	0	5	12	20	28	36	44	52	60	68	77	85	94	102	111	119	128	136	145	154
23	0	5	13	21	29	37	46	54	63	72	81	90	98	107	116	125	134	143	152	161
24	0	6	13	22	30	39	48	57	66	75	85	94	103	113	122	131	141	150	160	162
25	0	6	14	23	32	41	的	60	69	79	89	98	108	118	128	137	147	157	167	177
26	0	6	15	24	33	43	53	62	72	82	92	103	113	123	133	143	154	164	174	185
27	0	7	16	25	35	45	55	65	75	86	96	107	117	128	139	149	160	171	182	192
28	0	7	17	26	36	46	57	68	78	89	100	111	122	133	144	156	167	178	189	200
29	0	7	17	27	38	48	59	70	82	93	104	116	127	138	150	162	173	185	196	208
30	0	7	18	28	39	50	61	73	的	96	108	120	132	144	156	168	180	192	204	216
31	0	8	18	29	40	52	64	76	88	100	112	124	136	149	161	174	186	199	211	224
32	0	8	19	30	42	54	的	78	91	103	116	128	141	154	167	180	193	206	218	231
33	0	8	19	31	43	56	68	81	94	107	120	133	146	159	172	186	199	212	226	239
34	0	9	20	32	45	57	70	84	97	110	124	137	151	164	178	192	206	219	233	247
35	0	9	21	33	46	59	73	86	100	114	128	141	156	170	184	198	212	226	241	2的
36	0	9	21	34	48	61	75	89	103	117	131	146	160	175	189	204	219	233	248	2的
37	0	10	22	35	49	的	77	91	106	121	135	150	165	180	15	210	225	240	255	271
38	0	10	23	36	50	65	79	94	109	124	139	154	170	185	201	216	232	247	263	278
39	1	10	23	38	52	67	82	97	112	128	143	159	175	190	206	222	238	254	270	286
40	1	11	24	39	53	68	84	99	115	131	147	163	179	196	212	228	245	261	278	294

N \ α	(일방)	.05	.025	.01	.005
	(양방)	.10	.05	.02	.01
31		163	147	130	118
32		175	159	140	128
33		187	170	151	138
34		200	182	162	148
35		213	195	173	159
36		227	208	185	171
37		241	221	198	182
38		256	235	211	194
39		271	249	224	207
40		286	264	238	220
41		302	279	252	233
42		319	294	266	247
43		336	310	281	261
44		353	327	296	276
45		371	343	312	291
46		389	361	328	307
47		407	378	345	322
48		426	396	362	339
49		446	415	379	355
50		466	434	397	373

참고문헌

김호정(1998). 실제자료와 SPSSWIN을 활용한 사회과학통계분석. 삼양사.

성태제(2007). SPSS/AMOS를 이용한 알기 쉬운 통계분석. 학지사.

송인섭(2001). 통계학의 기초. 학지사.

오혜경, 김용석(2000). 사회복지 자료분석론. 학지사.

임병우, 주경희, 손용진(2015). 사회복지자료분석론: PASW(SPSS) 적용 및 활용 포함. 창지사.

초의수(2020). SPSS 25.0 자료분석론. 양서원.

황창순, 김형수, 노병일, 도종수, 유지영(2021). 사회복지조사론. 양서원.

Allen R. & Earl R. B. (2013). *Research methods for social work*(8th ed.). 김기덕, 김용석, 유태균, 이기영, 이선우, 정슬기 공역(2016). 사회복지조사방법론. 센게이지러닝.

국가통계포털(KOSIS). https://kosis.kr/index/index.do

한국장학재단(2024. 10.). kosaf.go.kr

찾아보기

저자 소개

유지영(Yoo Jiyoung)

미국 Columbia University, School of Social Work(Ph. D.)
미국 Columbia University, School of Social Work(M. Phil.)
이화여자대학교 여성학과 졸업(문학석사)
이화여자대학교 화학과 졸업(이학사)

현 남서울대학교 사회복지학과 교수
한국가족사회복지학회 회장
천안시청 여성가족정책과 성별영향평가위원

전 UCLA 한국학연구소 방문교수
한국행정연구원 부연구위원
이화여자대학교 사회복지전문대학원 BK21 Post-doctoral

〈대표 저서〉

『사회복지조사론』(공저, 2판, 양서원, 2014)

〈대표 논문 및 보고서〉

「여성 시각장애인 안전위협에 관한 질적 연구-생활안전과 이동권을 중심으로-」(2022)
「지자체가 실험할 수 있는 제안 한부모기본소득」(2021)
「여성긴급전화 1366 현황분석 및 발전방안 연구」(2021, 미간행 보고서)
「한부모 기본소득을 제안한다」(2021)
「기본소득의 재원조달 쟁점에 관한 소고」(2021)
「사회적 재난에서 시각장애인 여성 안마사 경험에 관한 탐색적 연구-소득, 권리의식, 정보 접근 경험을 중심으로-」(2021)
「재난약자로서 시각장애인의 코로나19 경험에 관한 연구」(2020)
「독거 여성노인의 다차원적 빈곤과 빈곤 결정요인」(2020)
「우리나라 여성청년의 다차원적 빈곤에 관한 연구」(2019)
「근로 변인과 성역할 변인이 남성 양육참여에 미치는 영향-대기업 재직 30~40대 남성을 중심으로-」(2018)

학부생을 위한
사회과학통계분석
- SPSS 적용 및 활용 -
Statistical Analysis for Social Science

2024년 10월 25일 1판 1쇄 인쇄
2024년 10월 30일 1판 1쇄 발행

지은이 • 유지영
펴낸이 • 김진환
펴낸곳 • (주) 학지사
04031 서울특별시 마포구 양화로 15길 20 마인드월드빌딩
대표전화 • 02)330-5114 팩스 • 02)324-2345
등록번호 • 제313-2006-000265호

홈페이지 • http://www.hakjisa.co.kr
인스타그램 • https://www.instagram.com/hakjisa

ISBN 978-89-997-3156-3 93330

정가 20,000원